Wilhelm Niederhuemer • Ipftaler Mundartwörterbuch

Wilhelm Niederhuemer

Ipftaler Mundartwörterbuch

Die Sprache des oberösterreichischen Zentralraumes

Verlag Denkmayr

ISBN 3-902257-74-1

Copyright © 2004 by Wilhelm Niederhuemer, A-4490 St.Florian
Umschlagfoto: Freilichtmuseum Sumerauerhof in St. Florian
Gesamtherstellung: Ernst Denkmayr Ges.m.b.H., Druck & Verlag
A-4020 Linz
Printed in Austria

Vorwort

Es scheint so etwas wie eine Renaissance des Dialekts zu geben. Mundart ist plötzlich wieder in. Zu diesem erfreulichen Trend haben sicherlich auch die Initiativen des Landes Oberösterreich beigetragen, die im Jahr 2002 anläßlich des 200. Geburtstages von Franz Stelzhamer und im Vorjahr mit dem „Tag des Dialekts" gesetzt wurden.

Dabei ist es noch gar nicht so lange her, daß es geradezu verpönt war, sich der Mundart zu bedienen. Wer nicht als Hinterwäldler gelten wollte, versuchte sich so recht und schlecht in der Hoch- oder zumindest in der Umgangssprache.

Jetzt aber, da der Dialekt wieder salonfähig geworden ist, zeigt sich, daß bereits vieles versickert ist. Bei den meisten ist zwar der Tonfall der Mundart noch weitgehend vorhanden, aber mit dem Wortschatz hapert es. Es geht vielen so, wie einem Schüler, der gerne Englisch reden möchte, aber zu wenig Vokabel gepaukt hat. Wenn man versuchsweise Gesprächspartner mit Mundartausdrücken konfrontiert, die noch vor 40, 50 Jahren zur Alltagssprache auf dem Land gehörten, stellt man fest, daß die meisten nur noch „Bahnhof" verstehen.

Was steckt nun eigentlich hinter dem neuen Interesse an der Mundart? Es dürfte mehr sein als nur Nostalgie. Wahrscheinlich ist es auch das Bewußtsein, daß es wichtig ist, altes Kulturgut, das im Begriffe war, für immer zu verschwinden, der Nachwelt zu erhalten. Diesen Trend gilt es jedenfalls zu nützen. Und zwar in einer Weise, daß sich davon nicht nur der relativ kleine Kreis der Heimatforscher und Sprachwissenschafter angesprochen fühlt, sondern vor allem auch das breite Publikum.

Als ich vor einiger Zeit begonnen habe, Mundartausdrücke zu sammeln, hatte ich noch keine konkrete Vorstellung, ob und in welcher Form ich diese einmal publizieren werde. Einige Zeit später, als dann dieses „Projekt" konkretere Formen angenommen hatte, war meine ursprüngliche Idee, ein Mundartwörterbuch für das Traunviertel herauszubringen. Bei näherer Befassung stellte ich aber fest, daß es in dieser relativ großen Region zu verschiedene

Ausprägungen der Mundart gibt. Man hätte in der Darstellung zu allgemein bleiben müssen. Auch die Einschränkung auf das Gebiet des Bezirkes Linz-Land hat mich letztlich noch nicht restlos befriedigt. Interessanterweise stellt nämlich die Traun so etwas wie eine Sprachgrenze dar. Nicht nur die Aussprache, sondern auch die Bedeutung einzelner Worte ist sehr unterschiedlich. So wurde früher beispielsweise der erste Knecht am Bauernhof in St. Florian oder in Niederneukirchen als „Hausknecht" bezeichnet, während er in Kirchberg-Thening „Baurknecht" hieß. So hat sich eine Beschränkung auf das Florianer Landl, also die Gemeinden des Bezirkes südlich der Traun, als zielführend herausgestellt. Dieses Gebiet stellt weitgehend einen geschlossenen Sprachraum dar, wenngleich es naturgemäß auch da von Gemeinde zu Gemeinde, von Dorf zu Dorf, ja manchmal sogar von Haus zu Haus, gewisse Unterschiede gibt.

So hart wie das Leben früher am Land war, so hart, ja manchmal sogar „vulgär", war auch die Sprache jener Menschen, die dort gelebt haben. Ich hoffe, es kommt in diesem Buch ein bißchen rüber, welcher Umgangston damals geherrscht hat. Die Vornamen wurden generell verballhornt. So wurde etwa aus einer Maria eine Miaz oder aus einer Anna eine Nand. Fast für alles und jedes gab es ein passendes Schimpfwort, wovon sich manche nicht einmal treffend ins Hochdeutsche übersetzen lassen. Und viele Sprichwörter, von denen es in diesem Buch einige Kostproben gibt, waren auch nicht gerade vom Feinsten.

Zur Schreibung der Mundart

Im Dialekt zu reden ist einfach. Naja, sagen wir es so: Es ist dann nicht schwierig, wenn man damit aufgewachsen ist. Wenn man die Mundart quasi mit der Muttermilch aufgesogen hat. Hingegen ist es verdammt schwer, im Dialekt zu schreiben. Gilt es doch vor allem zwei wesentlichen Ansprüchen gerecht zu werden: Zum einen eine möglichst lautgetreue Wiedergabe. Und zum anderen sollte das Geschriebene aber auch noch verständlich und lesbar sein. Das gelingt bei bestimmten Wörtern recht gut, bei anderen aber nur äußerst unbefriedigend. Da hilft es auch nicht viel, wenn man einen Kompromiß zwischen der tatsächlichen Lautung und dem Schriftbild der Hochsprache sucht. Man muß einfach beim Leser voraussetzen, daß er, auch wenn er das jeweilige Stichwort nicht kennt, zumindest mit der Aussprache unserer Mundart vertraut ist. Denn eine rein phonetische Schreibweise, die theoretisch natürlich auch denkbar ist, würde das Lesen noch viel schwieriger machen. Eine solche Schreibweise ist dem Laien kaum verständlich und auch nicht zumutbar. Die besondere Schwierigkeit liegt in der Darstellung der Selbstlaute. Das Alphabet kennt leider nur fünf. Für den Dialekt würde man aber viel mehr benötigen. Rund zwei Dutzend Sonderzeichen wären für eine vollkommene lautgetreue Wiedergabe erforderlich. Eine Schreibweise mit diakritischen Zeichen über und unter den einzelnen Buchstaben kann einem Nichtfachmann meiner Meinung nach ganz einfach nicht zugemutet werden. In diesem Buch wurde versucht, mit einem einzigen Sonderzeichen auszukommen: mit dem Ringerl über dem „a". Laute, die schwach oder zum Teil überhaupt nicht gesprochen werden, deren Schreibung aber zur besseren Lesbarkeit beiträgt, wurden in Klammern gesetzt.

Obwohl versucht wurde, eine möglichst einheitliche Schreibweise zu erreichen, wollte ich bewußt nicht stur an diesem Grundsatz festhalten. Zum obersten Prinzip habe ich es mir nämlich gemacht, jedes Wort möglichst verständlich, leicht lesbar und der üblichen mundartlichen Schreibweise entsprechend darzustellen. Selbstverständlich könnte man beispielsweise die Endsilbe „-er" generell mit „-a" wiedergeben. Oder eben das „-er" belassen. Ich habe mich hingegen dafür entschieden, die Schreibung vom jeweiligen Wort abhängig zu machen. So wurde zum Beispiel das Wort Wiener mit „Weana" und nicht mit „Weaner", jedoch das Wort Binder (Faßbinder) mit „Binder" und nicht mit „Binda" wiedergegeben. Die Sprachwissenschafter mögen mir diese Uneinheitlichkeit in der Darstellung bitte nachsehen. Wie überhaupt dieses Buch keinerlei Anspruch auf Wissenschaftlichkeit erheben kann und es auch nicht will.

Das primäre Ziel, das mit diesem Buch verfolgt wird, ist es, die Mundart in dieser Region lebendig zu erhalten und gewisse Worte, die heute zum Großteil nicht einmal mehr im bäuerlichen Milieu verstanden, geschweige denn gesprochen werden, nicht endgültig der Vergessenheit anheimfallen zu lassen. Mit Freude und auch mit ein bißchen Stolz erfüllt es mich, daß es mir gelungen ist, in dieses Nachschlagewerk auch Stichwörter aufzunehmen, die man in anderen Mundartwörterbüchern vergeblich suchen wird.

Zum Schluß möchte ich allen danken, die mir bei der Verwirklichung dieses Vorhabens, das von mir zugegebenermaßen etwas unterschätzt wurde, zur Seite gestanden sind. Insbesondere Franz und „Maridl" Eibel, vulgo Meisser, aus Niederneukirchen, die mir dafür einen ganzen Abend geopfert haben. Weiters Stephan Gaisbauer vom Adalbert-Stifter-Institut und Dr. Ingeborg Geyer vom Institut für Österreichische Dialekt- und Namenlexika in Wien. Beide haben mir immer wieder bereitwillig Auskünfte erteilt. Und last, but not least, meiner Frau, die meine viele Fragerei mit großer Geduld ertragen hat.

St. Florian, im März 2004   Wilhelm Niederhuemer

- A -

a: 1. ein, eine (unbestimmter Artikel); *a Huat, a Sau,* 2. etwa (unbetont); *a vier a fünf Stückl*
aa = auch; *i geh aa mit!* (ich gehe auch mit!)
a-a (Kindersprache): Notdurft verrichten
å(b) = ab: von etwas weg (Umstandswort); *mir geht går nix å(b)*
åba, å(h)a, åwa: herab, herunter; *geh åba!*
åbadrahn: 1. Milch entrahmen; *a åbadrahte Mü(lch)* (Schleudermilch, Magermilch), 2. mahlen; *Obst åbadrahn* (Obst mit der Mostmühle zerkleinern)
åbafeangln: Brot ungeschickt schneiden; *feangl's Brot net so schiach åba!*
åbafliagn: herunterfallen
åbahaun: eine runterhauen (eine Ohrfeige geben)
åbakemma: verkommen, abgewirtschaftet; *des Haus is gånz åbakemma*
åbakletzln: herunterkratzen, mit den Fingernägeln ablösen
åbastangln: Obst mit einer langen Stange vom Baum holen; *er håt Birn åbagstanglt*
åbasteign: heruntersteigen
åbataferln: die Außenwand mit Eternit verkleiden
å(b)bärn: abwirtschaften; *der håt å(b)bärt*
å(b)be(d)ln: erbetteln
å(b)bei(d)ln = abbeuteln: abschütteln
å(b)biagn = abbiegen: 1. nach links abbiegen, 2. etwas abbiegen (verhindern)
å(b)bindtn = abbinden: 1. den verletzten Arm abbinden (um die Blutung zu stillen), 2. die Balken eines neuen Dachstuhls am Boden auflegen und zuschneiden
å(b)blåsn = abblasen: 1. ausblasen; *blåsts 's Liacht å(b), daß en Tag net d' Augn ausbrinnts,* 2. ein Vorhaben abblasen (aufgeben, absagen), 3. verbieten; *des wiar i da å(b)blåsn!*
å(b)blattln: ablösen (ein dicker Farbanstrich kann *å(b)blattln*)
å(b)blitzn = abblitzen: abgewiesen werden
å(b)böckln: den Fuß ausrenken, umknöcheln
å(b)bö(d)ln: jede Art kleiner Früchte von der Staude lösen; *Holler å(b)bö(d)ln*
å(b)brå(d)n = abbraten: Fleisch schnell abbraten
å(b)brassln: abbrutzeln (schnell abbraten)
Å(b)brasslts *a:* eine Art Geschnetzeltes vom frisch gestochenen Schwein
å(b)brenna = abbrennen: 1. ein Haus brennt ab, 2. mit heißem Wasser abbrühen; *'s Å(b)brennad* (mit heißem Wasser abgebrühtes Schweinefutter)
å(b)brennt = abgebrannt: ohne

Geld, pleite
å(b)bringa = abbringen: jemanden von seiner Meinung abbringen
å(b)brocka = abbrocken: pflücken
å(b)bröckln = abbröckeln: der Mauerputz bröckelt ab
å(b)burrn: (vor Schreck) weglaufen; *d' Kåtz is å(b)burrt!*
å(b)bürschtn, å(b)birschtn = abbürsten
å(b)bussln: abschmusen, Busserl geben
å(b)dåmpfa = abdampfen: abfahren, sich rasch entfernen
å(b)decka = abdecken: das Dach abdecken
Å(b)decker *da* = der Abdecker: Tierkadaververwerter
å(b)drahn = abdrehen: 1. das Licht abdrehen, 2. *des drah i da å(b)!* (das verbitte ich dir)
å(b)draht: 1. falsch, hinterlistig, 2. raffiniert, schlau
å(b)droschn = abgedroschen: 1. eine abgedroschene (bis zum Überdruß gehörte) Melodie, 2. ein abgedroschenes (abgeerntetes) Feld
å(b)eisn: abtauen
åber = aber
å(b)fåhrn: sich plötzlich entfernen, fliehen; *da Diab is mit mein Geld å(b)gfåhrn*
å(b)fånga: eine einsturzgefährdete Decke *å(b)fånga* (pölzen)
å(b)farbi: abgefärbt, gebleicht; *des Fleisch is schon gånz å(b)farbi* (ist nicht mehr frisch)

å(b)fechtn: 1. abbetteln; *er håt ma zwoa Zigarettn å(b)gfecht* (abgebettelt), 2. stark trauern; *de håt gscheit å(b)gfecht, wiar ihr Muatta gstor(b)m is* (sie hat ihre Trauer ganz offensichtlich gezeigt), 3. *oane å(b)fechtn* (eine Ohrfeige provozieren)
å(b)ferdign: „abfertigen"; *i bi(n) hei va meiner Firmgodn å(b)gferdigt worn* (ich habe ein letztmaliges Geschenk erhalten)
å(b)fiesln: abknabbern (eines Knochens)
å(b)fischn: einen Teich ausfischen
å(b)flåschna: ohrfeigen; *der gherat jedn Tåg å(b)gflåschnt*
å(b)foama: ausnützen, ausplündern, beim Spiel viel Geld abgewinnen
å(b)fotzn, å(b)fotzna: ohrfeigen
å(b)fressn: 1. etwas abbeißen, fressen; *d' Reh håmma d' Rosn å(b)gfressn* (die Rehe haben die jungen Knospen der Rosen abgebissen), 2. frech und anmaßend mit jemandem reden; *de håt mi gscheit å(b)gfressn!*
å(b)frettn *si* = sich abfretten: sich abmühen
å(b)fuadern: vergiften; *Råtzn å(b)fuadern* (Ratten vergiften)
Å(b)führtee *da*: Tee, der als Abführmittel getrunken wird
å(b)gehad wern: übel werden, schlecht werden; *mir is gånz å(b)gehad worn*
å(b)gehn: abgehen, fehlen

å(b)gfrern: 1. durch *Gfrier* kaputt werden; *d' Blumen håt's å(b)gfrert*, 2. frieren; *i låß mi net å(b)gfrern!* (ich laß mich nicht frieren, ich zieh mich warm an!)
å(b)gheigt: abgeheut; *de Wiesn is schon å(b)gheigt* (gemäht und geheut)
å(b)glegn: 1. ein abgelegenes Rindfleisch (bekommt durch längeres Liegen erst eine gute Qualität), 2. ein abgelegenes Haus (das weit vom Ort entfernt ist)
å(b)gö(ll)n: abgellen, abgleiten, abrutschen; *i bi(n) mitn Schraufmziaga å(b)gö(ll)t* (mit dem Schraubenzieher abgerutscht)
å(b)gråbln, å(b)gräbln: begrabschen
å(b)gramt: 1. abgeräumt (ein abgeräumter Tisch), 2. abgestiert, drangekriegt; *den håm s' å(b)gramt wiar an Christbam*
å(b)gråsn: Leute der Reihe nach besuchen (z. B. im Zuge einer Haussammlung); *i hån oille å(b)gråst*
å(b)grennt: abgelaufen (das Ablaufdatum überschritten)
å(b)griffa = abgegriffen: ein abgegriffenes (abgenütztes) Buch
å(b)gschirrn: dem Pferd das Geschirr abnehmen; *d' Roß sand schon å(b)gschirrt*
å(b)gschossn: ausgebleicht; *de Blusn is schon gånz å(b)gschossn*
å(b)gsoffa = abgesoffen: 1. beim Schwimmen untergegangen, 2. der Motor ist abgesoffen (er läßt sich nicht starten, weil an die Zündkerze zuviel Benzin gelangt ist)
å(b)gwehna = abgewöhnen: sich das Rauchen abgewöhnen
å(b)gwichst: schlau, gewitzigt
å(b)hachln: streiten, zanken
å(b)håcka = abhacken: einen Ast abhacken
å(b)hagln = abhaken: Namen auf einer Liste abhaken
å(b)hänga: 1. ein Ackergerät vom Traktor abhängen, 2. davonfahren; *er håt mi gscheit å(b)ghängt!*
å(b)håschpln: abhaspeln (Garn auf dem *Håschpl* abwinden)
å(b)håsln: eine Ohrfeige bekommen; *wirst glei oane å(b)håsln!*
å(b)haun: 1. abhauen, flüchten, 2. lachen müssen; *då hån i mi gscheit å(b)ghaut*
å(b)hausn: abwirtschaften, durch Mißwirtschaft den Besitz verlieren
å(b)häu(t)ln = abhäuten: die Haut verlieren (z. B. nach einem Sonnenbrand)
å(b)he(b)m: abheben (beim Kartenspielen)
å(b)holzn: abholzen (einen Wald abholzen)
åbi, å(h)i, åwi: hinunter, hinab
åbibringa: hinunterbringen, herunterwirtschaften, zugrunde richten
åbidrahn: jemanden übervorteilen, ihn vom hohen Roß stürzen
åbifliagn: hinunterfallen
åbihatschn: 1. den Berg mühsam

åbihaxln

hinuntergehen, 2. den Schuhabsatz schief treten
åbihaxln: hinunterstrampeln; *d' Windln åbihaxln*
åbikräu(l)n: hinunterklettern
åbipurksln: hinunterpurzeln
åbirackern: sich abmühen, schinden
åbiraffa: um etwas streiten, etwas für sich durchzusetzen versuchen; *då kånnst di åbiraffa!*
åbirantn: Sorgen machen; *rant di net so åbi!*
åbischei(b)m: beim Kegeln nicht den ersten Kegel treffen
åbischlicka: hinunterschlucken
åbischwarn: „hinunterschweren" (hinunterziehen); *voille Tåschn schwarn åbi*
åbischwoa(b)m: hinunterspülen
åbisteßn: hinunterstoßen
åbistrampln: abarbeiten, abmühen
åbistrittn: hinunterstrampeln; *d' Windlhosn åbistrittn*
åbitoan *si:* sich härmen, kränken
åbiwürgn: hinunterwürgen
åbizahn: bewußt langsam arbeiten, jede Initiative vermissen lassen
Åbizahrer *da:* Faulenzer
å(b)kånzln = abkanzeln: jemanden abkanzeln (heftig zurechtweisen)
å(b)kapsln = abkapseln: sich abkapseln
å(b)kehrn = abkehren: mit dem Besen saubermachen; *håst schon Gre(d)n å(b)kehrt?*
å(b)kemma: abgekommen, unaktuell; *'s Betn nåchn Essn is a schon å(b)kemma* (ist nicht mehr zeitgemäß)
å(b)klau(b)m: absuchen, reinigen; *er håt's Åm å(b)klaubt* (das gedroschene Getreide von der Spreu gereinigt)
å(b)knöpfa: „abknöpfen", abgewinnen; *eahm håm s' des gånze Geld å(b)knöpft* (abgewonnen)
å(b)knutschn: abschmusen
å(b)kragln (derb): erwürgen
å(b)kråtzn: 1. abschaben; *'s Eis va da Windschutzschei(b)m å(b)kråtzn*, 2. (derb) sterben
å(b)kristln: mit den Skiern abschwingen
å(b)küfln: abkiefeln, abnagen; *a Boan å(b)küfln*
å(b)lådna = abladen: Heu abladen
Åblåß *da* = der Ablaß: Nachlaß der Sündenstrafen
å(b)låssn = ablassen: 1. Wasser ablassen, 2. urinieren des Zugtieres
å(b)lausn: Geld abgewinnen; *mi håm s' ban Kartnspü(l)n å(b)glaust*
å(b)luchsn = abluchsen: jemandem etwas abluchsen
å(b)lutschn: einen Finger ablutschen (abschlecken)
å(b)måcha: abmachen, etwas abrühren (Teig)
å(b)mahn: „abmähen" (eine Wiese mähen); *er håt d' Gstettn å(b)gmaht*
å(b)moaßn: Sträucher abholzen oder beschneiden
å(b)mu(d)ln: liebkosen

å(b)murksn = abmurksen: umbringen
å(b)namln: jemandem Schimpfnamen geben, ihn beschimpfen
å(b)nårrn: abluchsen, abfeilschen; *er håt ma mein ålts Ra(d)l å(b)gnårrt* (er hat mich überredet, ihm mein altes Fahrrad zu geben)
å(b)nåstn: vom Baum die Äste entfernen
å(b)nehma: 1. Gewicht verlieren; *i hån zehn Kilo å(b)gnumma*, 2. Wolle vom Strähn abwickeln
å(b)neidtn: (jemandem etwas) mißgönnen
å(b)nu(d)ln: eine Kante unsachgemäß feilen; *nu(d)l d' Kantn net a so å(b)!*
å(b)påschn: heimlich sich aus dem Staub machen, davonlaufen
å(b)passn = abpassen: 1. jemanden abpassen (ihn erwarten, ihm auflauern), 2. einen günstigen Moment abwarten
å(b)pausn = abpausen: 1. eine Zeichnung abpausen, 2. *va den kånnst da wås å(b)pausn* (kannst du dir ein Beispiel nehmen)
å(b)putzn = abputzen: 1. du mußt dir die Schuhe abputzen, 2. sich abputzen (die Schuld auf andere schieben)
å(b)rackern *si* = sich abrackern: sich plagen
å(b)rama: 1. Geschirr abräumen, 2. jemanden *å(b)rama* (ihm beim Spiel viel Geld abgewinnen)
å(b)råmln: grob anfahren; *der håt mi gscheit å(b)gråmlt!*
å(b)råschpln = abraspeln: Holz abraspeln
å(b)rå(t)n = abraten: jemandem (von) etwas abraten
å(b)recha = abrechen: das lose Heu von der Heufuhre abrechen (damit es beim Nachhausefahren nicht verloren wird)
å(b)rechna: kündigen; *i hån heint ba meiner Firma å(b)grechnt* (gekündigt)
å(b)reißn: 1. das Schuhband ist abgerissen, 2. verschwinden; *reiß å(b)!* (schroffe Aufforderung zum Verschwinden)
å(b)renna: erbleichen, die Farbe verlieren; *eahm rennt d' Farb å(b)*
å(b)richtn = abrichten: Hunde abrichten (dressieren)
å(b)rübln = abrippeln: fest abreiben
å(b)sagln: 1. absägen (ein Brett absägen), 2. um eine Funktion oder ein Amt bringen; *den håm s' å(b)gsaglt*
å(b)sågn = absagen: 1. einen Besuch, eine Veranstaltung absagen, 2. jemandem absagen
å(b)sama: abgewinnen; *der håt heint gscheit å(b)gsamt* (er hat viel gewonnen)
å(b)såmmln = absammeln: in der Kirche absammeln (sammeln) gehen
å(b)saufa (derb): absaufen, ertrinken
å(b)schå(b)m = abschaben

å(b)schåffa = abschaffen: eine eingeführte Regelung wieder abschaffen
å(b)schaun: etwas Gesehenes nachahmen
å(b)schebern: abkaufen; *gestern hån i eahm's Auto å(b)gschebert*
å(b)schern: abkratzen
å(b)scheuli = abscheulich: ein abscheulicher Mensch
å(b)schiaßn: 1. abfärben; *der Stoff is schon gånz å(b)gschossn;* 2. Wild erlegen (den Abschußplan erfüllen)
å(b)schindtn: abschürfen
å(b)schlågn: umbringen, schlachten; *an Håsn å(b)schlågn* (ein Kaninchen schlachten)
å(b)schlecka: ablecken
å(b)schledern: sehr naß werden; *mi håt's gscheit å(b)gschledert*
å(b)schleppm = abschleppen: 1. ein Auto abschleppen, 2. ein Mädchen von einer Tanzveranstaltung abschleppen (mit ihm allein weggehen)
å(b)schmålzn = abschmalzen: Nudeln abschmalzen
å(b)schmiern = abschmieren: 1. das Auto abschmieren (die Schmierstellen neu mit Fett versehen), 2. ein abgeschmierter (stark verschmutzter) Rock
å(b)schnåbln: anmaßend mit jemandem reden; *i låß mi do net va der a so å(b)schnåbln*
Åbschneider *da* = der Abschneider: Wegabkürzung

å(b)schnei(d)n = abschneiden: Brot abschneiden, Holz abschneiden
å(b)schoassln: abwimmeln, kurz abfertigen; *oan å(b)schoassln* (ihn sich vom Halse schaffen, ihn kurz abfertigen)
å(b)schodern: schnell weglaufen
å(b)schö(l)n = abschälen: eine Zwiebel abschälen (schälen)
å(b)schrecka = abschrecken: Erhitztes abschrecken (plötzlich abkühlen)
å(b)schrei(b)m = abschreiben; *des kånnst å(b)schrei(b)m* (das wirst du nie mehr zurückbekommen)
å(b)schriattn, å(b)schriadn: abschreiten
å(b)schuppm = abschuppen: einen Fisch abschuppen
å(b)schwar(d)ln: das Fleisch von der Schwarte ablösen
å(b)schwoa(b)m = abschwemmen: Geschirr abschwemmen
å(b)segn = absehen: voraussehen, ahnen; *i hån des net å(b)segn kinna*
å(b)seiha, å(b)seicha = abseihen: Milch abseihen
å(b)seu(l)n: sich abseilen (sich entfernen; sich vor der Arbeit drücken)
åbsichtli = absichtlich: etwas absichtlich tun
å(b)sitzn = absitzen: 1. vom Pferd steigen, 2. eine Strafe absitzen
å(b)spårn = absparen: sich etwas vom Mund absparen
å(b)speisn = abspeisen: 1. jeman-

den mit leeren Worten abspeisen, 2. das Altarssakrament empfangen
å(b)spena, å(b)spen: entwöhnen (Jungtiere von der Mutter trennen)
å(b)spensti = abspenstig: einem Kaufmann die Kunden abspenstig machen (weglocken)
å(b)springa: 1. von einem fahrenden Fahrzeug abspringen, 2. von einer Vereinbarung zurücktreten; *er is mar å(b)gsrunga* (er macht nicht mehr mit)
å(b)spritzn: 1. etwas mit einem Wasserschlauch säubern, 2. ejakulieren
å(b)ståmma = abstammen: von einer angesehenen Familie abstammen
å(b)standi: abgestanden; *a å(b)standige Mü(l)ch* (eine abgestandene Milch)
å(b)stau(b)m = abstauben: 1. den Staub entfernen, 2. (Fußballersprache) er brauchte nur mehr abzustauben (den abprallenden Ball nur noch über die Torlinie zu schieben)
å(b)stecha = abstechen: ein Schwein abstechen
å(b)stiern: viel Geld abgewinnen; *mi håm s' heint ban Kårtnspü(l)n å(b)gstiert*
å(b)stö(ll)n = abstellen; *en Motor å(b)stö(ll)n*
å(b)stottern = abstottern: die Schuld abstottern (auf Raten abzahlen)
å(b)strei(t)n = abstreiten: etwas abstreiten (leugnen)
å(b)strittn: Gras mit einer (stumpfen) Sense überhapps mähen; *i hån Gstettn gschwind å(b)gstritt*
å(b)strudln *si:* sich abstrudeln, sich abmühen
å(b)suzln: saugend abschlecken
Abszeß *'s:* Eitergeschwür
å(b)takln: abluchsen, abfeilschen
å(b)taklt = abgetakelt: eine abgetakelte (heruntergekommene) Person
å(b)tatschln: jemandem liebevoll die Wangen tätscheln
å(b)tåtschn: begrabschen; *å(b)tåtschn kånnst wen ånders!*
å(b)teufln: abhauen; *hiatzt müass mar åba schnä(ll) å(b)teufln!*
å(b)tischn: den Tisch, das Gedeck abräumen
å(b)toan = abtun: die Sache ist abgetan (erledigt)
å(b)trågn: 1. Eier vom Nest holen; *Oar å(b)trågn,* 2. das beim Maschindreschen gedroschene Getreide in Säcken in den *Troadkåstn* tragen, 3. abgetragen (eine abgetragene Hose)
å(b)trei(b)m = abtreiben: 1. von der Strömung abgetrieben (mitgerissen) werden, 2. ein Kind (Fötus) abtreiben
å(b)trickern = abtrocknen: das Geschirr abtrocknen
å(b)trumpfa, å(b)trumpfm = abtrumpfen: stechen (beim Kartenspiel)
åb und zua: manchmal

å(b)wårtn = abwarten
Å(b)wåsch *d'* = die Abwasch: Einrichtung zum Geschirrabwaschen
Å(b)wåschfetzn *da:* Stofftuch, das früher anstatt der heute üblichen Wettex-Tücher zum Abwaschen verwendet wurde
å(b)wåschn = abwaschen: das Geschirr abwaschen
Å(b)wåschschaffl *'s:* Abwaschschaff (ein Schaff, das bis zur Einleitung des Fließwassers zum Geschirrabwaschen benötigt wurde)
Å(b)wåschwåsser *'s* = das Abwaschwasser: wurde oft als Viehfutter (Trank) verwendet
å(b)watschn, å(b)watschna: ohrfeigen
å(b)wendtn = abwenden: ein Unheil abwenden
å(b)wetzn = abwetzen: abscheuern, abschürfen
å(b)wümmln = abwimmeln: jemanden abwimmeln (mit Ausflüchten abweisen)
å(b)würgn: 1. den Motor „abwürgen", 2. erwürgen
å(b)zapfa = abzapfen: Most abzapfen
Åbziagbü(ld)l *'s* = das Abziehbild
å(b)ziagn: 1. Mist *å(b)ziagn* (den Mist mit dem *Mistkräu(l)* vom Wagen abladen), 2. ein Gewand ausziehen; *i muaß mi erscht å(b)ziagn*, 3. den Beton mit einer Waaglatte abziehen, 4. *ziag å(b)!* (grobe Aufforderung, sich zu entfernen)

ach!: Empfindungswort des Staunens, auch der Ablehnung
Achgod!: Achgott! (Ausruf, Seufzer); *Achtgod und neun Heiling, da Schulmoasta z'Weilling, da Pfårrer und sein Bua, wiavü(l) brauchan de Påår Schuah?* (nur zwei Paar, denn weder Götter noch Heilige brauchen Schuhe, und ein katholischer Pfarrer hat üblicherweise keinen Sohn)
Achs *d'* = die Achse: Radachse; *oiweu auf da Achs sein* (immer unterwegs sein)
Åchsl *d'* = die Achsel
Åchter *da:* achterförmige Verbiegung eines Rades; *mein Fåhrra(d)l håt an Åchter*
Åchtl, Achterl *'s:* Maß und Gefäß, in dem der Wein ausgeschenkt wird
åchtn = achten: 1. jemanden achten, 2. sich achten (auf ein gepflegtes Äußeres schauen)
Åcker *da* (Mz.: Acker): 1. Feld, Acker, 2. ein Acker, der den Häuselleuten zur Bearbeitung überlassen wurde (auf dem sie Hackfrüchte anbauen konnten)
åckern = ackern: pflügen
Adamsåpfl *da:* Kehlkopf
Åderlåssn *'s* = der Aderlaß: Blutnahme zu Heilzwecken
Ådfent *da* = der Advent
Ådfentkrånz *da* = der Adventkranz
Ådl *da* = 1. Jauche, Gülle, 2. der Adel (die dem adeligen Stand Zugehörigen)

Ådlfaßl *'s*: Jauchefaß (das am *Ådlwågn* montiert ist)
Ådlführn *'s*: die Jauche mit dem *Ådlwågn* auf das Feld bringen (als Dünger)
Ådlgrua(b)m *d'*: Jauchegrube
Ådl-låcka *d'*: dasselbe wie *Ådlgrua(b)m*
ådln: mit Jauche düngen
Ådlwågn *da*: Wagen, auf dem das Jauchefaß montiert ist
Ådn *da* = der Atem; *i bi(n) gånz außa Ådn*
Adutt *'s* (endbetont) = das Atout: der Trumpf im Kartenspiel
Adwokat *da* = der Advokat: Rechtsanwalt
Aeroplan *da* (veraltet): Flugzeug
Åff *da*: 1. Affe, 2. Rausch; *an Mordsåffm hå(b)m* (einen großen Rausch haben)
Åffmhitz *d'*: große Hitze
Åffmzirkus *da*: ein Tohuwabohu
afli: wund, brandig, eitrig (eine wunde Stelle am Körper, die nicht zuheilen will); *i hån mi a wenig kråtzt, und då is's ma afli worn*
åft, åftad, åftn: nachher; *åft håt er mi gfrågt, ob's mar eh recht is*
åfter: minderwertig, schlecht; *a åfters Troad* (ein schlechtes Getreide)
åftn danåh: darnach
Ågrås *d'*: Stachelbeere
agrat = akkurat: 1. sorgfältig, genau; *a agrater Mensch*, 2. wirklich; *agrat is er zruckkemma!*
ah!: Ausruf des Staunens; *ah geh, wåsd' net sågst!*
åha!, äha!: 1. Fuhrmannsruf, damit die Pferde anhalten, 2. Ausruf, wenn man einen Fehler macht oder mit jemandem zusammenstößt; *åha, hiatzt hån i mi vafåhrn!*
Ä(h)an *d'* = die Ähre: Kornähre; *Ä(h)an klau(b)m* (das Auflesen der Ähren von den abgeernteten Feldern war meist den Häuselleuten gestattet)
Ahnl *d'*: Großmutter
Ähnl *da*: Großvater; *da Ähnl håt g'åckert und d' Ahnl håt g'eggt, da Ähnl håt an Schoaß låssn und d' Ahnl håt gschmeckt*
Ahnlkin(d)a *d'* (Mz.): Enkelkinder
Ähnlmån *da*: Mond (auch *Månähnl*)
Ahnltåg *da*: Besuchstag, an dem die Enkelkinder die Großeltern besuchen (der erste Sonntag nach Ostern, auch *Weißer Sunnda* genannt)
Ahnlsunnda *da*: der erste Sonntag nach Ostern (dasselbe wie *Ahnltåg*)
Aitzerl *'s* = das Alzerl: es fehlt nur ein Alzerl (ein ganz kleines Stück)
ålla!: Ausruf, um jemanden zu etwas aufzufordern; *ålla, aufstehn!*
Ällexn, Ellexn *d'*: Ellechse (Traubenkirsche)
alloan = allein
alloanstehad = alleinstehend
åls = als

ålsa: 1. also, 2. als ein; *ålsa Tode håmd s' 'n hoambråcht* (als Toten)
ålsdånn = alsdann: dann
Ålster, Ålstern *d'* = die Elster
ålt = alt; *mein Ålter* (mein Mann); *mein Ålte* (meine Frau); *auf meine åltn Tag* (in meinem hohen Alter); *ålter Grantscherm* (Mann, der ständig schlechter Laune ist); *ålter Knacker* (abschätzig für alter Mann); *ålte Haut* (ein gutmütiger älterer Mensch)
Åltår *da* = der Altar
ålteriern *si* = sich alterieren: sich aufregen, sich ärgern
åltersschwåch = altersschwach
Åltjåhrståg *da* = der Altjahrstag: Silvester (31. Dezember)
åltlat: ältlich, abgestanden, nicht mehr frisch
åltln: alt schmecken (besonders vom Wein gesagt); *da Wein åltlt*
åltvadarisch = altväterisch: altmodisch
Åltweibersumma *da* = der Altweibersommer: 1. vom Wind getragene Spinnweben im Frühherbst, 2. schöne Spätherbsttage
åm = am: 1. an dem; *åm Åbhång*, 2. auf dem; *åm Bodn*
Åm, Om *'s*: Spreu (Abfall beim Maschindreschen)
amål, amåi (endbetont): einmal, irgendwann
Åmboß *da* = der Amboß: Hammer und Amboß
amen: Gebetsschluß; *jå und amen sågn* (mit allem einverstanden sein); *wia's Amen in Gebet* (ganz sicher); *mit eahm is's aus und amen* (er stirbt)
Åmgrua(b)m *d'*: Abfallgrube für das *Åm* (eine Art Komposthaufen)
Amlettn *d'* = die Omelette: eine Mehlspeise
Åmoaßn *d'* = die Ameise: ein Insekt; *a großer Åmoaßnhaufa*
Åmper *da*: Eimer, Kübel
Åmsl *d'* = die Amsel: ein Singvogel
Åmt *'s*: 1. Amt (Sitz einer Behörde), 2. Hochamt als feierlicher Gottesdienst, 3. der zweite sonntägige Gottesdienst; *i bi(n) ins Åmt gånga* (ich bin in die 9 Uhr-Messe gegangen)
Amterl *'s*: eine Funktion, die jemand bekleidet (meist negativ gemeint); *der håt sovü(l) Amterl, daß er går nimma zan Årbatn kimmt*
Åm trågn: das beim Maschindreschen angefallene *Åm* (Spreu) mit großen Körben wegtragen (ein Teil kam in die *Schabbih* als Viehfutter, der übrige Teil wurde in die *Åmgrua(b)m* entsorgt)
Åmtskappl *'s* = das Amtskappel: das Amtskappel aufhaben (sich als Beamter überheblich benehmen)
Åmtsschimml, Åmtsschümml *da* = der Amtsschimmel: umständliche, schleppende Erledigung durch ein Amt
an: einen; *i kenn an Månn* (ich kenne einen Mann)
ån (nasal) = an: Umstandswort,

Vorwort (als Umstandswort auch: weiter, voran); *er is schon ångånga*

ånåckern: mit dem Pflug die Kartoffeln häufeln

ånanånder = aneinander: aneinander vorbeigehen

Ananas *d'*: gezüchtete große Erdbeere (Ananaserdbeere)

ånbandln = anbandeln: 1. ein Liebesverhältnis anfangen, 2. einen Raufhandel beginnen

ånbaun = anbauen: 1. säen (Weizen anbauen), 2. verlieren; *i hån mein Geld ånbaut*

ånbetn = anbeten: das Allerheiligste anbeten

ånbeu(l)n: anlügen, belügen; *du kånnst wen åndern ånbeu(l)n!*

ånbindtn = anbinden

ånbirschn *si* = sich anpirschen: der Jäger pirschte sich (an das Wild) an

ånbissn: 1. angebissen (ein angebissener Apfel), 2. verärgert; *i bi(n) gscheit ånbissn!*

ånblåsn: betrunken

ånbloach: ziemlich bleich

ånbrennt: 1. angebrannt; *'s Grias-koh is ånbrennt*, 2. dumm; *d' Telegraphm-Måstn is unt ånbrennt und du bist o(b)m ånbrennt!*

ånbritscht: überempfindlich, angerührt (meist in Bezug auf Kinder); *heint bist åber wieder ånbritscht*

ånbrunzn (derb): in die Windeln oder in die Hose urinieren

ånburrn: anstoßen

Åndåcht *d'* = die Andacht: Andachtsstunde (Maiandacht)

åndagln: bekritzeln, beschmieren

åndas, ån(d)as, åndast = anders; *åndas geht's går net*

åndeppad: schwachsinnig

Åndenga *'s* = das Andenken: jemandem etwas als Andenken schenken

åndrahn: 1. umkehren, wenden, 2. jemandem etwas zum überhöhten Preis verkaufen, 3. eine Frau schwängern

ånd toan: etwas ungewohnt oder schmerzhaft empfinden; *des wird eahm ånd toan, wånn er hiazt schwar årbatn soll*

åndübln = andübeln: etwas mit einem Dübel befestigen

åndu(d)ln: sich betrinken

åneckn = anecken: Anstoß erregen

åneisn: mit Eis überziehen

ånfåhrn = anfahren: 1. losfahren, 2. jemanden schroff anreden

ånfai(l)n: feilbieten, zum Kauf anbieten

ånfäu(l)n: anwidern

Ånfeirholz *'s*: Kleinholz zum Einheizen

ånfeirn: anzünden; *a Zigarettn ånfeirn* (eine Zigarette anzünden)

ånfür(h)a: das zweitemal Ackern im Jahr (Herbstackern)

ångach, ångah: zu schnell; *des geht a weng ångach*

ångar(d)ln: im Frühjahr den Gemüsegarten bestellen

ånge(b)m = angeben: prahlen, sich

ångehn

wichtig machen
ångehn: 1. anfangen, an die Arbeit gehen; *gehn ma's ån!*, 2. losgehen, weitergehen; *geh ån!*, 3. unangenehm sein; *des geht mi ån* (das stört mich), 4. anbetteln (jemanden um Geld angehen), 5. betreffen; *des geht di ån!*
Ånger *da*: Feldrain; *Ånger mahn* (die Anger durften in der Regel die Häuselleute für ihre Ziegen mähen und heuen)
ångflaschlt: betrunken; *an nirdn Tåg is der ångflaschlt*
ångfrern: anfrieren, aneisen
ångfressn: angewidert
Ångl *d'* = die Angel: 1. Fischangel, 2. Türangel; *d' Tür steht sperrånglweit offa*
ånglen, ånglein: anstreichen, anschmieren
ånglernt = angelernt: ein angelernter Arbeiter
ångloant: „angelehnt"; *oan ångloant låssn* (ihn nicht beachten, ihn auf sich allein gestellt lassen)
ångmålnt: angemalt
ångnumma: 1. vorausgesetzt, 2. entgegengenommen, 3. ein Kind adoptiert; *des Kind håm s' ångnumma* (das Kind haben sie adoptiert)
ångossn: angegossen; *der steht då wiar ångossn* (wie eine Statue)
ångradi: zudringlich in Dingen der Liebe; *a ångradiger Kunt*
ångraumt: angeräumt, überladen, zu viele Sachen auf engstem Raum; *da Tisch is å(n)graumt* (es befinden sich zu viele nicht unbedingt benötigte Gegenstände auf dem Tisch)
ångreimt: mit Rauhreif überzogen
ångrennt: 1. angelaufen; *d' Glasl sand ångrennt* (die Gläser sind mit einer Dunstschicht bedeckt), 2. *'s Marmelad is angrennt* (die Marmelade ist mit Schimmel bedeckt)
ångrührt = angerührt: angerührt sein (leicht beleidigt sein)
ångschirrn = anschirren: dem Pferd das Geschirr anlegen
ångschlågn: gesundheitlich nicht gut beisammen sein
ångschlickt: angefressen, verärgert
ångsegn = angesehen: ein angesehener (allseits geachteter) Mann
ångst = angst; *ångst und bång wern*
angstn = ängstigen: sich ängstigen; *tua de net angstn!*
ångsoffa, ångsoffm: 1. betrunken; *der is heint wieder gscheit ångsoffa*, 2. naß geworden, eingeweicht; *'s Holz håt si ångsoffa*
ångstö(ll)t: angestellt; *wås håst denn ångstö(ll)t?*
ångstraat: dumm
ångwehn, ångwehna = angewöhnen: 1. sich eine Unart angewöhnen, 2. sich an eine fremde Umgebung gewöhnen
ånhå(b)m: 1. ein neues Kleid anhaben, 2. jemandem nichts anhaben können (nichts gegen ihn ausrichten können), 3. anhalten; *er håt*

ånghåbt mitn Traktor, 4. dagegenhalten; *ba da Heifuhr ånhå(b)m* (mit der Gabel dagegenhalten, daß sie nicht umfällt)
ånhaftln: anheften, mit einer Stecknadel befestigen
ånhahnln, ånhanln: stänkern
ånhålm sein: anwesend sein
ånhål(t)n: den Bauern um etwas bitten (Häuselleute); *um an Ācker ånhål(t)n* (um die Überlassung eines Ackers zum Anbauen von Kartoffeln bitten)
ånhänga = anhängen: einen Pflug an den Traktor anhängen
Ånhänger *da* = der Anhänger: 1. Traktoranhänger, 2. Fußballanhänger
Ånhängpfluag *da*: Vorgängerpflug des heute üblichen Hydraulikpfluges (Zwei-, Drei- oder Vierscharpflug, der von einem Traktor gezogen wurde)
Ånhängsl *d'* (Mz., scherzhaft): Frau und Kinder; *i hån heint meine Ånhängsl mit*
ånhaun: 1. anhauen (anstoßen); *i hån mi ånghaut!*, 2. jemanden um Geld anpumpen, 3. ausgiebig essen
ånhe(b)m: anfangen, beginnen
ånheftn = anheften: sich ein Abzeichen anheften
ånhiasln: etwas unprofessionell anstreichen
ånhoazn = einheizen: den Ofen einheizen; *håst schon ånghoazt?* (neuer für *ånkentn*)

å(n)himmln, å(n)hümmln: „anhimmeln" (jemanden sehr verehren)
Åniwåndta *da*: Ackerrand, wo beim Ackern umgekehrt wird (dasselbe wie *Tretåcker*)
ånkehrn: umkehren, reversieren
ånkemma = ankommen: 1. am Ziel ankommen, 2. versehentlich anstoßen; *i bi(n) bei eahm ånkemma*
ånkenna: anmerken
ånkentn (altmundartlich): anzünden, Feuer machen (älter für *ånhoazn*)
ånkinna = ankönnen: jemandem nicht ankönnen (nichts gegen ihn ausrichten können)
ånklopfa = anklopfen: vor dem Eintreten anklopfen
ånkreizln = ankreuzeln: Namen auf einer Liste ankreuzeln
ånlångt = anbelangt: betrifft; *wås des ånlångt, bi(n) i gånz ånderer Moanigung* (was das betrifft, bin ich ganz anderer Meinung)
Ånlåsser *da* = der Anlasser: Starter (Startvorrichtung eines Kraftfahrzeuges)
ånlassi: zu flüchtigen Liebesabenteuern aufgelegt, leicht zu erobern; *a ånlassigs Mensch*
ånlåssn: 1. anbehalten; *låß d' Hosn ån!*, 2. den Motor anlassen (starten), 3. *des låßt si schon guat ån* (das erscheint vielversprechend)
ånlegn: 1. anziehen (älter für *ånziagn*); *du muaßt a neiche Pfoad ånlegn*, 2. einen Belag bilden; *d'*

Zähnt sand gånz ånglegt (belegt), 3. sich mit jemandem anlegen (Streit suchen)

ånloan, ånloana = anlehnen: sich anlehnen

ånlüagn, ånliagn = anlügen: jemanden anlügen (ihm bewußt die Unwahrheit sagen)

ånmåcha: 1. (eine Sache) befestigen, 2. *en oan ånmåcha* (sich an jemanden anbiedern, lästig anschließen), 3. *da Bua håt si schon wieder ångmåcht* (er hat sich in die Hose gemacht)

ånmålna = anmalen

ånmaßn: anbinden, festmachen

Ånmäuerln *'s*: ein Kinderspiel

ånmögn, ånmegn: ankönnen, schaden können

ånnehma: 1. ein Geschenk annehmen, 2. *des kånnst ånnehma* (glauben), 3. *mia wern a Kind ånnehma* (adoptieren)

ånpåmpfa: (zu) viel anziehen

ånpåtzn = anpatzen: sich beschmutzen, bekleckern

ånpecka = anpicken: die Amsel pickt die Kirschen an

ånpfaucha: anpfauchen

ånpicka = anpicken: er hat den Zettel angepickt (angeklebt)

ånpö(l)zn: (zu) warm anziehen

ånpreisn = anpreisen: seine Ware anpreisen (loben, bewerben)

ånpritscht: überempfindlich, angerührt; *sei net so ånpritscht!*

ånpumpm = anpumpen: jemanden anpumpen (um Geld angehen); *er håt mi um an Zehner ånpumpt*

ånrauka: 1. eine Zigarette anzünden, 2. (Fußballersprache) einen Freistoß scharf schießen; *der håt gscheit ångraukt*

ånraunzn = anraunzen: jemanden anraunzen (ihm eindringlich und klagend Bitten vorbringen)

ånredn: anreden, ansprechen (der Bauer mußte jedes Jahr bis *Martini* sein Gesinde *ånredn*, ob es auch im kommenden Jahr bleiben wolle)

ånrenna: 1. im Laufen heftig anstoßen, 2. *oan ånrenna låssn* (ihm seine starre Haltung spüren lassen)

Ånricht *d'* = die Anrichte: 1. ein Möbelstück zum Bereitstellen von Speisen, 2. Kredenz

ånrichtn: 1. eine Speise zum Servieren vorbereiten, 2. etwas anstellen, einen Verstoß begehen

Ånsåger *da*: jemand, der beim Tode eines Mitbürgers die Nachbarn und Bekannten davon verständigt und im Namen der Hinterbliebenen um die Teilnahme am Begräbnis bittet

ånsågn: im Dorf von Haus zu Haus gehen und den Nachbarn die Mitteilung vom Ableben eines Mitbürgers machen

ånschåffa = anschaffen: jemandem eine Arbeit anschaffen (befehlen); *ånschåffa tua i!*

ånschaun: anschauen, ansehen; *en Totn ånschaun* (hat der Ånsåger

die Nachricht vom Tode eines Nachbarn überbracht, so ging man den Toten *ånschaun*)
Ånscheiber *da*: Angeber
ånschei(b)m: 1. angeben, prahlen, 2. den ersten Kegel (neben anderen) beim Kegeln treffen
ånscheißn (derb): 1. in die Windeln oder in die Hose machen, 2. sich nichts „anscheißen" (nichts daraus machen), 3. *scheiß di net ån!* (fürchte dich nicht!), 4. *då wirst di ånscheißn!* (du wirst den kürzeren ziehen!)
ånschicka si: sich gut anstellen; *er schickt si ba da Årbat guat ån*
ånschier wern: unheimlich werden; *mir wird gånz ånschier* (mir wird unheimlich zumute)
ånschlågn = anschlagen: 1. sich den Kopf anschlagen, 2. eine Tür anschlagen, 3. ein Faß anschlagen (anzapfen), 4. ein Gewehr anschlagen (in Anschlag bringen), 5. gut bekommen; *'s vüle Essn håt si bei eahm guat ångschlågn*, 7. „*Oans, zwoa, drei ånschlågn*" (ein Kinderspiel)
ånschledern si: viel (Wasser) trinken
ånschmiern = anschmieren: 1. die Bänke nicht anschmieren, 2. einen anschmieren (betrügen), 3. sich anschmieren (einen Fehler machen); *då håt's mi gscheit ångschmiert*
ånschnauzn = anschnauzen: grob anfahren

ånschnei(d)n = anschneiden: Brot anschneiden
ånschrein = anschreien: jemanden anschreien
ånschüttn: 1. naß machen, 2. (Fußballersprache) ein „Steirertor" bekommen; *da Tormånn håt si ångschütt*
ånschwanern: belügen, Lügengeschichten auftischen
ånschwa(r): 1. allzu schwer, 2. schwerfällig, geistig beschränkt
ånschwindln = anschwindeln: jemanden beschwindeln
ånseampern: jemandem durch ständiges Jammern und Nörgeln lästig fallen
ånsetzn: einen Baum ansetzen (pflanzen)
ånsiedln: Hühner zum Ausbrüten auf den Eiern belassen
ånsinga: jemanden *ånsinga* (ihm unablässig sein Leid klagen)
ånsoacha (derb): in die Windeln oder in die Hose urinieren
ånspei(b)m: sich durch Erbrochenes beschmutzen
ånspenln: anheften (mit einer Stecknadel anstecken oder befestigen)
Ånspråch *d'* = die Ansprache: 1. Rede, 2. Gelegenheit, mit jemandem zu sprechen; *a Ånsprach hå(b)m* (einen Gesprächspartner, eine Bezugsperson haben)
ånspreizn: etwas anspreizen (mit einer Stütze versehen)
Ånstand *da*: 1. Anstand, 2. Bean-

ånstänkern

standung; *es håt nia an Ånstand ge(b)m*
ånstänkern = anstänkern: jemanden anstänkern (ihn belästigen)
ånstecka = anstecken: 1. ein Abzeichen anstecken, 2. sich durch den Kontakt mit Kranken eine Krankheit zuziehen
ånstehn = anstehen: 1. sie steht nicht auf seine Hilfe an (braucht sie nicht), 2. etwas anstehen (unerledigt) lassen, 3. ich stehe an (ich komme nicht mehr weiter)
ånsteßn = anstoßen
ånstiftn = anstiften: verleiten, verführen
ånstö(ll)n = anstellen: 1. sich an der Kasse anstellen, 2. etwas anstellen (eine Dummheit begehen), 3. sich ungeschickt anstellen (benehmen)
ånstreicha = anstreichen: 1. ein Haus anstreichen, 2. sich anstreichen (sich schminken)
ånstrenga = anstrengen: 1. sich anstrengen (sich bemühen), 2. die Augen anstrengen
ånstroafa = anstreifen: an etwas nicht anstreifen wollen
ånstru(d)ln: anpöbeln, anflegeln
ånstückln, ånstickln = anstückeln: einen Ärmel anstückeln
ånsuacha = ansuchen: um etwas ansuchen
Antara *da*: Enterich (männliche Ente)
åntaucha = antauchen: anschieben
Ǻntifi, Entifi *da:* Kurzbezeichnung für Endiviensalat
Ǻntlåßpfingsta *da*: alte Bezeichnung für den Gründonnerstag
Åntn *d'* = die Ente
åntoan = antun: 1. Selbstmord begehen; *er håt si wås åntån*, 2. sich über etwas übermäßig aufregen; *tua da nix ån!*, 3. eine Arbeit exakt erledigen; *er håt si vü(l) åntån*
åntreama: anjammern
åntrei(b)m: 1. antreiben (zur Arbeit anspornen), 2. einen Eisenreifen auf ein Holzrad oder auf ein Faß geben (beschlagen)
åntrenzn: 1. sich antrenzen (sich anpatzen), 2. jemanden antrenzen (ihn anraunzen)
åntschechat: betrunken
åntümmln: anpochen, klopfen
åntuschn: angeben, prahlen
ånvü(l): beinahe zuviel
ånwandln: beim *Keglschei(b)m* die Randbegrenzung der Kegelbahn berühren (der Schub wird dadurch ungültig)
ånweng: ziemlich wenig
ånwerfa = anwerfen: 1. die Mauer anwerfen (verputzen), 2. den Motor anwerfen (starten)
Ånwert *da* = der Anwert: Wert, Geltung (meist negativ gebraucht); *koan Ånwert hå(b)m* (nichts gelten)
ånzahn: schnell arbeiten; *heint håmma gscheit ånzaht!*
ånzåhna: jemanden „verzwickt" ansehen; *zåhn mi net so bled ån!*
ånzapfa = anzapfen: 1. ein (volles)

Faß anzapfen (anschlagen), 2. einen Baumstamm anzapfen (zur Harzgewinnung)
ånziagn = anziehen: 1. sich anziehen (neuer für *ånlegn*), 2. *an Schraufm ånziagn* (eine Schraube festziehen)
ånzipfa, ånzipfm: sich über etwas ärgern; *des zipft mi ån!*
Anzn *d'* (Mz.): die zwei Wagen- oder Schlittenstangen, die direkt am Geschirr eines einzelnen Pferdes befestigt sind
Ånzoacha *'s* = das Anzeichen: Anzeichen einer Krankheit
ånzoagn = anzeigen: eine Anzeige erstatten
Ånzug *da* = der Anzug: Steireranzug
ånzündtn = anzünden: 1. eine Kerze anzünden, 2. *wås ånzündtn* (etwas Unangenehmes aufs Tapet bringen)
ånzwidern: zuwider sein, lästig werden
Åpfl *da* = der Apfel
Åpflbam *da* = der Apfelbaum
Åpflbutz, Åpflbitz *'s*: der abgegessene Apfel, bei dem nur mehr der Stengel und das Kerngehäuse übrig sind
Åpflmost *da* = der Apfelmost
Åpflschindtn *d'*: Apfelschale
Åpflschlangl *'s*: Butterteigmehlspeise mit eingefüllten Äpfeln aus geschlungenem (geflochtenem) Teig
Åpflschimml, Åpflschümml *da* = der Apfelschimmel: ein geflecktes Pferd
Åpflspeigl *'s*: Apfelspalte
Åpflstru(d)l *da* = der Apfelstrudel: eine Mehlspeise
appatitli = appetitlich
Apportl *'s*: Gegenstand, der geworfen wird, damit ihn der Hund zurückbringt (apportiert); *such's Apportl!* (Zuruf an den Hund)
Åprü(l) *da* = der April: vierter Monat im Jahr
Åprü(l)nårr *da*: Aprilnarr ist der Spottname für denjenigen, der in den 1. April geschickt wurde; *Åprü(l)nårr fürs gånze Jåhr*
Ar *'s*: ein Flächenmaß (100 Quadratmeter)
Årbat, Årwat *d'* = die Arbeit
årbatn, årwatn = arbeiten
Årbatswurzn *d'*: ein „Arbeitstier" (ein sehr fleißiger Arbeiter)
årm = arm: mittellos: *årm wiar a Kirchamaus* (ganz arm)
Årm *da* = der Arm: meist wird in der Mundart für *Årm* das Wort *Hånd* gebraucht
Årmaturnbre(d)l *'s* = das Armaturenbrett
årme Sä(l) *d'*: „arme Seele"; *nimm das hålt, daß de årme Sä(l) a Ruah håt* (sagt man, wenn Kinder ständig nach etwas betteln); *Årmersä(l)ntåg* (gelegentliche Bezeichnung für den Allerseelentag)
Årmleuchter *da*: ein dummer Mensch (Schimpfwort)
årmsäli = armselig

Årmutschkerl *'s*: armes, bedauernswertes Geschöpf

Årsch *da* = der Arsch: 1. Gesäß, Hinterteil; *oan en Årsch aufreißn* (ihn zur Schnecke machen); *in Årsch beißn* (sich Selbstvorwürfe machen), 2. die runde, breitere Seite des Ostereis beim Eierpekken, 3. jene Seite des *Kornmandls*, wo die Halme abgeschnitten sind

Årschbåcka *da*: Gesäßbacke; *Årschbåcka-Sämml* (Langsemmel, Semmel mit Mittelschlitz)

Årscherl *'s*: Feigling

Årschkapplmuster *'s*: Schimpfwort

Årschkräuler *da*: Speichellecker; *a richtiger Årschkräuler*

Årsch kräu(l)n: einschmeicheln

Årschlecka *'s*: 1. Götzzitat; *du kånnst mi en Årsch lecka!*, 2. eine Kleinigkeit zu groß oder zu klein; *gråd ums Årschlecka geht's net eine!*

Årschlei(d)n *'s*: Schwierigkeiten haben; *hiatzt håmmas Årschleidn!*

Årschloh *'s*: 1. Darmausgang (Arschloch), 2. Schimpfwort; *er is a gånz Årschloh!*

a(r)schling *in*, **a(r)schlings**: rückwärts, verkehrt

Årt *d'*: Benehmen; *des is jå do koan Årt!* (benimm dich!)

årtli: schauerlich, unheimlich; *mir is gånz årtli* (ganz merkwürdig zumute)

As *'s*: 1. eine Spielkarte, 2. hervorragender Sportler

Åschermidicha *da*: alte Bezeichnung für den Aschermittwoch

Åschn *d'* = die Asche

Åschnbre(d)l *'s* = das Aschenbrödel: 1. eine Märchengestalt, 2. eine benachteiligte Person

Åschnlåd *d'*: Aschenlade (Aschenauffangbehälter bei einem Holzofen)

Åschntegl *da*: Aschenbecher

Åschntürl *'s*: Tür zum Verschließen der Aschenlade eines Holzofens

Aschperl *'s*: Mispel (apfelartige Frucht)

Åsstl *d'* = die Assel: Krebstierchen

Åst *da* = der Ast

Au *d'*: feuchte Niederung (häufig als Flurname)

au(h)a, außa: heraus; *geh au(h)a!*

auf: 1. auf (Umstandswort und Vorwort); *auf da Ståßn*, 2. nach; *auf Linz fåhrn* (nach Linz fahren)

Auf *da*: Uhu

aufanånder = aufeinander

aufbåhrn = aufbahren: einen Toten aufbahren

aufbama *si* = sich aufbäumen: 1. sich widersetzen, 2. sich plötzlich aufrichten

aufberschtn, aufberschtln: sich aufregen, gegen etwas aufbäumen; *tua di net so aufberschtn!*

aufbettn = aufbetten: das Bett machen

aufbindtn: glaubhaft machen; *a Lug aufbindtn* (jemanden belügen)

aufbla(d)ln: 1. jemanden bloßstel-

len, 2. stürzen; *mi håt's gscheit aufbla(d)lt!*
aufdenga: daran denken, sich erinnern
aufdrahn = aufdrehen: 1. das Licht aufdrehen, 2. ungestüm werden, stänkern; *der draht schon wieder amål auf*
auf d' Seitn gehn: 1. die Notdurft verrichten, 2. untreu werden (in der Liebe oder als Kunde)
aufdunnert = aufgedonnert: aufgedonnert (auffällig hergerichtet) sein
aufdunsn = aufgedunsen: ein aufgedunsenes (aufgequollenes) Gesicht
aufdünstn: aufbügeln; *en Ånzug aufdünstn*
auffa: herauf
auffa(d)ln = auffädeln: Perlen auffädeln
Auffåhrtståg *da:* alte Bezeichnung für Christi Himmelfahrt
auffållend = auffallend
auffasteßn: „aufstoßen", rülpsen
auffi: hinauf
auffihussn: den Hund auf jemanden hetzen; *er håt eahm en Hund auffighusst*
auffikräu(l)n: mühsam hinaufsteigen, hinaufklettern
auffikraxln: hinaufklettern
auffischoppm: hinaufstülpen, wobei sich ein Bauschen oder ein Wulst bildet
auffisteßn: anstupsen, ein Zeichen geben

aufforstn = aufforsten: einen Wald anpflanzen
aufführn = aufführen: 1. ein Theaterstück aufführen, 2. sich gut aufführen (benehmen)
Aufgåb måcha: die Hausaufgabe (Hausübung) machen
aufgåbln = aufgabeln: jemanden aufgabeln (erobern, „aufreißen"); *wo håst denn de wieder aufgåblt?*
aufganserln: jemanden sexuell erregen
aufge(b)m: 1. mit der Gabel Heu, Getreidegarben oder Strohballen aufladen, 2. einen Brief aufgeben, 3. im Wettkampf aufgeben; *i hån aufge(b)m*
aufgehn: 1. öffnen; *d' Tür geht net auf* (sie läßt sich nicht öffnen), 2. hervorquellen; *a aufgehads Wåsser* (eine Quelle), 3. der Kuchen geht auf
aufghål(t)n = aufbehalten: den Hut aufbehalten
aufglegt = aufgelegt: 1. gut aufgelegt (gut gelaunt) sein, 2. ein aufgelegter (offenkundiger) Unsinn, 3. (Fußballersprache) ein aufgelegter (selbstverschuldeter) Elfer
aufgschert: aufgekratzt (Haut)
aufgschmissn = aufgeschmissen: aufgeschmissen (ratlos) sein
aufgstö(ll)t: 1. aufgestellt (der Maibaum wurde aufgestellt), 2. zu Sturz gekommen; *mi håt's mitn Radl aufgstö(ll)t*
aufgwahn: mit einem Hebel aufzwängen

aufgweckt = aufgeweckt: ein aufgewecktes (lebhaftes, begabtes) Kind
aufhå(b)m = aufhaben: 1. einen Hut aufhaben, 2. Hausübungen aufhaben
aufhålsn = aufhalsen: jemandem eine Arbeit aufhalsen (aufbürden)
aufhål(t)n = aufhalten: 1. die Hände aufhalten, 2. ein Auto aufhalten (Auto stoppen), 3. sich in Wien aufhalten, 4. sich über etwas aufhalten (sich darüber beschweren)
aufhänga = aufhängen: 1. ein Bild aufhängen, 2. Selbstmord begehen; *er håt si aufghängt*
aufhaun: 1. sich eine Wunde schlagen, sich eine Verletzung zufügen, 2. bloßstellen; *er håt mi aufghaut*
aufhausn: es zu etwas bringen, den Besitz vermehren
aufhe(b)m = aufheben: 1. einen Apfel vom Boden aufheben, 2. ein Andenken aufheben (aufbewahren)
aufhern = aufhören: beenden
aufhocka: aufsitzen
aufhussn = aufhussen: aufstacheln, aufhetzen
aufkemma = aufkommen: ruchbar werden
aufklau(b)m = aufklauben: etwas vom Boden aufklauben (aufheben)
aufklopfa: jemanden bloßstellen (indem man ihn vor anderen auf einen Fehler aufmerksam macht)
aufkråtzt: 1. aufgekratzt (sich die Haut aufgekratzt haben), 2. guter Laune sein; *gestern wår da Våda recht aufkråtzt!*
aufkräu(l)n: mühsam aufstehen
aufkriagn = aufkriegen: 1. eine Dose aufkriegen, 2. eine Hausübung aufkriegen
auflå(d)na = aufladen: Heu aufladen
auflåssn = auflassen: den Hut auflassen (ihn aufbehalten)
Auflauf *da*: Mehlspeise (Grießauflauf)
auflegn: 1. ein feuchtes Tuch auflegen, 2. aufladen; *leg gscheit auf!*, 3. jemandem eine auflegen (eine Ohrfeige geben)
auflosn: 1. hinhören, aufpassen, 2. aufhorchen, folgsam sein
aufm = auf dem; *aufm Tisch*
aufmåcha = aufmachen: 1. die Tür aufmachen, 2. sich auf den Weg machen (aufbrechen)
aufmandln: Getreidegarben in *Mandln* aufstellen
aufmascherln: sich herausputzen, sich schön kleiden
aufmucka = aufmucken: aufbegehren, auflehnen
aufnehma: 1. fruchtbar werden nach der Belegung; *d' Goaß håt net aufgnumma*, 2. das Getreide mit der Sichel „aufnehmen", um es dann zu Garben zu binden
aufpapperln = aufpäppeln: jemanden nach einer Krankheit aufpäppeln
aufpassn: 1. auf ein Kind aufpas-

sen (es behüten), 2. in der Schule aufpassen (aufmerksam sein), 3. den Geschlechtsverkehr nach der Methode „Coitus interruptus" ausüben
aufpecka = aufpecken: das Kücken hat das Ei aufgepeckt
aufpeu(l)n: das *Peu(l)* vom Faß ausschlagen (entfernen)
aufpicka = aufpicken: aufkleben
aufpu(d)ln = aufpudeln: sich aufregen, entrüsten
aufputzn: den Christbaum aufputzen (behängen)
aufraffa *si* = sich aufraufen: alle Kraft zusammennehmen
aufrappln *si* = sich aufrappeln: sich mühsam erheben
aufregn = aufregen: sich aufregen
aufrei(b)m = aufreiben: zum Schlag ausholen
aufreißn: 1. ein Mädchen „aufreißen" (einen Flirt beginnen), 2. jemandem den Arsch aufreißen (ihn zurechtweisen), 3. *'s Mäu(l) aufreißn* (gähnen)
Aufriß *da*: auf Aufriß gehen (einen Flirt suchen)
aufsågn = aufsagen: 1. ein Gedicht aufsagen, 2. den Dienst aufsagen, sich aus dem Dienst des Bauern lossagen (kündigen); *sie håt en Dea(n)st aufgsågt*
aufschlågn: aufschlagen: 1. ein Ei aufschlagen, 2. Karten aufschlagen
aufschnåppm: aufschnappen (das Mithören und Merken von etwas Gesprochenem, das gar nicht für einen bestimmt war); *wo håst denn des aufgschnåppt?*
aufschnei(d)n = aufschneiden: 1. prahlen, übertreiben; *der håt wieder amål gscheit aufgschni(d)n*, 2. die Wurst aufschneiden
aufschrei(b)m låssn: beim Krämer anschreiben lassen (nicht gleich bezahlen)
aufschüttn: 1. Getreide im *Troadkåstn* aufschütten, 2. Erde aufschütten (einen Erdwall bilden)
aufsein: früh aufsein (nicht mehr im Bett liegen)
aufsetzn = aufsetzen: 1. einen Hut aufsetzen, 2. *Kegl aufsetzn* (bei den alten Kegelbahnen mußten die umgeschobenen Kegel händisch aufgestellt werden)
aufsitzn = aufsitzen: 1. aufsteigen (z. B. auf einen Kutschbock), 2. mit dem Auto aufsitzen (festgefahren sein), 3. jemandem aufsitzen (von ihm gefoppt oder enttäuscht werden); *er is eahm gscheit aufgsessn*, 4. *mit de Heahn aufsitzn* (beizeiten schlafen gehen)
aufspen(d)ln: mit einer Stecknadel befestigen
aufsperrn: 1. ein Türschloß aufsperren (aufschließen), 2. ein Lokal aufsperren (geöffnet halten), 3. den Mund oder die Augen weit öffnen
aufspreizn: weit öffnen; *spreiz d' Tür net so weit auf!*

aufspü(l)n = aufspielen: 1. zum Tanz aufspielen, 2. sich als Richter aufspielen (sich zum Richter machen wollen)
aufstecka = aufstecken: 1. die Haare aufstecken, 2. bei einem Wettkampf aufstecken (aufgeben)
aufstehn = aufstehen: 1. vom Bett aufstehen, 2. *über dein Most steht nix auf* (er ist der beste)
aufstö(ll)n: 1. einen Dachstuhl aufstellen, 2. zu Sturz kommen; *den håt's gscheit aufgstö(ll)t*, 3. *der håt d' Påtschn aufgestö(ll)t* (er ist verstorben)
aufstran = aufstreuen: bei Glatteis Rollsplitt aufstreuen (streuen)
aufstreicha: bestreichen: *a Budabrot aufstreicha* (ein Brot mit Butter bestreichen)
aufstricka: aufkrempeln, hinaufstulpen
auftaklt = aufgetakelt: aufgetakelt (geschmacklos aufgeputzt) sein
auftischn = auftischen: 1. am Tisch die Speisen auftragen, 2. Märchen auftischen (Unwahrscheinliches erzählen); *wer håt da denn des auftischt?*
auftrenna = auftrennen: Gestricktes oder Gehäkeltes auflösen
auf und å(b) = auf und ab: 1. auf und ab gehen, 2. das ewige Auf und Ab
auf und davon = auf und davon; *er is auf und davon* (er ist verschwunden)
auf- und zuamåcha = auf- und zumachen
aufwåchsn = aufwachsen: bei den Großeltern aufwachsen
aufwarma = aufwärmen: 1. das Essen aufwärmen, 2. alte Geschichten aufwärmen
aufwårtn = aufwarten: einem Gast etwas aufwarten
Aufwåschn *en oan* = in einem Aufwaschen (gleichzeitig; gemeinsam); *so geht's glei en oan Aufwåschn*
aufwecka = aufwecken: wecken
aufzåhln = aufzahlen: dazuzahlen
aufzama = aufzäumen: 1. ein Pferd aufzäumen, 2. eine Sache verkehrt aufzäumen (sie unrichtig anpacken)
aufziagn = aufziehen: 1. den Theatervorhang aufziehen (in die Höhe ziehen), 2. eine Uhr aufziehen, 3. jemanden aufziehen (ihn hänseln), 4. *a Kind aufziagn* (großziehen)
aufzoagn = aufzeigen: 1. der Schüler zeigte auf, 2. Mißstände aufzeigen (darauf hinweisen)
Aufzug *da:* 1. Personenaufzug, 2. äußere Aufmachung einer Person; *in den Aufzug kånnst net fortgehn*
aufzwicka: 1. einen Draht mit einer Zange aufzwicken, 2. erobern; *der Håns håt si a fesch Mensch aufzwickt*
Aug, Augn *'s* = das Auge; *d' Augn sand oiweu weida wia 's Mäu(l)* (mancher gibt sich mehr auf den Teller, als er essen kann)

Augåpfl *da* = der Augapfel
Äugerl *d'* (Mz.) = die Äuglein
Augnausstecher *da*: Libelle (warum diese schönen und völlig harmlosen Tiere zu so einem furchterregenden Namen in der Mundart kommen, ist schwer nachzuvollziehen)
Augnauswischerei *d'* = die Augenauswischerei: Vortäuschung, Schönfärberei
Augnbram *d'* = die Augenbraue
Augnglasl *d'* (Mz.) = die Augengläser: Brille
Augnzåhnd *da* = der Augenzahn
au(h)i, außi: hinaus
aus: 1. weder ein noch aus wissen, 2. aus und ein gehen
ausanånd = auseinander: 1. zwei Schüler *ausanånd* (auseinander) setzen, 2. *ausanånd sein* (zerstreut sein)
ausårbatn: ausarbeiten; *er håt si ausgårbat* (er hat so viel gearbeitet, daß er müde ist)
ausbåcha: 1. ausgeschlafen; *nu net ausbåcha sein* (noch nicht richtig ausgeschlafen und daher übel gelaunt sein), 2. im Mutterleib fertig entwickelt; *des Kind is nu net richti ausbåcha* (es ist eine Frühgeburt)
ausbå(d)n = ausbaden: etwas ausbaden (dafür die Verantwortung übernehmen) müssen
ausbåsdln: ausbuddeln, ausscharren (von den Hühnern gesagt); *d' Heahn håmma schon wieder de gånzn Sålåtpflanzl ausbåsdlt*
ausbegln = ausbügeln: wiedergutmachen (einen Fehler ausbügeln)
ausbei(d)ln = ausbeuteln: ein Staubtuch ausbeuteln (ausschütteln)
ausbloacht = ausgebleicht: von der Sonne gebleicht
ausblüatn, ausbliatn: 1. ausbluten; *d' Henn ausblüatn låssn* (die geköpfte Henne ausbluten lassen), 2. Geld beim Spiel verlieren; *heint hån i mi gscheit ausblüat!*
ausboanln: das Fleisch von den Knochen lösen
ausbrå(t)n: brütend heiß (schwül) sein, vom Himmel „herabbrennen"; *heint bråt's wieder oan aus* (heute ist es besonders heiß)
ausbrecha = ausbrechen: 1. vom Gefängnis ausbrechen, 2. ein Fenster ausbrechen (die Mauer für ein zusätzliches Fenster durchbrechen)
ausbrüatn, ausbriatn = ausbrüten: Eier ausbrüten
ausburrn: (aus Schreck) schnell den Raum verlassen; *d' Kåtz is aus da Stu(b)m ausburrt*
ausdeitschn = ausdeutschen: erklären, verständlich machen
ausdo(d)ln: verspotten
ausdörrn: austrocknen
ausdrucka = ausdrücken: einen Schwamm ausdrücken
ausdünstn = ausdünsten: einen Anzug ausdünsten lassen
ausfålln: ausschlüpfen; *zehn Hendl*

ausfånga

sand ausgfålln (aus den Eiern geschlüpft)
ausfånga: die Hühner ausgreifen, damit man weiß, ob sie nächsten Tag ein Ei legen
ausfliagn: 1. das Nest verlassen; *de junga Tau(b)m wern båld ausfliagn* (das Nest verlassen), 2. den Tatort verlassen; *d' Verbrecher sand schon ausgflogn* (wurden nicht mehr am Tatort angetroffen)
ausfrånzn = ausfransen: ausgefranste Ärmel
ausfraschln = ausfratscheln: zudringlich ausfragen
ausführn: ausfahren, ausbringen
ausge(b)m: 1. Geld ausgeben, 2. *oan ausge(b)m* (eine Lokalrunde spendieren), 3. *es gibt aus* (es ist ausgiebig)
ausgehn = ausgehen: 1. das Feuer geht aus (erlischt), 2. es geht sich aus
ausgfeit: ausgeruht, ausgefeiert, voll Übermut und Tatkraft; *d' Roß sand heint ausgfeit*
ausgfrert: 1. nach der Frostperiode locker geworden; *d' Erdn håt's ausgfrert* (die Erde ist nach der *Gfrier* locker geworden), 2. unterkühlt; *i bi(n) gånz ausgfrert* (unterkühlt)
ausgfressn = ausgefressen: dick, fettleibig
ausghungad: ausgehungert, schlecht aussehend
ausgiebi = ausgiebig: reichlich
ausglåssn = ausgelassen: übermütig

ausgleiert = ausgeleiert: (durch oftmaliges Drehen) abgenützt
ausglernt = ausgelernt: er ist ausgelernt (er hat seine Lehrzeit beendet)
ausgmerglt = ausgemergelt: abgezehrt
ausgrå(b)m: ausgraben (Wurzelstöcke ausgraben)
ausgrackert: ausgeschunden, ausgemergelt
ausgrechnt = ausgerechnet: 1. er hat sich das genau ausgerechnet, 2. grad, just (ausgerechnet heute kommt er!)
ausgreifa: begrabschen, Petting betreiben
ausgreina: ausschimpfen, schelten
ausgschamt: schamlos, ohne Genierer
ausgschissn håm: die Gunst, das Vertrauen verloren haben; *ba mir håst ausgschissn!*
ausgschlåfa = ausgeschlafen
ausgschlossn! = ausgeschlossen!: das ist vollkommen ausgeschlossen! (unmöglich)
ausgschoppt: ausgestopft
ausgschundn: ausgeschunden, ausgerackert
ausgspert: ausgetrocknet; *a ausgsperts Brot*
ausgsteiert: „ausgesteuert" (ohne Arbeitslosenunterstützung)
ausgwåchsn: 1. der Salat ist ausgewachsen, 2. ein ausgewachsener Hund (einer, der nicht mehr wächst), 3. ein ausgewachsener

Mensch (einer mit einem Buckel)
ausgwechslt = ausgewechselt:
1. eine Zündkerze wurde ausgewechselt, 2. er ist wie ausgewechselt (ganz anders als sonst)
ausgweidigt: überdehnt, nicht mehr genau passend; *a ausgweidigte Westn*
ausgweißnt: einen Raum mit Kalkmilch angestrichen (ausgemalt); *'s Stübl is frisch ausgweißnt*
ausgwerglt: ausgewerkelt, ausgeleiert
aushå(b)m: aushalten, anhalten; *håb aus a weng!* (bleib stehen!)
aushåcka = aushacken: Fleisch aushacken (ein geschlachtetes Tier fachmännisch zerlegen)
aushål(t)n = aushalten: 1. Schmerzen aushalten, 2. es ist mit ihm nicht mehr auszuhalten, 3. jemanden aushalten (für ihn finanziell aufkommen), 4. stehen bleiben; *hålt aus!*
aushåndln: aushandeln, verhandeln
aushänga = aushängen: ein Fenster aushängen
aushaun: 1. ausschlagen; *'s Roß håt ausghaut* (ausgeschlagen), 2. *a Stau(d)n aushaun* (einen Strauch mit der Haue ausgraben), 3. *er håt sein' eigenen Buam ausghaut* (der Sohn wurde aus der elterlichen Wohnung verwiesen)
aushäutn: ein geschlachtetes Tier aushäuten (die Haut abziehen); *an Håsn aushäutn*
aushösln: auslösen (Bohnen)

ausjågn: 1. hinausstampern; *d' Kåtz ausjågn*, 2. aus der elterlichen Wohnung verweisen; *i hån's Mensch ausgjågt*
auskegln = auskegeln: sich den Arm auskegeln (ausrenken)
auskemma = auskommen: 1. sein Auskommen (Auslangen) finden, 2. entwischen; *d' Sau is auskemma*
auskenna si = sich auskennen
auskinna = auskönnen: nicht mehr auskönnen (keinen Ausweg finden)
ausklau(b)m = ausklauben: Linsen ausklauben (die schlechten heraussuchen)
auskocha = auskochen: Wäsche auskochen
auskocht: durchtrieben, verschlagen
auskråma = auskramen: auspacken
auskuppln = auskuppeln: mit dem Fuß von der Kupplung gehen
auskuriern: auskurieren (eine Krankheit ausheilen)
auslåcha = auslachen: jemanden auslachen
Auslåg d' = die Auslage: Schaufenster
Auslånga 's = das Auslangen: das Auslangen (Auskommen) finden
ausla(r)n = ausleeren: einen Eimer ausleeren (entleeren)
auslåssn: 1. freilassen, weglassen, 2. Speck auslassen (ausschmelzen), 3. *d' Füaß håm auslåssn* (ich bin eingeknickt)
Auslauf *da*: umzäunte Wiese, auf

der Hühner oder Schweine ihren Auslauf haben
ausleiha, ausleicha = ausleihen: ausborgen (ein Buch ausleihen)
auslöffln = auslöffeln: eine Suppe auslöffeln müssen, die ein anderer eingebrockt hat
ausmåcha: 1. einen Termin ausmachen (vereinbaren), 2. es macht mir nichts aus (es stört mich nicht, berührt mich nicht), 3. ausschelten, rügen; *du muaßt jå d' Kin(d)a net wegn jeder Kloanigkeit ausmåcha* (du mußt nicht mit den Kindern wegen jeder Kleinigkeit schimpfen), 4. *a ausgmåchter* (ausgesprochener) *Bledsinn*
ausmålna = ausmalen: 1. ein Zimmer ausmalen, 2. *des hån i ma so schen ausgmålnt* (ausgedacht, vorgestellt)
ausmustern: Schlechtes vom Guten trennen
Ausnåhm *d'* = die Ausnahme: die Ausnahme von der Regel
ausnåstn: die Äste von den Bäumen abholzen
ausnehma = ausnehmen: 1. etwas nicht ausnehmen (sehen) können, 2. ein Geflügel ausnehmen (die Eingeweide entfernen), 3. jemanden übervorteilen; *den håm s' ausgnumma wiar a Weihnåchtsgåns*
ausnutzn = ausnützen: 1. eine Gelegenheit ausnützen, 2. jemanden ausnützen
auspackln: etwas aushandeln (oft zulasten Dritter)
auspapierln: aus einem Papier auswickeln (Zuckerl)
auspfeifa = auspfeifen: eine Fußballmannschaft auspfeifen (ihr durch Pfiffe das Mißfallen ausdrücken)
ausplappern: ausplaudern (ein Geheimnis weitererzählen)
ausputzn = ausputzen: den *Ursch* ausputzen
ausrama: den Stall ausmisten (Pferdestall, Kuhstall)
ausranschiern = ausrangieren: etwas ausrangieren (ausscheiden, weggeben)
ausråstn = ausrasten: sich ausrasten (ausruhen)
ausrauka: 1. der Kaffee raucht aus (verliert sein Aroma), 2. die Zigarette zu Ende rauchen
Ausred *d'* = die Ausrede: Vorwand, unzureichende Entschuldigung
ausredn = ausreden: 1. das Kind ausreden lassen, 2. jemandem ein Vorhaben ausreden (ihn davon abbringen)
Ausreibfetzn *da* = der Ausreibfetzen: Scheuertuch
ausreißn = ausreißen: 1. Unkraut ausreißen, 2. abhauen, von zu Hause weglaufen
ausrichtn = ausrichten: 1. jemandem einen Gruß ausrichten, 2. jemanden ausrichten (abfällig über ihn reden), 3. etwas Verbogenes gerade richten, 4. erledigen, verrichten; *heint hån i den gånzn Tåg net vü(l) ausgricht*

ausrinna = ausrinnen: Wasser rinnt aus
ausrottn = ausrotten: Ungeziffer ausrotten
ausrupfa = ausrupfen: Federn ausrupfen
ausrutschn = ausrutschen: 1. bei Glatteis ausrutschen, 2. jemanden ausrutschen (abblitzen) lassen
au(ß)a: heraus; *geh au(ß)a!*
au(ß)abringa = herausbringen: kein Wort herausbringen
aussackln: das Geld aus der Tasche ziehen
au(ß)afindn = herausfinden
au(ß)age(b)m = herausgeben: Wechselgeld herausgeben
au(ß)agehn: aus dem Haus gehen
außahål, außtahål = außerhalb: außerhalb wohnen
au(ß)ahåltn = heraushalten: sich aus einer Sache heraushalten
au(ß)ahe(b)m = herausheben
au(ß)akemma = herauskommen
au(ß)akriagn = herausbekommen
au(ß)ala(r)n: herausleeren
au(ß)alåssn: Kleider länger oder weiter machen; *i hån eahm d' Hosn a weng au(ß)alåssn*
au(ß)alocka = herauslocken
Außareißer *da:* einer, der einem bei einer kaum zu bewältigenden Arbeit hilft
außareißn: „herausreißen", aus einer unangenehmen Lage helfen
außarucka = herausrücken: mit der Wahrheit herausrücken
au(ß)aschaun: 1. beim Fenster herausschauen, 2. einen Gewinn machen; *ba den Gschäft håt net vü(l) au(ß)agschaut*
au(ß)aschwebatzn: verschütten (dasselbe wie *au(ß)atraschtn*)
au(ß)atraschtn: Flüssigkeit aus einem vollen Gefäß verschütten
außaturli = außertourlich: außer der Reihe
aussaufa: austrinken
au(ß)azauna: mit verkniffenem Gesicht herausschauen (z. B. aus dem Fenster)
Ausschånk *d'* = die Ausschank: Schanktisch, Schankraum
ausschaun = ausschauen; *då schauts aus!* (es gibt eine große Unordnung)
ausschenga = ausschenken: Bier ausschenken
ausschindtn: ausschinden, ausrackern; *låß di net a so ausschindtn!*
ausschlåfa = ausschlafen: sich ausschlafen
Ausschlåg *da* = der Ausschlag: ein Hautausschlag
ausschlågn: 1. das Pferd hat ausgeschlagen, 2. die Bäume schlagen (treiben) aus
ausschliafa = ausschlüpfen: aus dem Ei schlüpfen
ausschnåpsn: etwas vereinbaren, abmachen; *wås håbts denn ausgschnåpst?*
ausschnaufa = ausschnaufen: rasten, zu Atem kommen
ausschnei(d)n = ausschneiden:

einen Zeitungsartikel ausschneiden
ausschoana: aussortieren, aussondern, das Schlechte vom Guten trennen
ausschoppm = ausschoppen: ausstopfen
ausschwoa(b)m = ausschwemmen
aussegna: vor dem Leichenbegräbnis wird der Tote in der Leichenhalle *ausgsengt*
äußerln: einen Hund äußerln (auf die Gasse) führen
au(ß)i: hinaus; *i geh au(ß)i!*
au(ß)iführn: etwas mit einem Fahrzeug hinausbringen; *i hån en Mist mit da Scheibtruah aufm Misthaufa au(ß)igführt*
Außigeherin *d'*: Magd, die keine Stallarbeit, sondern Feldarbeit zu verrichten hat
au(ß)igehn låssn: durchgehen lassen
au(ß)ikafa: dem Kegelbuben ein Trinkgeld geben; *kaf di au(ß)i!*
au(ß)iloan: hinauslehnen
au(ß)irauschn: hinaushuschen, schnell hinausgehen; *der is au(ß)igrauscht*
au(ß)ire(d)n *si*: eine Ausrede gebrauchen
au(ß)isegn: hinaussehen, Überblick haben, Hoffnung haben, einschätzen können; *i siag mi nimma au(ß)i* (ich sehe mich nicht mehr hinaus)
au(ß)istampern: hinauskomplimentieren, ausjagen
au(ß)istran: den Hühnern Futter vor die Tür streuen
au(ß)iwåschn: den Fußboden scheuern, ausreiben
außn = außen: von außen anschauen
ausspånna = ausspannen: 1. die Pferde vom Wagen ausspannen, 2. einmal ausspannen (sich erholen)
ausspeisn = ausspeisen: Bedürftige ausspeisen
ausspirzn: ausspucken (älter für *ausspucka*)
ausspottn: verspotten; *tats des ålte Weib net auspottn!*
ausspucka = ausspucken (neuer für *ausspirzn*)
ausspü(l)n: 1. eine Karte ausspielen, 2. einen gegen den anderen ausspielen
außt: außen
ausstaffiern = ausstaffieren: ausstatten; aufputzen
Außterne *d'*: außertourliches Spiel beim *Schanzln* (Kegelscheiben)
ausstecha = ausstechen: 1. Keks ausstechen, 2. jemanden ausstechen (ihn übertrumpfen)
ausster(b)m = aussterben: die Menschheit wird bald aussterben
Aussteir *d'* = die Aussteuer: Heiratsgut
austiftln = austüfteln: ausdenken, ausklügeln
austrågn: 1. ein Kind austragen (nicht abtreiben), 2. Post oder Zeitungen austragen
ausstran: ausstreuen, verlieren
austrei(b)m: 1. austreiben; *oan d'*

Flausn austrei(b)m, 2. die Bäume treiben aus, 3. die Kartoffel treiben im Keller aus
austringa = austrinken: ein Glas austrinken
aus und ein: 1. aus und ein gehen, 2. nicht aus und ein wissen
aus und gschegn is: aus und vorbei ist es
auswåchsn = auswachsen: der Salat ist ausgewachsen
auswaggoniern = auswaggonieren: jemanden auswaggonieren (ihn ausschließen; ihn delogieren)
auswålgerln = auswalken; *en Toag auswålgerln* (den Teig auswalken)
auswårtn: Haushaltshilfe bei Wöchnerinnen und Kranken leisten
Auswärts *da:* Frühling
auswedern: (Holz) solange in der freien Luft trocknen, bis alle Feuchtigkeit verschwunden ist
ausweidign = ausweiten: ausdehnen; *weidig d' Westn net a so aus!*
auswen(d)i = auswendig: 1. etwas auswendig tragen, 2. ein Gedicht auswendig (aus dem Gedächtnis) können
auswergln = auswerkeln: dieses Gelenk ist ausgewerkelt („ausgeleiert")
auswindtn = auswinden: auswringen; *d' Wäsch auswindtn*
auswintern: dem Winter aussetzen
auswichsn: ausschlagen; *d' Kuah håt ausgwichst*
auswoadn (Jägersprache) = ausweiden: ein Reh ausweiden

Auswürfl, Auswirfl *'s:* Lebewesen, das im Wachstum zurückbleibt oder schwach und kränklich ist
auswurzn: ausnützen; *i låß mi net auswurzn!*
Auszehrat *'s:* „Auszehrung" (eine starke Abmagerung infolge einer unbestimmten Krankheit, wobei es sich wahrscheinlich häufig um Krebs gehandelt haben wird); *d' Nåchbäurin håt 's Auszehrat*
auszena, auszenn: lächerlich machen, verspotten; *'s Zenn håt da Hund net gern*
ausziagn = ausziehen: 1. von der Wohnung ausziehen, 2. den Spieleinsatz einstreifen, 3. den Brotlaib mit der *Ofaschüssl* aus dem Backofen ziehen, 4. Kleider ausziehen (neuer für *å(b)ziagn*)
Auszug *da:* Ausgedinge (Recht des Altbauern, nach der Übergabe des Hofes freie Kost zu genießen)
Auszugshäusl *'s:* ein zum Bauernhof zugehöriges Haus, in das der Altbauer nach der Hofübergabe übersiedelt
Auszugsstübl *'s:* Schlafkammer (kleine Wohnung) des Altbauern
auszwåha (altmundartlich): sich ausziehen und waschen; *i muaß mi erscht auszwåha*
Auter *'s* (Mz.: *Äuter*) = das Euter: Kuheuter
Automobü(l) *'s* = das Automobil: älter für Auto
auweh! = au weh!: Ausruf des Schmerzes

- B -

ba = bei
baba! (Kindersprache) = papa!: Leb wohl!; *Schatzi, baba!*
Babbi *'s* (Kindersprache): Brot
båberlabåp!: Unsinn!, dummes Gerede! (auf lccres Geschwätz wird geantwortet mit *båberlabåp!*)
Båberlwer *'s*: unbedeutende Kleinigkeit
båcha = backen
Båcharei *d'*: Zuckergebäck
båcherln (Kindersprache): urinieren (meist *bå(d)ln*)
bacherlwårm = bacherlwarm: angenehm warm
Bäck, Böck *da* = der Bäcker
Bäckagsö(ll) *da*: Bäckergeselle
Båckhendlfriedhof *da* (scherzhaft): großer Bauch
Båd *'s* = das Bad: 1. Badezimmer, 2. Freibad
Båder *da* = der Bader: Kurpfuscher
Bådewaschl *da* = der Badewaschel: Aufseher in einer Badeanstalt
Bådhur *d'*: Schimpfwort (Hure)
bå(d)ln (Kindersprache): urinieren
bå(d)n = baden; *bå(d)n gehn* (Schwierigkeiten haben)
baff = paff; *i bi(n) gånz baff!* (ich bin ganz verblüfft)
Bagameter *da* = der Barometer: Luftdruckmesser
Baganscher *d'* (Mz.): ausgetretene Schuhe
Bagasch *d'* = die Bagage: „Pack", Gesindel
Bagatä(ll) *a* = eine Bagatelle: Kleinigkeit
baggern: 1. mit dem Bagger arbeiten, 2. viel essen; *der baggert gånz schen!*
bagschierli = bagschierlich: ein bagschierliches (herziges, graziöses) Mäderl
Båh *da* = der Bach
Bahä(l) *da*: Lärm, Wirbel; *måchts net so an Bahä(l)*
Båhhäusl *'s*: ein vom Bauernhaus etwas abseits stehendes kleines Haus, in dem Brot gebacken wurde
Båhkarl *'s*: Backkorb, Brotkorb (dicht aus Stroh geflochtenes, schüsselförmiges Gefäß zur Aufnahme des zu backenden Brotteiges)
Båhnhof *da* = der Bahnhof; *i vasteh nur Båhnhof* (das Gesagte ist für mich unverständlich)
Båhofa *da*: Backofen (Ofen zum Brotbacken)
Båhr *d'* = die Bahre: Totenbahre
Båhscheida *d'* (Mz.): Holz zum Beheizen des Backofens (Buchenholz)
Båhstu(b)m *d'*: Backstube (Raum, in dem der Backofen steht)
Båhtrog *da*: Backtrog (großer hölzerner Teigbehälter für das Brotbacken)
bål, båld: 1. bald; *se wern bål heiratn*, 2. beinahe, fast; *er war bål*

åbagfålln, 3. sobald; *bål 's Weda schen is, kimm i*, 4. früh, frühzeitig; *es war åft eh nimma z' bål*
Balanz *d'*: Lenkstange (Fahrradlenker)
balbiern (altmundartlich): rasieren
Bålg *da*: 1. Fell, abgezogene Haut; *Håsnbålg*, 2. Schale von Früchten, 3. unartiges Kind; *a so a Bålg!*
Bålkn *da* = der Balken: Mähbalken, Holzbalken
Balkon *da* (scherzhaft): Busen der Frau
Ball *da*: Tanzunterhaltung
Bålln *da* = der Ball; *Bålln schupfa* (Ball spielen)
Bålz *d'* = die Balz: Paarungszeit und -spiel mancher Vögel
bålzn = balzen (der balzende Auerhahn)
Bam *da* = der Baum
Bamkraxln *'s*: das von den Kindern früher so beliebte Klettern auf die Bäume
Båmperletsch *da* = der Pamperletsch: ärgerlicher Ausdruck für Kleinkind
båmpfa = pampfen: 1. mit „vollem" Mund essen, 2. das Essen in sich hineinstopfen
Båms *da*: lästiges, ungezogenes Kind
Bamschul *d'*: „Hilfsschule"; *bist leicht in d' Bamschul gånga?* (jemanden für dumm halten)
Bamspreizn *d'*: Baumspreize (eine Stange als Stütze für einen Obstbaumast)

båmsti = bamstig: protzig, aufgeblasen; *der geht daher wia da Fürscht Båmsti!*
ban = beim
banånd = beieinander; *i bi(n) heint net guat banånd* (ich fühle mich nicht fit)
Båndhåcka *d'*: Zimmermannhacke
Bandl *'s*: 1. kleines Band; *'s Schürznbandl*, 2. Gängelband; *sie håt' n åm Bandl*, 3. Getreidebüschel zum Garbenbinden
Bandlarei *d'*: umständliche Arbeitsverrichtung, verwickelter Vorgang; *a so a Bandlarei!*
Bandltånz *da*: Volkstanz
Bandlwurm *da* = der Bandwurm
Båndsåg *d'*: Bandsäge (Säge des Tischlers und des Wagners)
bång = bang: mir ist angst und bang
Bangl reißn *a*: sterben
Bänk, Benk *d'* = die Bank: Sitzgelegenheit; *Långbänk* (die vom Tisch weg längs der Wand der Bauernstube entlangführt)
bånkatiern: mit Sachen nicht sparsam umgehen, vertun
Bånkert, Bångat *da* (derb): ungezogenes Kind (ursprünglich Kind unehelicher Herkunft)
Bär *da*: 1. ein Raubtier (Braunbär, Eisbär), 2. Eber; *Saubär*, 3. männliches Karnikel; *i muaß en Bärn wegsperrn, sinst kriagn ma wieder junge Håsn*, 4. jemandem einen Bären aufbinden (ihn belügen), 5. *an Bärn (aus)häutn* (eine umge-

Barabera

stürzte Heufuhre wieder aufstellen)
Barabera *da* = der Baraber: ein schwer arbeitender Mensch
barabern: schwer arbeiten
Barackn *d'* = die Baracke: niederer, leichter Holzbau (Wohnbaracke)
Barbarazweigerl *'s* = der Barbarazweig: ein Kirschenzweig, der am Barbaratag (4. Dezember) gepflückt und ins Wasser gesteckt wird und bis zum Heiligen Abend aufblüht, bedeutet Glück
Bårchat *'s* = der Barchent: ein warmer Flanellstoff; *a Båchat-Hemad* (ein Flanell-Hemd)
Bårda(d) *'s*: Kehricht
Bårda(d)schaufl *d'*: Kehrichtschaufel
Bå(r)n *da* = der Barn: 1. Futterrinne im Rinder- und Pferdestall (Barren), 2. Scheunenabteil für Getreidegarben und Stroh
bärn: 1. die Paarungsbereitschaft anzeigen (Schwein); *d' Sau bärt*, 2. nicht gelingen; *heint håt's wieder gscheit bärt* (es wollte nichts gelingen)
Bå(r)nbred *'s*: eine etwa 70 cm hohe Holzplanke, die zwischen der Tenne und dem *Bå(r)n* angebracht war
Bärntåtzn *d'*: Grasart (wird gern als Kaninchenfutter verwendet)
Barras *da* (Soldatensprache): Militär, Wehrdienst
Bårt *da* = der Bart; *er håt si an långa Bårt gholt* (er hat nicht das erreicht, was er wollte)
Barterl *'s*: Kinderbrustlätzchen
Bartl: Kurzform für Bartholomäus; *i zoag da glei, wo da Bartl en Most holt!* (jemanden zurechtweisen)
Bar(t)lmai: Bartholomäustag (24. August)
Bar(t)lmaibirn *d'*: Birnensorte, die um den 24. August reif wird
Bårtwisch *da* = der Bartwisch: kleiner kurzstieliger Besen, zum Mist aufkehren
båsdln: scharren der Hühner (wenn sie Futter suchen oder sich im warmen Sand einbuddeln); *d' Heahn båsdln aufm Misthaufa*
Bassei(n) *d'* = das Bassin: Wasserbehälter
basta!: genug!
Bastard *da*: Schimpfwort
Bastlerei *d'* = die Bastelei: Bastelarbeit (meist verächtlich für laienhaft Verfertigtes)
Batzl *'s*: kleine Menge; *a so a Batzl!* (so wenig!)
Batzln *'s*: Kinderspiel (das gegenseitige Schlagen mit Zeige- und Mittelfinger auf die Finger des Partners)
Båtzn *da*: 1. Batzen (Klumpen), 2. große Menge; *an Båtzn Geld vadean* (viel Geld verdienen), 3. Schlag mit dem Zeigestab auf die Hand des Schülers als Strafe
Båtznlippl, Båtznlüppl *da*: ungeschickter Mensch (Schimpfwort)

Bauch, Bauh *da* = der Bauch
Bauchfleck *da*: 1. beim Sprung ins Wasser einen Bauchfleck machen, 2. einen Bauchfleck landen (wirtschaftlich einen Flop bauen)
Bauchfleisch *'s*: ein fettes Schweinefleisch
Bauchweh, Bauhweh *'s*: Bauchweh haben
Baumaschin *d'*: Sämaschine
baun (nasal): säen (den Acker bestellen); *wüa Schimml, hottah Braun, heint tamma Håban baun*
Baunzerl *'s*: 1. ein Weißgebäck, 2. kleine, dickliche Person
Baur *da*: 1. Bauer (Besitzer eines Bauernhofes), 2. „Ober" (Spielkarte); *Pik-Baur*
Bäurin *d'* = die Bäuerin: (Mit)besitzerin des Bauernhofes
Baurn *d'* (Mz.): 1. die Bauern, 2. Landwirtschaft; *i hån ba de Baurn g'årbat* (ich war in der Landwirtschaft beschäftigt)
Baurnfeida, Baurnfeichta *da*: Bauernfeiertag (nicht kirchlicher Feiertag, Ruhetag)
Baurnhaus *'s*: Bauernhof
Baurnhäusl *'s*: ein zu einem Bauernhof gehörendes Taglöhnerhäusel
Baurnkråpfa *da*: „Bauernkrapfen" (der Bauernkrapfen ist flachrund mit erhobenem Rand und einer dünneren Mitte)
Baurnleit *d'* (Mz.): Bauersleute (Bauer und Bäuerin)

baurnschlau = bauernschlau: pfiffig, listig, gewitzt
Baurnschnåpser *da*: eine Spielvariante beim *Baurnschnåpsn*
Baurnschnåpsn *'s*: das Schnapsen (Kartenspiel) mit vier Mitspielern
Bausch *da*: 1. Wattebausch, 2. in Bausch und Bogen (alles zusammen) kaufen
bauschn = bauschen: die Wäsche bauschte sich
Bawalatschn *d'* = die Pawlatschen: großes Gebäude
Bazi *da*: ein nicht sehr zugänglicher Mann; *da Weanabazi mitn Tschako, fållt en Källa* (Keller) *åbi, und bricht si's Gnack å(b)*
bechern (scherzhaft): viel Alkohol trinken
bedånga = bedanken: sich bedanken
Bedla *da*: 1. Bettler, 2. Spielvariante beim *Preferanzn* (Kartenspiel)
be(d)lårm = bettelarm: ganz arm
Be(d)lleit *d'* (Mz.): Bettler
Be(d)lmånn *da*: Bettler
be(d)ln = betteln; *be(d)ln gehn*
Be(d)lstecka *da*: „Bettelstock"; *Be(d)lstecka tauschn* (etwas Schlechtes gegen etwas anderes Schlechtes eintauschen)
Be(d)lweibl *'s*: der äußerste Kegel beim *Keglschei(b)m*
Beer *d'* (Mz.) = die Beeren: Beerenobst
Beetl *'s* = das Beet: Blumenbeet
Begleisn *'s* = das Bügeleisen
begln = bügeln

begriffsstützi = begriffsstützig: schwer von Begriff

Behm *d'*: 1. Böhme (Bewohner Böhmens); *behmisch einkafa* (nach dem Einkaufen nicht bezahlen, stehlen); *a behmischer Wind* (ein kalter Nordwind), 2. Fläche im Acker, wo zu säen übersehen worden ist (meist *Zwüflåcker*), 3. (scherzhaft) Kartoffel

Behnl *'s*: kleines Kügelchen als Tierexkrement (dasselbe wie *Bemmerl*)

bei: betonte Form von *ba*

Beicht *d'* = die Beichte

beichtn = beichten

Bei(d)l *da*: 1. Beutel (Geldbeutel, Tabaksbeutel), 2. der männliche Geschlechtsteil

bei(d)ln: 1. reißen (jemanden an den Haaren packen), 2. schütteln (den Obstbaum beuteln)

Bei(d)lschneider *da* = der Beutelschneider: Person, die anderen das letzte Geld abnimmt

Beigl *'s* = das Beugel: ovales Gebäck, das meist in der Fastenzeit gebacken wird

Beiglreißn *'s*: ein Brauch, das *Beigl* entzweizureißen (wer erhält das größere Stück?)

Beileid *'s*: Mitgefühl; *mein Beileid!* (Bezeugung der Anteilnahme nach dem Tod eines Angehörigen)

Bein *d'* (nasal) = die Biene

Beinhau(b)m *d'*: Haube des Bienenzüchters mit einem Drahtgitter

Beinkorb *da*: Bienenkorb

Beinhüttn *d'*: Bienenhütte (Hütte, in der die Bienenstöcke sind)

Beinschwårm *da* = der Bienenschwarm

Beinstock *da*: Bienenstock

Beinvåda *da* (scherzhaft): Bienenzüchter

Beinvögl *d'* (Mz., scherzh.): Bienen

Beinwoasl *da*: Bienenkönigin

Beischl *'s*: 1. Beuschel (Innereien von Tieren als Speise), 2. Lunge; *mi håt's åm Beischl*

Beischlreißer *da* = der Beuschelreißer: 1. starker Schnaps, 2. starker Tabak (Zigaretten)

Beispü(l) *'s* = das Beispiel: zum Beispiel

Beißer *da*: 1. Hebeeisen (Gerät zur Holzarbeit), 2. lautstarker, aggressiver Kerl

Beißer *d'* (Mz., scherzhaft): Zähne

beißn = beißen: 1. beim Essen kauen, 2. es beißt (juckt) mich

Beißzång *d'*: Beißzange (Werkzeug), 2. scherzhaft für eine strenge oder keifende Frau

Beiståndd *da* = der Beistand: Trauzeuge

Beisti(d)l *da*: unten abgerundeter schwerer Holzprügel zum Befestigen der *Kleehüfl*

Beiwågnmaschin *d'* = die Beiwagenmaschine: Motorrad mit Beiwagen

bekrittln = bekritteln: alles bekritteln (an allem etwas aussetzen)

Bemmerl *'s*: 1. Exkremente einiger Tiere; *Goaßbemmerl* (Ziegenkot),

2. (scherzhaft) kleines Kind
Bemsl *da* = der Pinsel: Maurerpinsel
Bengl *da* = der Bengel: ungezogener, frecher Bub
bequem: 1. angenehm, 2. faul; *sei net so bequem!* (sei nicht so faul!)
Berg *da*: 1. auf einen Berg gehen, 2. die Haare stehen einem zu Berg(e) (sie sträuben sich), 3. *er is schon übern Berg* (er hat die Krankheit überstanden)
bergå(b) = bergab
Bergsteiger *da*: minderwertiges Messer mit Holzgriff
Berschta *d'* (Mz.): 1. Borsten, 2. (derb) Haare; *låß da amål deine långa Berschta schnei(d)n!*
berschtn: sich in Szene setzen; *berscht di net a so!*
Bertl *'s*: kleine Borte; *'s Ånstoßbertl* (Saum des Hosenbeines)
Beschlåg *da* = der Beschlag: jemanden (etwas) in Beschlag nehmen (ganz für sich beanspruchen)
Besn *da*: 1. Besen, 2. vorlautes Kind; *a kecker Besn*
Besnbinder *da*: Besenmacher (Handwerker)
Besn bindtn: Besen herstellen
Besnstü(l) *da* = der Besenstiel
Besser Stübl *'s*: Repräsentationsraum im 1. Stock des Bauernhofes (auch *'s Schene Zimmer* oder *d' Hoh Stu(b)m* genannt)
betakln = betakeln: übervorteilen, beschwindeln, betrügen
betn = beten: ein Gebet sprechen;

zan Essn und Betn derf ma neamd nettn
Betn *'s*: Totenandacht
Betbüachl, Bettbiachl *'s*: Gebetbuch
betoniern = betonieren: 1. die Kellerdecke betonieren, 2. jemandem eine *betoniern* (ihm eine Ohrfeige geben)
betråchtn = betrachten; *wåmmas so betråcht!*
betrüagn, betriagn = betrügen: betrogen werden
Bettbånk *d'* = die Bettbank: als Bank und als Bett benützbares Möbel
Bettbrunza *da*: Bettnässer
Bettgeher *da*: Untermieter, der nur eine Schlafstelle benützen darf
Bettgspåntn *d'*: Bettgestell
Bettgwånd *'s* = das Bettgewand: Bettwäsche
Betthap *'s*: Kopfteil des Bettes
Betthupferl *'s*: vor dem Schlafengehen ein Betthupferl (eine kleine Süßigkeit) bekommen
Bettruah *d'* = die Bettruhe: der Arzt verordnete Bettruhe
Bettschar *d'*: Bettschere (hölzerne Bretter, die kreuzweise vor den Bettladen gesteckt werden, damit die Tuchent nicht herabfällt)
Bettschwa(r)n *d'* = die Bettschwere: Müdigkeit vor dem Schlafengehen
Bettståd *d'* = die Bettstatt: Bettgestell, Bett
Bettstaffltre(t)n *'s*: Brauch in der

Thomasnåcht
Bettstra *d'*: Haferstroh, das in die Strohsäcke, die auf dem Land statt der städtischen Matratzen üblich waren, eingefüllt wurde
Bettzeig *'s* = das Bettzeug: Tuchent, Kopfkissen, Leintuch und Bettüberzüge
Beu(l)n *d'* = die Beule: Frostbeule
bevor: ehe
bevorgehn: erahnen, voraussahnen; *des is ma schon bevorgånga*
bevortoan: zuvortun (den anderen den Rang ablaufen); *tua de net so bevor!*
Biagl *da* = das Biegel: Geflügelschenkel
biagn = biegen: etwas geradebiegen
Biaserl *'s*: Besatz des Hemdes mit Rüscherl
biatn, biadn: anbieten, überbieten (beim Handel, Viehhandel)
Biberl, Biwerl *'s* = das Piperl (Kücken)
bibern, biwern: vor Zorn beben oder vor Kälte zittern
bi-bi-bi!: Lockruf für Hühner
Bibihenndi *'s* (Kindersprache): (kleines) Huhn
Bidlin(g) *da*: gelbe, süße Pflaumenart
Bier *'s*: 1. Bier (alkoholisches Getränk); *a Hålbe Bier*, 2. *des is mein Bier* (das geht nur mich etwas an)
Biertippler *da*: ein passionierter Biertrinker
Biest *'s*: 1. lästiges, böses Tier,

2. ein Schimpfwort
bigottisch = bigott: übertrieben fromm, frömmelnd
Bih, Bi(n) *d'*: Zwischenboden in der Scheune, auf dem das Heu gelagert wird; *Heibih, Küahbih, Roßbih, Schabbih*
Bimbam *da: heiliger Bimbam!* (Ausruf des Erstaunens oder des Ärgers)
Bims *da*: Brot
bi(n) = bin; *i bi(n) in da Fruah hoamkemma* (ich bin in der Früh heimgekommen)
Bindemäher *da*: Getreideerntemaschine (mit der in einem Arbeitsgang das Getreide gemäht und gleich zu Garben gebunden wurde)
Binder *da*: Faßbinder
bindern: jemanden verhauen; *den håmma gscheit bindert*
Binderschlegl *da*: 1. Binderwerkzeug, 2. Kaulquappe
Binderstu(b)m *d'*: Bastelstube und Lagerraum für die Mostfässer (ein Raum im Bauernhaus)
Bindtn *d'*: Monatsbinde der Frau
Binkerl *'s*: 1. kleines Bündel; *a niader håt sein Binkerl z'trågn* (jeder hat sein Leid, seine Sorgen zu tragen), 2. liebes Kind; *Herzbinkerl*
Binkl *da* = der Binkel: 1. Bündel, 2. Strohballen, 3. vornehmer Mann; *a feiner Binkl*
Binklburdhådern *a*: ein Gesindel wie das andere

birane Besn *da*: ein Besen aus Birkenreisig
Birn *d'*: 1. Birne; *Kaiserbirn*, 2. Glühbirne, 3. (scherzhaft) Kopf; *håst da Birn ånghaut?*
birna: 1. Schläge verabreichen; *gestern håm s' mi gscheit birnt!*, 2. stürzen; *den håt's mitn Ra(d)l birnt*
Birnbam *da* = der Birnbaum
Birnbambeidler *da* (scherzhaft): „Birnbaumbeutler" (junger Mann, der ältere Frauen „anmacht")
Birnmost *da* = der Birnenmost; *Landlbirnmost*
Birnrei(b)m *d'*: Obstmühle (Gerät zum Mostmachen)
Birnstingl *da*: 1. Birnenstengel, 2. Eisstock aus Birnenholz
Birsch *d'* = die Pirsch: vorsichtiges Begehen des Jagdreviers, um nah an das Wild heranzukommen
Bisamråtz *da* = die Bisamratte
Bischgo(d)n *d'* = die Biskotte: eine (löffelförmige) Biskuitart
Bischof *da*: 1. hoher geistlicher Würdenträger, 2. (scherzhaft) Steiß des Geflügels
Biskwit *'s* = das Biskuit: eine feine Mehlspeise
Biß *da*: Wunde nach dem Biß eines Tieres
Biß *'s*: 1. Gebiß des Tieres, 2. künstliches Gebiß eines Menschen, 3. Kurzwort für *Bißke(d)n*
Bißgurrn *d'*: böses, zänkisches Weib (ursprünglich ein beißendes Pferd)

Bißke(d)n *d'*: Gebißkette am Roßgeschirr
bißerl = bißchen
bißl = bissel; *a bißl* (ein wenig)
Bitschn *d'* = die Pitsche, Kanne; *Mü(lch)bitschn*
Bitt *d'* = die Bitte: eine Bitte aussprechen
Bittag *d'* (Mz.) = die Bittage: Tage, an denen Bittprozessionen stattfinden
bittgårschen: „bitte gar schön" (in der Mundart das übliche Wort für „bitte"); *bittgårschen derf i mitfåhrn?*
bittn = bitten: für etwas bitten; *tua schen bittn!*
Bitz *'s*: 1. Kerngehäuse des Apfels oder der Birne; *Åpflbitz*, 2. störrisches Kind; *a so a Bitz!*
Bitzl *da*: Zorn, Unmut; *då is ma da Bitzl kemma*
bitzlad: zornig; *a bitzlads Kind*
bitzln = pitzeln: zornig, verärgert, eigensinnig sein; *bitzl net a so, sinst kriagst a Pritschn!*
blåb (altmundartlich): blau
Blabla *'s*: leeres Gerede, Unsinn
blad: dick
Blade *da*: dicker, fettleibiger Mann
Blådern *d'*: 1. Blattern (Schafblattern und echte Pocken), 2. Harnblase, 3. Wasserblase an Händen und Füßen oder Brandblase bei Verbrennung, 4. Gruppe, Bande; *a gånze Blådern samma gwen*
Bla(d)l *'s* = das Blatt
blahn (nasal) = blähen; *Mensch,*

Blamasch

mågst an Radi?, na Bua, der blaht mi!, Mensch, mågst a Wurscht?, na Bua, i hån an Durscht!
Blamasch *d'* = die Blamage: 1. Beschämung, 2. Schande, 3. Bloßstellung
blamiern = blamieren: 1. jemanden blamieren (bloßstellen), 2. sich blamieren (sich lächerlich machen)
blånga: nach etwas gelüsten
Blånga *da*: Verlangen
Blärat *'s*: Geplärr, Geschrei; *her auf mit dein Blärat!*
blärn = plärren: 1. laut schreinen, 2. weinen; *wås blärst denn schon wieder?*
Blärschoaß *da*: Kind, das leicht und oft weint
Blåsbålg *da* = der Blasbalg
Blåsltag *da*: St. Blasius (3. Februar)
blåsn: 1. blasen (die heiße Suppe blasen), 2. viel Alkohol trinken, 3. bei einem Mann orale Liebe machen
Blåsn *d'*: Blasinstrument
blåß = blaß: im Gesicht blaß sein
Blaßl *da*: Tier (Pferd, Rind) mit weißem Fleck auf der Stirn
blau: 1. der blaue Himmel, 2. blau (betrunken) sein, 3. blaumachen (nicht arbeiten); *da Blaue Monda* (der „Blaue Montag"), 4. eine Fahrt ins Blaue (mit unbekanntem Ziel), 5. den Blauen Brief erhalten (gekündigt werden), 6. die Blauen (FPÖ)

Blaubeer *d'*: gelegentliche Bezeichnung für Heidelbeere
Blaukraut *s'*: Rotkohl
Blaumoasn *d'* = die Blaumeise: ein Singvogel
Blåwe Suppm *d'*: fettlose, sparsame Einmachsuppe
blazn: plärren, laut schreien
bleamalad: geblümt (ein geblümter Stoff)
Bleamerl *'s*: 1. kleine Blume, 2. Fieberblase
Bleaml *'s* = die Blume
Bleangatza *da*: ein Zuzwinkern
bleangatzn: hinblinzeln, kokettieren
bleanzln = blinzeln
blecha = blechen: zahlen
blecha(n): aus Blech; *a blechas Hefa*
Blechmusi *d'*: Musikkapelle mit Blechinstrumenten
bled = blöd; *blede Kuah* (dumme Kuh als Schimpfwort für eine Weibsperson)
Bledheit *d'* = die Blödheit
ble(d)ln = blödeln: zum Vergnügen Unsinniges reden
Bledsinn *da* = der Blödsinn
bledsinni = blödsinnig
Blei *da*: Kurzbezeichnung für Bleistift
blei(b)m = bleiben: ich bleibe noch da
blei(b)mlåssn = bleibenlassen: er soll es bleibenlassen (unterlassen)
Bleigiaßn *'s* = das Bleigießen: Silvesterbrauch

bleischwa(r): ganz schwer, schwer wie Blei
Blendn *d'* = die Blende: 1. Pferdeblende (Teil des Pferdegeschirrs), 2. mit einer großen Blende fotografieren
Bleß *d'*: weißer Fleck auf der Stirn eines Pferdes oder Rindes
blessiert: verletzt
Blessur *d'*: Verwundung
Bliferla *da*: jemand, der viel spricht; *Dåmpfplauderer*
bliferln: wenig gescheit daherreden
Blindekuah = Blindekuh: Kinderspiel; *spü(l)n ma Blindekuah*
Blindfenster *'s*: zugemauertes Fenster, Mauernische
Blindgänger *da*: 1. nicht detonierte Granate, 2. Versager
Blindschleichl *'s* = die Blindschleiche
blinzln = blinzeln
Blitzer *da*: Versager; *a so a Blitzer*
blitzgscheit: sehr gescheit
blitzn = blitzen
bloacha = bleichen
Bloaman *d'* (Mz.) = die Blumen
Bloh *'s* = das Bloch: geschlägerter und entrindeter Baumstamm
blo(ß)fuaßi = bloßfüßig: barfuß
bluadi = blutig
Blüah, Bliah *d'* = die Blüte
Blüahbotzn *d'*: Blütenknospe
blüahn, bliahn = blühen
blüahweiß = blütenweiß
Bluat *'s* = das Blut
Bluategl *da* = der Blutegel
bluatjung = blutjung: sehr jung

blüatn, bliatn = bluten
bluatrot: blutrot (rot wie Blut)
Bluatrührn *'s*: das Umrühren in der „Blutschüssel" (das aufgefangene Blut des gestochenen Schweines rühren, damit es nicht stockt)
Bluatwiesn *d'* (scherzhaft): Kampfstätte zur tätlichen Fortführung verbaler Konflikte; *gemma auf d' Bluatwiesn!*
blunzn: egal; *des is ma blunzn* (egal)
Blunzn *d'* = die Blunze: 1. Blutwurst, 2. Schimpfwort für eine einfältige Weibsperson
Blunzn schoana *'s*: das Säubern der Gedärme des geschlachteten Schweines für die Blutwurstbereitung
Blunzntråchter *da*: Trichter zur Blutwurstfüllung
Blusn *d'* = die Bluse: Hemdbluse
Blutzer *da* = der Plutzer: 1. ein steinernes Gefäß, 2. (scherzhaft) Kopf, 3. Schimpfwort; *a so a Blutzer*
boadseiti = beidseitig
Boan *'s* (Mz.: *Boana*): Knochen; *'s narrische Boanl* (bestimmte Stelle am Ellbogen, an der man besonders schmerzempfindlich ist)
Boanfråß *da*: Knochenmarkentzündung
Boankegl *da*: ganz magere Person; *Hånsjörgl, Boankegl, Naglwitzbirn, håt ins Bett gschissn, måg d' Haxn nimma kriagn*

Boanlrichter *da* (scherzhaft): Unfallchirurg
Boaz *d'* = die Beize: mit Essig und Gewürzen eingekochte Sure für Wildfleisch; *an Håsn in Boaz legn*
boazn = beizen: 1. Holz beizen, 2. Fleisch beizen
Bock *da*: 1. Rehbock, 2. Ziegenbock; *Goaßbock*, 3. (scherzhaft) scx-aktiver Mann, 4. die mittlere, als Stütze verwendete Garbe des *Kornmandls*, 5. einen Bock schießen (einen Fehler machen)
bocka: die Paarungsbereitschaft anzeigen (Ziege); *d' Goaß bockt*
bockboani = bockbeinig: hartnäckig, störrisch
bocki = bockig: störrisch
Bockisteßn *'s*: das spaßhafte Zusammenstoßen mit den Köpfen (Kinderspiel)
böckln = böckeln: nach Ziegenbock riechen
Bodin(g) *d'* = der Bottich; *Krautbodin(g)*
Bö(d)l *'s*: 1. (kleine) Beere; *Bö(d)l brocka* (Beeren pflücken), 2. Träne; *mir sand Bö(d)l åbigrunna*
Bö(d)lschober *da*: Rosinenkuchen
Bo(d)n *da* = der Boden; *koan Bo(d)n hå(b)m* (kein Maß und Ziel haben)
bo(d)na: 1. zu Boden werfen; *i hån 'n fåst net bo(d)na mögn*, 2. *er håt si net bo(d)na låssn* (er hat sich nicht unterkriegen lassen), 3. *i hån en Schmårrn nimma bo(d)na kinna* (ich konnte ihn nicht aufessen)
Bo(d)nige *'s*: das Unterste
Bofl *da* = der Pofel: minderwertiges Zeug
Boflat *'s*: viel Rauch, Qualm
bofln: Zigaretten, Zigarren oder Pfeifen rauchen
Bognsåg *d'*: Bogensäge
Bohnl *d'* = die Bohne
Bohnlstecka *d'*: 1. Bohnenstange (Stecken zum Aufbinden der Bohnen), 2. (scherzhaft) dünne, lange Person
bohrn = bohren: 1. ein Loch bohren, 2. *in oan bohrn* (zudringlich auf jemanden einreden); *er håt so lång bohrt und bohrt in mir, bis i eahms gsågt hån*
Bojaza *da* = der Bajazzo: Kasperl, Witzfigur (Kinderspielzeug)
Böller *da*: kleiner Mörser, mit dem bei festlichen Anlässen geschossen wird; *Böllerschiaßn*
bombmsicher = bombensicher: ganz sicher
Bombmstimmung *d'* = die Bombenstimmung: sehr gute, ausgelassene Stimmung
Bordwånd *d'*: Bordwand (Seitenwand des Lastautos oder des Traktoranhängers)
Borschtn *d'* = die Borste: Schweinsborste
Boshat, Bosad *d'* = die Bosheit
Bosnigl *da*: boshafter Mensch
Botzn *d'*: 1. Blütenknospe, 2. Blütenrückstand auf Äpfel und Birnen
Bråda *da* (scherzhaft oder abwer-

tend): Uhr
Bra(d)l *'s*: 1. Braten (meist Schweinebraten); *Bra(d)l in da Rein,* 2. Schimpfwort für einen schlechten Menschen; *des Mensch is a richtigs Bra(d)l!*
Bra(d)lfotzn *d'*: rundes, fettes Gesicht
Bra(d)lpappm *d'*: dasselbe wie *Bra(d)lfotzn*
Bra(d)lschiaßn *'s*: Eisstockschießen, bei dem die Verlierer-Moarschaft die Kosten für das im Anschluß angesetzte Schweinsbratenessen zu übernehmen hat
brå(h)a: ackern
Bram *d'* = die Braue; *Augnbram*
Bramburi *d'* (Mz., scherzhaft): Erdäpfel
Brånd *da*: 1. einen Brand löschen, 2. *an Brånd hå(b)m* (durstig sein, weil man am Vortag zuviel getrunken hat), 3. *a niads Mandl håt sein Brandl* (jeder Mann hat seinen Tick)
brandln = brandeln: 1. es brandelt (es riecht nach einem Brand), 2. (Strafe) zahlen
Brånsdtåd *d'* = die Brandstätte: abgebranntes Haus
Brat *'s*: Wurstfülle
Brätlin(g) *da*: 1. Speisepilz, 2. dicker Mensch (einer, der sich breit macht)
brå(t)n = braten
Bråtwurscht *d'*: 1. Bratwurst, 2. Schimpfwort für eine Frauensperson (in der selben Bedeutung wie *Blunzn*)
Bråtwürschtlsunnda *da*: erster Adventsonntag (nach dem an diesem Tag üblichen Bratwürsteln als Mittagsgericht)
Brauch, Brauh *da*: Sitte; *des is ba ins Brauh*
braucha, brau(h)a = brauchen: nötig haben
Bräugga *da* = der Bräutigam
Bräumoasta *da* = der Braumeister: Bierbrauer; *der kimmt daher wiar a Bräumoasta* (wohlgenährt und überheblich)
Braun *da*: braunes Pferd; *wüa Schimml, hottah Braun, heint tamma Håban baun!*
Braunbeer *d'*: Brombeere
Bräunl *da*: braunes Pferd
Brause *d'* = die Dusche
Brause *'s*: 1. das Brausepulver, 2. das mit Wasser aufgegossene Brausepulver (Jugendgetränk)
brausn: 1. duschen, 2. *du kånnst di brausn!* (verschwinde!)
Brautpåår *'s* = das Brautpaar
Brautsåch *d'*: Mitgift der Braut
Brautschau *d'*: nach einer passenden Ehefrau Ausschau halten (dabei wirkten früher auch die Eltern des Sohnes mit)
Brautstäh(l)n *'s*: Brauch, daß die Braut heimlich in ein benachbartes Gasthaus „entführt" wird
brav: 1. artig, 2. gut; *mia geht's heint schon wieder a weng braver* (ich fühle mich gesundheitlich wieder besser)

Breadn *d'*: die Breite; *in d' Breadn gehn* (dick werden)
Bred *d'* = das Brett
Bre(d)l *'s* = das Brettl: kleines Brett
bre(d)lbroat: 1. sich breit machen; *der sitzt bre(d)lbroat då*, 2. etwas *bre(d)lbroat außaságn* (undiplomatisch sprechen)
bre(d)l-ebm = bretteleben: ganz flach, eben wie ein Brett
Brechad *'s*: Getreideschrot (gebrochenes Getreide als Tierfutter)
Brema *d'* = die Bremse: Stechfliege
Bremsn *d'*: die Bremse: eine Hemmvorrichtung, Wagenbremse
brenna: 1. brennen, 2. zahlen; *då kånnst gscheit brenna!*
Brennessl *d'* = die Brennessel
brennessln: 1. mit der Brennessel in Berührung kommen, 2. den Unterarm eines anderen mit beiden Händen anfassen, und mit einer Hand nach vor und mit der anderen nach hinten drehen bis es schmerzt (Kinderspiel)
brennhoaß: brennheiß, ganz heiß (neuer für *brinnhoaß*)
Bresl *d'* (Mz.): 1. Brösel (Semmelbrösel), 2. Unannehmlichkeiten; *tua des net nuamål, sinst gibt's Bresl*
Bresl rei(b)m: Brösel reiben; *der is netta zan Breslrei(b)m* (er ist zu nichts zu gebrauchen)
Brezn *d'*: 1. Brezel (achterförmiges Backwerk), 2. Sturz; *er håt a Brezn grissn* (er ist gestürzt)

Briaftråger *da* = der Briefträger
bringa = bringen
brinna (altmundartlich): brennen
brinnhoaß: brennheiß, ganz heiß
brinnliacht: sehr hell
brinnrot: brennend rot (im Gesicht)
broat = breit
Broatårsch *da* (spöttisch): Mensch mit großem Gesäß
broatn: 1. sich breit machen (viel Platz beanspruchen); *broat di net a so!*, 2. Mist streuen; *Mist broatn*
brocka = brocken: pflücken; *Öpfl brocka*
Brocka *da*: 1. Brocken (großer Bissen, großes Stück), 2. dicker, kräftiger Mensch
Bröckl, Bröckerl *'s*: Verkleinerung von *Brocka*
Brockobst *'s*: eßbare Äpfel und Birnen, die gepflückt werden, während das Mostobst heruntergeschüttelt wird
Brodler *da*: langsamer, saumseliger Mensch
bro(d)ln = brodeln: 1. sieden, wallen, 2. Zeit vertrödeln, langsam und umständlich dahinarbeiten
brosn-trucka (*bråsn-trucka* gesprochen): sehr trocken
Brot *'s*: Schwarzbrot, Weißbrot
Brotånschnei(d)n *'s*: das Anschneiden eines neuen Brotlaibes
Brotbåcha *'s*: das Brotbacken
Brotfetzn *da*: Stoff-Fleckerl, das in das *Båhkarl* gelegt wird (darauf kommt der Brotteig)

Brotlå(d)n *da*: abträglich für Mund; *hålt dein' Brotlå(d)n!*
Brotloab *da* = der Brotlaib
Brotloata *d'*: ein an der Wand oder auf der Decke befestigtes Gestell zum Aufbewahren der gebackenen Brotlaibe
Brotrindtn *d'*: Brotrinde
Brotsuppm *d'*: Suppe mit Schwarzbroteinlage (wurde früher bei den Bauern oft gegessen)
Brot-toag *da*: Brotteig (Teig zum Brotbacken)
Brotwirfl, Brotwürfl *da* (scherzhaft): unstillbares Verlangen nach (frischem) Brot; *håst leicht heint en Brotwirfl?* (scherzhafte Frage, wenn jemand viel Brot ißt)
Bruada *da* = der Bruder
Bruada ums Eck!: Ausruf des Erstaunens oder der Bewunderung
Brüah, Briah *d'*: 1. Brühe (schmutziges Wasser, schlechte Suppe), 2. Blut; *nåh da Raffarei is eahm d' Brüah åbagrunna*
brüahwårm = brühwarm: etwas brühwarm (sofort) weitererzählen
Bruat *d'*: Sippschaft, Verwandtschaft (im negativen Sinne gebraucht); *a so a Bruat!*
Brüata, Briata *da*: langsamer Mensch
Bruathenn *d'* = die Bruthenne
brüatn, briatn: 1. brüten, 2. dösen; *nåchibrüatn* (nach dem Wachwerden noch im Bett liegen bleiben)
Bruck *d'*: 1. Brücke, 2. Holzgerüst zum Maschindreschen, 3. *auf a Bruck mitgehn* (als Mitspieler beim *Månschln* alle Karten tauschen)
Brückl, Brickl *'s*: kleine Brücke, Steg
Brucknwågn *da*: schwerer Pferdewagen
Bruh *da*: 1. Leistenbruch, 2. Tannenzweig am Hut des Jägers, der ein Wild erlegt hat
Bründl, Brindl *'s*: Quelle, die zum Wasserschöpfen verwendet wird
Brunft *d'* (Jägersprache) = die Brunst: Begattungszeit des Wildes
Brunn *da* = der Brunnen
Brunnkress *d'* = die Brunnenkresse: eine Salatpflanze
Brunnwiesn *d'*: nasse Wiese (Wiese, auf der sich eine Quelle befindet); *'s Brunnwieserl* (scherzhaft für Schamgegend der Frau)
Brunnziagn *'s*: 1. Brunnen ziehen (Wasser aus dem Brunnen heraufpumpen), 2. Kinderspiel
brunzln: nach Urin riechen
brunzn: urinieren
Brustzä(ld)l *'s*: Hustenzuckerl
bscheißn: betrügen, übervorteilen
Bschiß *da*: Betrug
Bschlåg *da* = der Beschlag: 1. Türbeschlag, 2. jemanden oder etwas in Beschlag nehmen (ganz für sich beanspruchen)
bschlågn = beschlagen: 1. Pferde beschlagen (mit Hufeisen versehen), 2. er ist gut beschlagen (er weiß viel)

bschliaßn = beschließen: etwas beschließen
Bschoadbinkerl *'s*: das den Gästen mitgegebene Essenbündel nach dem Festmahl (das Festessen mußte so reichlich bemessen sein, daß für jeden etwas übrig blieb)
bschriftn = beschriften: ein Heft beschriften (etwas draufschreiben)
bschuldign = beschuldigen: jemanden des Diebstahls beschuldigen
bschummln = beschummeln: anschwindeln
Bsich *'s*: Kommode mit Spiegel
bsinna *si* = sich besinnen: sich eines Besseren besinnen
bsoffa = besoffen: völlig betrunken
Bsoffene Kapuziner *da*: ein mit Wein oder Most übergossener Kuchen
Bsuach *da* = der Besuch: auf Besuch sein
Bsuf *da*: notorischer Trinker
bsunna: besonnen; *i hån mi bsunna*
Bu *da* (Kindersprache): Darmwind (Furz); *i hån an Bu tån* (sagt das Kleinkind)
Bua *da*: 1. Bub, Knabe, 2. Verehrer, Geliebter, 3. junger Knecht (*Ståll-bua*), 4. „Unter" (Spielkarte); *Pik-Bua*
Büabl, Biabl *'s*: kleiner Bub
Buach *'s* = das Buch
Buacha *d'* = die Buche
buacha(n): aus Buche; *buachane Scheida* (Buchenscheiter)
Büachl, Biachl *'s* = das Büchl: (kleines) Buch

Büasn, Biasn *'s*: Halskragen (Bund als Halsabschluß des Hemdes)
Buaß *d'* = die Buße
büaßn, biaßn = büßen
Bubi, Buwi: häufiger Hundename (kleiner Hunde)
Bubikopf *da*: Kurzhaarschnitt für Damen
bucka: 1. bücken (sich bücken, niederbücken), 2. die Henne durch den Hahn begatten; *da Håhn håt d' Henn buckt*
Buckerl *'s*: kleine Verbeugung; *a Buckerl måcha*
Buda *da* = die Butter
Budabirn *d'*: Butterbirne (Birnensorte); *Napoleons Budabirn*
Budabrot *'s*: Butterbrot
Budafaßl *'s*: Butterfaß
Budamånn *da*: Aufkäufer bzw. Zwischenhändler bäuerlicher Produkte (der die Butter mit einem Pferdefuhrwerk in die Stadt gebracht hat); *en Ortner Peda, Budamånn, sand de harbm Roß davon* (dem lieben Herrn Ortner aus Niederneukirchen sind beim Butterführen die Pferde durchgegangen)
Budamü(lch) *d'*: Buttermilch
Budarührn *'s*: Butter rühren (Butterherstellung)
Budastriezl *da*: Butterstriezel
budawoach: butterweich, ganz weich
Buddla *da*: fleißiger Arbeiter
buddln: viel und fleißig arbeiten
Büddung *d'*: „Bildung", Anstand,

gute Kinderstube; *håst du koan Büddung?* (kannst du dich nicht benehmen?)
Bude *d'*: 1. Hütte, 2. (Studentensprache) Zimmer, 3. Marktstand, 4. Fabrik, Betrieb, Arbeitsstätte; *i bi(n) froh, wånn i um fünfe aus da Bude außikimm!*
budern: coitieren
Budl *d'*: Budel (Ladentisch des Kaufgeschäftes)
Budlhupfa *da* (scherzhaft): Verkäufer
Bug *da*: 1. Biegung, Krümmung, 2. Bügelfalte; *d' Hosn håt an gscheitn Bug*
Bugl *da* = der Buckel: Rücken
buglad = bucklig: einen krummen Rücken haben
buglfünferln = buckelfünferln; *du kånnst mi buglfünferln!* (du kannst mir den Buckel hinunterrutschen!)
Buglkorb *da*: eine Rückentrage (der Krampus trägt einen *Buglkorb*)
buglkraxn trågn: eine Last (meist ein Kind) auf dem Rücken tragen
bugln: in gebückter Stellung arbeiten
Buhu *da* (endbetont): Hochfrisur der Frauen
Buhuscherln *'s*: Kartenspiel (ein Spiel, das mit zwei Kartenpaketen gespielt wird)
Büllerbirn *d'*: Birnensorte
bü(ll)n: schreien, brüllen (Schmerzschrei bei Tier und Mensch)

Bummerl *da*: kleiner Hund
Bummerl *d'* (Mz.): Holzschuhe
Bummerl *'s*: Verlustpartie beim *Schnåpsn* (Kartenspiel)
bummfest: ganz fest; *d' Tür is bummfest zua*
bummvoi(ll): gesteckt voll, überfüllt
Bumpßa(d) *'s*: gehacktes Oberholz (Anfeuerholz)
Bumpßa(d)håckmaschin *d'*: Gerät zum Holzhacken (Zerkleinern des *Gnåstarat*)
bumstinazl!: ein Ausruf (meist nach dem Hinfallen eines Kindes)
bunkad, bunkalad: klein und dicklich
Bunkerl *'s*: 1. kleines, rundliches Kind, 2. kurze, dicke Wust
Bürd, Bür(d)l *'s*: mit einer Schnur oder Weidenzweigen zusammengebundenes Reisigholz; *Bürd håcka*
Burgamoasta *da* = der Bürgermeister
Burgunta *d'* = die Burgunderrübe: Halbrübe (Futterrübe)
Bürohengst *da* (scherzhaft): kaufmännischer Angestellter in einem Büro
Burrat *'s*: anhaltendes burrendes Geräusch
burrn: 1. schnell herumrennen; *der is då eina burrt!*, 2. surren, dröhnen; *d' Sirene burrt!*
Bursch *da*: junger, unverheirateter Mann; *a fescher Bursch*
Burschl *da*: Bub
Bürschl, Bürscherl *'s*: kleiner

Bürschtn

Junge (dasselbe wie Burschl)
Bürschtn, Birschtn *d'*: 1. Bürste (Kleiderbürste), 2. scherzhaft für Stehfrisur (Männerhaarschnitt)
Bürschtnbinder *da* = der Bürstenbinder: Bürstenmacher; *der sauft wiar a Bürschtnbinder!* (offenbar hatten die Bürstenbinder aufgrund ihrer staubigen Arbeit viel Durst)
Büscherl *'s*: kleines Blumensträußchen (die Hochzeitsgäste haben ein *Büscherl* aufgesteckt)
Buschn *da*: 1. Buschen (Blumen, Blumenstrauß), 2. Haare, Schamhaare; *i hån di glei bei dein' Buschn!*
Buschngschirr, Buschngschirrl *'s*: Blumentopf
Buserer *da*: kleiner Auffahrunfall, Blechschaden
Buserl *'s*: Kücken
büsln: schlafen, ein Nickerchen machen
Bussl, Busserl *'s*: 1. Kuß, Küßchen, 2. Gebäck (Kokosbusserl)
bussln: küssen; *a Bussl ge(b)m*
Buttn *d'*: 1. Butte (Gefäß), 2. dicke Frau
Butz *'s* = der Butzen: Kerngehäuse des Apfels und der Birne; *mit Butz und Stingl* (ganz und gar)
Butzerl *'s* = das Putzerl: kleines Kind
Buxbam *da* = der Buchsbaum: ein immergrünes Laubgewächs (auch *Segnbam* genannt)
Büxn, Bixn *d'*: 1. Büchse; *Spårbüxn*, 2. Jagdgewehr, 3. weiblicher Geschlechtsteil
Büxnmåcher *da* (scherzhaft): Vater mehrerer Mädchen
Büxnöffner *da*: 1. Büchsenöffner, 2. (scherzhaft) Likör (als typisches Frauengetränk)

- C -

Chor *da*: erhöhter Raum in der Kirche
Christbam *da* = der Christbaum
Christkindl *'s* = das Christkind
Christkindlmårkt *da* = der Christkindlmarkt: Weihnachtsmarkt
christli = christlich
Christtåg *da* = der Christtag (25. Dezember)

- D -

d': 1. die (bestimmter Artikel) unbetont, 2. du (persönliches Fürwort) unbetont
da: 1. der (bestimmter Artikel), 2. dir (persönliches Fürwort) unbetont; *i gib da mein Büachl*
då = da: hier
dabåbern: vor Kälte oder Entsetzen zittern (beben)
dabåbat: erschrocken, bebend; *i bi(n) nu gånz dabåbat!*

dabåmat: dasselbe wie *dabåbat*
dabårma = erbarmen: bemitleiden
dabeißn: 1. etwas beißen können; *des hårte Brot kånn i net dabeißn,* 2. totbeißn; *da Kåda håt de kloan Katzl dabissn* (der Kater hat die kleinen Kätzchen totgebissen); *de håm an Hund zan Not dabeißn* (wird über Leute gesagt, die sich trotz Armut einen Hund leisten)
dåblei(b)m = dableiben: 1. nicht fortgehen, 2. nachsitzen der Schüler; *i hån heint a Stund dåblei(b)m müassn* (ich mußte eine Stunde nachsitzen)
dabo(d)na: niederringen, obsiegen; *er håt 'n net dabo(d)na kinna*
Dåcht *da* = der Docht: Kerzendocht
Dackn, Dacka *d'* = die Dacke; *auf da Dackn liegn* (gesundheitliche oder wirtschaftliche Probleme haben)
dåda: hier; *dåda is da Hund begråbm*
dadådat: verdattert, verschüchtert, bestürzt, zu Tode erschrocken; *i bi(n) gånz dadådat gwen*
Dådara *da:* Verdatterung (Zustand der Angst)
dafålln: (zu Tode) stürzen; *dafåll di net!*
dafånga: 1. erfangen (sich erholen, sich wieder fassen), 2. kurz vor einem Sturz noch Halt finden; *i hån mi gråd nu dafånga kinna*
dafrågn: 1. erfragen, nachfragen, 2. etwas Unangenehmes erfahren, erleben, bekommen; *Lausbua, glei wirst oane dafrågn* (eine Ohrfeige bekommen)
dafäu(l)n: verfaulen
dafrean, dafriasn, dafroisn = erfrieren
dafreat: 1. erfroren, 2. leicht frierend; *du bist a dafreade Henn!* (sagt man zu jemandem, der kälteempfindlich ist)
daführn: zusammenführen; *i hån an Håsn daführt* (ein Hase ist mir ins Auto gelaufen)
dafürstehn = dafürstehen: sich auszahlen; *des steht net dafür* (es lohnt sich nicht)
dagånga: ergangen; *es is si gråd nu dagånga*
dagaunern = ergaunern: sich etwas ergaunern
dagaustat: ungeduldig, fahrig; *wås bist denn so dagaustat?* (warum bist du so fahrig?)
dagehn: genügen, ausreichen, sich ausgehen; *es dageht si net* (es geht sich nicht aus)
daglånga, daglenga: erlangen, erreichen; *i hån des net daglenga kinna* (ich konnte es nicht erreichen, nicht so weit mit den Händen reichen)
Daglat *'s:* Schmiererei, schlampige Schrift
dagln: schmieren, schlampig schreiben, *dagl net a so!* (schreib nicht so schlampig!)
dagräbln: ergreifen; *i hån des net dagräbln mögn*
dågwen = dagewesen

Dåh 's = das Dach
dahå(b)m: nicht mehr weiterkönnen, steckenbleiben; *es håt mi mitn Traktor dahåbt*
dahaschpln: stolpern
dahausn: erwirtschaften, *er håt si gånz schen wås dahaust* (er ist zu etwas gekommen)
Dåhbo(d)n *da* = der Dachboden
daherhoserln: mit kleinen Schritten einhergehen
daherhuscherln: nicht der Witterung entsprechend angezogen sein (zu leicht bekleidet sein); *du huscherlst schon wieder so daher!*
daherschlåmpm: schlampig bekleidet daherkommen
daherschwafln: viel Unglaubliches erzählen
daherspoacha: großen Schrittes einhergehen
Dåhfirst *da*: Dachfirst
dahin: fort; *i bi(n) dahin!*
dahinfrettn: sich recht und schlecht durchbringen
dahinpledern: (mit einem lauten Fahrzeug) dahinrasen
dahinwurschtln: sich so recht und schlecht fortbringen, ohne klares Ziel dahinarbeiten
Dåhlucka *d'*: kleines Dachfenster, Lichtöffnung am Dach
dahoam = daheim, zu Hause
Dåhschab 's: Strohbündel zum Decken eines Strohdaches
Dåhtrapf *d'*: Dachtraufe
dahungern: 1. verhungern; *wirst schon net dahungern!*, 2. den Eisstock beim *Eisschiaßn* viel zu kurz schießen, *der is dahungert!* (der Schuß ist zu kurz gegangen)
Dåhziagl *da*: Dachziegel
dakårpln: stolpern; *dakårplt di net!* (paß auf, daß du nicht hinfällst!)
dakemma = erschrecken; *bi(n) i hiatzt dakemma!* (bin ich jetzt erschrocken!)
dakenna: erkennen, auskennen; *i hån mi nimma dakennt, bi(n) i a Mandl oder a Weibl*
daklöcka: erreichen, kaum nachkönnen
dale(b)m = erleben; *das ma des nu dale(b)m!*
dalegn: mit dem eigenen Körper beim Liegen erdrücken; *d' Sau hat zwoa Fa(d)l dalegt*
Dålk *da*: 1. einfältiger, träger Mensch, 2. nicht aufgegangener Kuchen; *heb di, Schöberl, sinst wirst a Dålk!* (sagt man scherzhaft zu einem richtigen „Hockenbleiber")
dålkat: beschränkt, unbeholfen, kindisch; *dumm und dålkat*
dalogn = erlogen; *a dalogne Gschicht* (eine erlogene Geschichte)
Dam *da* = der Daumen; *wås übern Dam måcha* (über den Daumen peilen); *Dam drahn* (nichts tun)
Dam *d'* = die Dame: Spielkarte
damåcha: fertig bringen, erreichen, *des damåchst net* (das schaffst du nicht)

damaht: ein Tier beim Mähen tödlich verletzt; *i hån an junga Håsn damaht*
Damian *da*: ein ungehobelter Mensch, Dummkopf
damlång: „daumenlang"; *oille damlång* (alle Augenblicke)
damorscht: vermorscht, verfault; *'s Holz is gånz damorscht va da Feuchtn*
Dåmpf *da*: 1. Dampf, 2. Rausch
Dampfl *'s*: kleiner Schwips
Dåmpfplauderer *da*: einer, der sich gern selbst reden hört und oft Lügengeschichten erzählt
Dåmpfroß *'s*: Lokomotive
Dän *da* (nasal): 1. Geruch; *des Essn håt koan' Dän und koan' Gschmåh* (weder riecht es noch schmeckt es gut), 2. Gestank; *då håt's an gscheitn Dän!* (da stinkt es!)
dåna: hierher; *geh dåna!*
dånaglånga, dånaglenga: herreichen, heranreichen; *glång ma des dåna!* (gib mir das bitte her!)
danåh = danach
Dånglgoaß *d'*: Dengelbank
Dånglhåmmer *da*: Dengelhammer
dångln = dengeln: die Sense schärfen
Dånglstecka *da*: Stock zum Auflegen der Sense beim Dengeln
dåni: weg von hier
dånigehn: 1. weggehen, 2. als Schulabgänger beim Bauern einstehen (in den Dienst treten)
dåniloan: etwas weglehnen oder an die Wand lehnen

dånirenna: 1. weglaufen, 2. wegstoßen
dånkschen!: „Danke schön!" (Dankeswort)
dapåcka: schaffen; *des hån i net dapåcka kinna!* (das konnte ich nicht schaffen)
dar = dir (persönliches Fürwort im Wemfall) unbetont vor Vokal, *i gib dar a Buach*
darappln: sich wieder (wirtschaftlich oder gesundheitlich) erfangen; *er håt si wieder darapplt*
darårbatn: sich etwas erwirtschaften; *mein Häusl hån i ma hårt darårbat* (ich mußte schwer schuften, um zu einem Haus zu kommen)
daråtn = erraten
darei(t)n: bändigen, zähmen; *den kånn net amål da Teufl darei(t)n*
darenna: 1. tödlich verunglücken; *er håt si mit da Maschin darennt* (er ist mit dem Motorrad verunglückt), 2. erwischen, erlaufen können; *i hån's nimma darenna kinna* (ich konnte es nicht mehr erlaufen)
Darm *d'* (Mz.): Gedärme
Darmdörrer *da*: Hungerleider (Mensch, der nichts zu essen hat oder der sich nichts gönnt)
darmdörrn: hungerleiden
dasaufa = ersaufen: ertrinken
daschiaßn = erschießen
daschimmln, daschümmln = verschimmeln; *des Brot is schon daschimmlt*

daschlågn = erschlagen
daschwindlt = erschwindelt
dasegn: erblicken, erspähen
dasi, dasmi: kleinlaut, niedergeschlagen, benommen
dasoffa: ertrunken
daspårn = ersparen
dasteigern = ersteigern: auf der Auktion ein Bild ersteigern
dastessn: verunglücken; *er håt si mitn Motorra(d)l dastessn*
dasticka = ersticken
dastunga und dalogn = erstunken und erlogen: schamlos erlogen, frei erfunden, aus der Luft gegriffen; *des is dastunga und dalogn*
datamt: verschimmelt
datåppm = ertappen: erwischen
Dati *da* (Kindersprache): Vati
datrama = erträumen
datränga = ertränken; *de junga Katzl dadränga* (die jungen Kätzchen ertränken)
Daufl *d'*: Faßdaube
daun (endbetont) = dauern; *es wird nu a weng daun*
Daunderlaun *da*: Kleinigkeit, Unwesentliches, Bagatelle
davonkemma: dem Tode entronnen
dawårtn = erwarten
dawäu(l) = derweil: während
dawäu(l) låssn: Zeit lassen
dawehrn = erwehren; *i hån mi nimma dawehrn kinna*
dawischn = erwischen: fangen; *låß di net dawischn!* (sagt man, wenn man das Gefühl hat, daß einem eine Lüge aufgetischt wird)

dawoartn = erwarten: etwas erwarten können
dawuachat: raffgierig, *sei net so dawuachat!*
dawürgn = erwürgen
dawurschtln: sich mühsam etwas schaffen; *er hat si sein Häusl dawurschtlt*
dazahn kinna: schleppen können; *des is fåst net zan dazahn*
dazaussn: jemandem die Haare in Unordnung bringen
dazöh(l)n = erzählen
dazuaschaun = dazuschauen: sich bemühen
dazwinga = erzwingen; *dazwinga kånn mas net*
de: 1. die, diese (hinweisende Fürwörter); *bring ma de Schaufl her!*, 2. den; *i geh za de Pioniere* (ich rücke zu den Pionieren ein)
dean: bei einem Bauern arbeiten (dienen)
Dea(n)st *da*: Arbeit auf dem Bauernhof (Dienst)
Dea(n)stbot *da*: Bediensteter auf dem Bauernhof (Dienstbote)
dechtln: einwässern, dicht machen; *a z'lexnte Boding eindechtln* (ins Wasser geben, daß sie wieder dicht wird)
Deckl *da*: 1. Deckel, 2. (scherzhaft) Hut
Decklrem *da*: Wandgestell zum Aufbewahren der Kochtopfdeckel
Deckn *d'*: 1. Decke, 2. Fahrradreifen
Deit *da* = der Deut; *koan Deit besser sein* (keine Spur besser sein)

Deita *da* = der Deuter: jemandem einen Deuter (Hinweis, leichten Stoß) geben
deitn = deuten: zeigen
deixln = deichseln: etwas Schwieriges zustande bringen
denga = denken
Depp *da*: Dummkopf, Trottel
deppad: dumm, blöd; ungeschickt
deppmsicher: so einfach, daß jeder Dummkopf es begreift
Depscher *da*: 1. Delle, Einbuchtung, 2. leichter „Dachschaden"; *der håt an Depscher*
der: der, dieser (hinweisende Fürwörter); *gråd der muaß re(d)n* (just derjenige muß reden)
dera: dieser; *mit dera Bißgurrn wird er koan rechte Freid håm*
derfa = dürfen
Derr *d'*: ein Handwerker, der beim Bauern, ohne in Kost zu sein, arbeitet, ist *in da Derr* (Taglohn ohne Kost und Trank)
dert: doch, dennoch; *wånn er dert åmål gscheida wurdt*
des: das, dieses (hinweisende Fürwörter); *bring ma des Schaffl her*
deschparat = desperat: verzweifelt, wütend, außer sich
des nachst: kürzlich, neulich, unlängst
dessä(l)be: dasselbe; *sie håt dessä(l)be gsågt*
Dest *da*: Schweiß, Brühe; *i hån g'årbat, daß ma da Dest åbagrunna is*
Detschn *d'*: Ohrfeige

Dezimålwååg *d'* = die Dezimalwaage
di = dich
Diab *da* = der Dieb; *a Uhr und a Ra(d)l sand Diab in Såck* (die Reparaturkosten für eine Uhr und ein Fahrrad haben früher das knappe Haushaltsbudget ganz schön belastet)
Dickarat *'s* = das Dickicht: dicht ineinander gewachsene Waldbäume und Sträucher
dickln: dickköpfig sein, trotzen
Dickschä(d)l *da* = der Dickschädel: eigensinniger Mensch
dickschä(d)lad = dickschädelig
Dienståg *da* = der Dienstag: neuer für *Erda*
diesi = diesig: dunstig, nebelig
dir: dir (persönliches Fürwort im Wemfall) betont (sonst *da*, vor Vokalen *dar*); *i kimm morgn za dir* (ich komme morgen zu dir)
Dirn *d'*: Bauernmagd (auf großen Bauernhöfen waren früher dem Rang nach die *Große Dirn* [erste Kuhstallmagd], die *Mitgehe(e)rin* [zweite Kuhstallmagd], die *Saudirn* [Magd, die den Schweinestall zu betreuen hatte], die *Außigeherin* [Magd, die keine Stallarbeit, sondern ausschließlich Feldarbeit zu verrichten hatte], die *Kuchldirn* [Köchin], die *Kindsdirn* [Kindermädchen] und das *Kuchlmensch* [Küchenmädchen als Helferin der Bäuerin oder der Köchin] beschäftigt)

Dirndl

Dirndl *d'* (Mz.): Früchte des Dirndlstrauches
Dirndl *'s*: 1. Mädchen (ledige, junge weibliche Person), 2. Kurzform von *Dirndlkloa(d)l*
Dirndlkloa(d)l *'s* = das Dirndkleid: bodenständige Frauentracht
Dirndlstau(d)n *d'* = der Dirndlstrauch: Kornelkirschenstrauch
dischgariern = diskutieren: Meinungen austauschen
Dischgur *da* = die Diskussion: Wechselrede, Aussprache; *mia håm an långa Dischgur ghå(b)t*
Distl *d'* = die Distel
Distlstecha *'s*: das Ausstechen der Disteln mittels einer an einem Stecken befestigten alten Sensenspitze (war eine zeitraubende Arbeit im Frühling)
Diwan *da*: ein gepolstertes Sitz- und Liegemöbel
do = doch
Doan *'s*: Mädchen, Frau; *a feschs Doan* (eine hübsche Frau)
Doana *d'* = die Donau
dobln = doppeln: Schuhe besohlen
doblt = doppelt
Docka *d'*: Puppe
Doda *da* = der Dotter: Eigelb
Do(d)l *da*: dummer Kerl, Schwachsinniger
Dod(l)haufa *da*: dasselbe wie *Dodl*
Dodlhofer *da*: dasselbe wie *Dodl*
Dolm *da*: Dummkopf
Dorf *'s*: kleine Gemeinde, Ort
Dörfl, Derfl *'s*: kleines Dorf, Ortschaft

dörrn, derrn = dörren
drachsln: 1. eine krumme Tour gehen, 2. hinkriegen; *des wern ma schon drachsln*
Drahdiwaberl *'s*: 1. Kreisel (Kinderspielzeug), 2. undurchsichtiges Geschäft (das hintenherum ausgehandelt wurde)
drahn: sich die Nacht hindurch ausgelassen vergnügen
Drahrer *da*: 1. Dreher, (Kehrt)-wendung, 2. Nachtschwärmer, 3. durchzechte Nacht; *er håt an Drahrer gmåcht* (er hat durchgezecht)
Dråhtesl *da* (scherzhaft): Fahrrad
Dråhtwaschl *da*: weiches Drahtgeflecht zum Reinigen von stark verschmutzem Geschirr
Dram *da* = der Tram: Deckenbalken
drån = daran
drån ån: anschließend (in einer Reihenfolge, ohne Unterbrechung)
Dråhngeld *'s*: Anzahlung auf den Lohn, die der neue Dienstbote bei Abschluß eines Dienstverhältnisses erhält
drånkemma = drankommen: an die Reihe kommen
drånkriagn = drankriegen: hineinlegen, übervorteilen
drauf = darauf; *drauf und drån sein* (im Begriff sein)
draufgehn: 1. verbrauchen; *vü(l) Geld is draufgånga*; 2. zugrundegehen, sterben; *mia waarn fåst draufgånga*

draufkemma = draufkommen: entdecken
draufzåhln = draufzahlen: Schaden erleiden
drausmåcha = drausmachen: sich nichts drausmachen
draußt = draußen
draußtathål: außerhalb
drauswåchsn: „drauswachsen" (zu klein werden); *da Bua is aus da Hosn drausgwåchsn* (die Hose ist ihm zu klein geworden)
drawi: eilig; *wås håst das denn so drawi?* (warum hast du es so eilig?)
Drawign *d'*: Eile, Gehetztheit
drecki: 1. dreckig, schmutzig, 2. schlecht (in Bezug auf die Gesundheit oder der finanziellen Situation); *mir geht's drecki!*
Dreg *da* = der Dreck; *des geht di an Dreg ån!* (das geht dich nichts an!)
Dregkäfer *da*: Schmutzfink
Dreglatschn: Pfütze
Dregpåtzn *da*: ein Schmutzspritzer aus einer Pfütze
Dregramer(n) *d'*: Schmutzkruste
Dregsau *d'*: Schimpfwort
Dregsöckl *d'*: mieser Kerl
Dregwer *'s*: nicht funktionierendes oder unnützes Zeug
dreierloa = dreierlei; *heint gibt's dreierloa zan Essn*
dreinfåhrn = dreinfahren: energisch eingreifen
dreinfindn = dreinfinden: sich zurechtfinden

dreinkemma = dreinkommen: sich einarbeiten
dreinpfuschn = dreinpfuschen
dreinschaun = dreinschauen: finster dreinblicken
Dreiradler *da* = das Dreirad: Kinderspielzeug
Dreischårer *da*: Dreischar-Pflug
drent, drentn: drüben
Drescher *da*: Kurzbezeichnung für Mähdrescher
Dreschflegl *da* = der Dreschflegel
Dreschmaschin *d'* = die Dreschmaschine
dreschn = dreschen: 1. Getreide dreschen, 2. verprügeln, versohlen, *de ghern amål gscheit droschn* (die gehören einmal richtig versohlt)
dridoblt: dreifach
drifarbi = dreifärbig; *a drifarbige Kåtz* (eine dreifärbige Katze)
drimahdi: dreimal zu mähen, *a drimahdige Wiesn* (eine Wiese, die dreimal im Jahr gemäht werden kann)
drinn, drinnan = drinnen: innen, innerhalb
drinter = drunter; *drinter mischn* (sich in etwas einmischen)
drirößigs Haus *a*: kleinerer bis mittelgroßer Bauernhof mit drei Ackerpferden (Näheres s. *Haus*)
Drisch *da*: 1. „Dachschaden"; *de håt an gscheitn Drisch!*, 2. Schläge; *gestern håmma Drisch kriagt* (gestern sind wir versohlt worden)

Drischl *d'* = die Drischel: Dreschflegel

Dritt *da*: der dritte (auch dem Range nach) Pferdeknecht eines Großbauern

Drittåbschiaßn *'s*: Ballspiel

drizuakade Gåbl *d'*: Gabel mit drei *Zuakn* (Heugabel)

drucka = drücken: 1. jemandem die Hand drücken, 2. sich heimlich entfernen, sich aus einer Sache heraushalten; *si drucka* (sich drücken)

drum = darum; *mit oi(ll)n, wås drum und drån hängt*

drumana: deshalb, deswegen; *drumana håt er's net gsågt* (deshalb hat er es nicht gesagt)

drunt: unten

drunter und drüber: durcheinander; *ba de geht's drunter und drüber*

Dübl *da*: 1. Holzzapfen, Mauerdübel, 2. Tippel, Beule, Anschwellung einer angestoßenen Körperstelle, 3. Schimpfwort für einen Lausbuben; *Lohdübl*

dübln, düwin (scherzhaft): Karten spielen; *tamma düwin!* (spielen wir Karten!)

ducka = ducken: sich ducken (sich klein machen)

Duckanterl *'s*: Zwergtaucher (ein Wasservogel)

Duckmauser *da* = der Duckmäuser: unterwürfiger Mensch, Heuchler, Heimlichtuer

Du(d)l *d'*: Schimpfwort für eine Frauensperson, *a dicke Du(d)l*

Du(d)lsåck *da* = der Dudelsack: ein Blasinstument

Dü(ll) *d'*: Dachboden

Dulliäh *da*: Rausch; *der håt an gscheitn Dulliäh!* (der ist besoffen!)

Dün *d'* (Mz.) = die Dillen: Unkraut auf Äckern

Dünkräu(t)l *'s* = das Dillenkräutl: eine Gewürzpflanze

Dummerl *'s*: ein dummer Mensch

dumpa: dämmerig, dunkel

Dung *da* = der Dünger: Stallmist, Jauche

Dunnara *da* = der Donner; *hiatzt håt's an gscheitn Dunnara gmåcht*

Dunnaweda *'s*: 1. heftiges Gewitter, 2. Krach, Schelte (Donnerwetter); *heint håt's a gscheits Dunnaweda ge(b)m dahoam*

dunnern = donnern

Dunnerståg *da* = der Donnerstag (neuer für *Pfingsta*)

Dunst *da*: 1. Wasserdampf, 2. keinen Dunst haben (keine Ahnung haben)

dunstn: 1. dünsten (mit Wasserdampf erhitzen); *dünste Öpfl* (gedünstete Äpfel), 2. jemanden dunsten (absichtlich lang warten) lassen

Durch *da*: Spielvariante (alle Stiche) beim *Preferanzn* (Kartenspiel)

durchanånd, duranånd, durganånd = durcheinander

durchi, duri: hindurch
durchifrettn: sich so recht und schlecht durchbringen
durchigehn: durchgehen; *låß eahm des net durchigehn!*
durchistrittn: durchstrotten
durchiwuschtln *si* = sich durchwursteln: einigermaßen über die Runden kommen
dürr, dirr: 1. sehr mager, dünn, 2. trocken; *a dürrs Holz*
dur und ån: durch und durch; *da Schråcka is ma dur und ån gånga*
Durscht *da* = der Durst
Dusl *da*: 1. Rausch, 2. Glück; *der håt an Dusl!* (der hat ein Glück!)
dusln = duseln: dösen
Duttl *'s*: Busen, weibliche Brust

- E -

eahm = ihm; *i hån eahm wås ge(b)m*
eahna: ihnen, denen; *des håt eahna bestimmt net gfålln*
eahnta: 1. früher, in früherer Zeit; *eahnta is ma mit de Holzschuah in d' Schul gånga*, 2. eher, lieber; *des gfållt ma schon eahnta*
ebba: etwa, vielleicht
ebbas, ebbs: etwas
E(b)ma *d'*: Ebene
Eck *'s* = die Ecke
eckat: eckig
Eckstübl *'s*: Schlafzimmer an der Ecke des Bauernhofes (war oft das Kinderzimmer)
eggn = eggen
Egn *d'* = die Egge: Ackergerät
eh: ohnehin, sowieso; *is eh leicht* (freilich)
Ehrl *'s* = das Ohr
Ehrlstecha *'s*: Ohrenstechen
Ehrntåg *da*: Hochzeitstag
ehzeit: bald, zur rechten Zeit; *kimmst eh ehzeit wieder?* (kommst du ohnehin bald wieder?)
ei-ei: Kosewort in der Kindersprache; *a Ei-Ei ge(b)m* (Wange an Wange schmiegen zur Liebkosung)
eifern: eifersüchtig sein; *er eifert* (er ist eifersüchtig)
Eimer *da*: Hohlmaß; *zwoa Eimer Most*
eina: herein; *kimm eina!*
einåckern: Mist einackern
einbindtn = einbinden; *d' Hånd einbindtn* (nach einer Verletzung)
einboazn = einbeizen: in eine Beize geben
Einbrenn *d'*: in Fett geröstetes Mehl für Gemüse, Suppen u. dgl.
einbrenna: behalten; *des kånnst dar einbrenna!* (das kannst du dir „an den Hut stecken"!)
Einbrennsuppm *d'* = die Einbrennsuppe
einbrocka = einbröckeln: 1. Brot in die Suppe einbröckeln, 2. sich etwas (Unangenehmes) einbrökkeln; *då hån i ma wås Schens einbrockt* (ein Unheil eingehandelt)

einbüdd: eingebildet; *er håt si's einbüdd* (er hat es so haben wollen)
einbüddarisch: stur; *sei net so einbüddarisch!*
Einbüddung *d'*: Einbildung, Anschauung, Vorstellung; *des is netta a blede Einbüddung va dir!* (das ist eine dumme Anschauung von dir!)
eindecka = eindecken: 1. ein Haus eindecken, 2. sich eindecken (sich mit Vorräten versehen)
eindepschn = eintepschen: eindrücken
eindrahn: 1. eindrehen (die Haare eindrehen), 2. einsperren; *den håm s' eindraht!*
einenga = einengen
einfa(d)na = einfädeln; *tua ma d' Nådl einfa(d)na!*
einfånga = einfangen
einfåhrn: sich verspekulieren, nicht das Gewünschte erreichen; *då bi(n) i gscheit eingfåhrn!*
Einfåhrt *d'*: das Einfahrtstor am Bauernhof (große Bauernhöfe haben haben zwei oder sogar mehrere Einfahrtstore)
einfaschna, einfaschn = einfaschen: den Knöchel einfaschen (bandagieren)
einführn = einführen: Heu oder Getreide in die Scheune einbringen
eingehn: 1. begreifen (meist negativ gebraucht); *des geht ma net ein*, 2. das Kleid ist beim Waschen eingegangen (geschrumpft),
3. einen körperlichen Niedergang erleiden; *eingehn wiar a behmische Lei(n)wat*
Eingmåchte *'s* = das Eingemachte: eingekochte Früchte
eingnaht: eingesperrt; *eahm håm s' zwoa Monat eingnaht*
eingriasln: einschmeicheln
eingschnåppt: beleidigt; *er is glei eingschnåppt*
eingsetztn Zähnt *d'* (Mz.): Zahnprothese
eingsprengt: begeistert; *er wår glei eingsprengt* (er hat gleich begeistert zugestimmt)
eingspritzt: beschwipst, betrunken
Eingsurte *'s*: in die *Sur* (Salzbrühe) gelegtes Schweinernes
einhaun = einhauen: 1. gierig essen, 2. sich bei jemandem einhauen (einschmeicheln), 3. ohrfeigen; *er håt ma oane einghaut*, 4. einschlagen; paß auf, *daß d' Fensterschei(b)m net einhaust!*
einhoazn: 1. einheizen, 2. antreiben; zurechtweisen; *mia wern eahm schon einhoazn!*
eini: hinein
einibåmpfa: 1. viel und hastig essen, den Mund voll stopfen, 2. etwas ungeordnet in eine Tasche hineinpressen
einidrahn: angeben, prahlen
Einifetzer *da*: Angeber; *geh, fetz net so eini!* (gib nicht so an!)
einikinna: hineinkönnen
einila(r)n: hineinleeren
einilegn: 1. hineinlegen; *'s Kind in*

Kindswågn einilegn (das Baby in den Kinderwagen legen), 2. beschwindeln; *der håt mi gscheit einiglegt!*
einipråtschn: tolpatschig wo hineinsteigen; *hiatzt is a schon wieder in de Låcka einipråtscht!*
einirehrn: ein Mädchen „anmachen"; *rehr di net so eini!*
einischliafa: hineinschlüpfen
einitåppm: hineinschlittern, blindlings ins Unheil geraten
einitåtschn: hineintrampeln, hineinfallen; *er is wieder amål einitåtscht*
einitheatern: jemanden *einitheatern* (ihn in eine unangenehme Lage bringen)
einkastln: 1. eine Ziffer *einkastln* (mit einem Viereck umranden), 2. jemanden *einkastln* (einsperren)
einkråma: einhandeln, auserwählen; *wås für an Kunt håt si denn d' Nadl einkråmt?* (welchen Liebhaber hat sie sich denn da angelacht?)
Einlåsser *da*: Maschinist auf der Dreschmaschine, der die losen Getreidegarben in die Maschine hineingleiten läßt
einlåssn: die aufgebundenen Getreidegarben in die Dreschmaschine hineinlassen
Einlauf *da*: Klistier
Einleger *da*: Gemeindearmer (dem von Bauer zu Bauer Kost und Unterkunft gegeben wurde)
einlegn: Kartoffel einlegen (setzen)

einmåcha: 1. einpacken, 2. einsäuern; *Kraut einmåcha*
Einmåchsuppm *d'* = die Einmachsuppe
Einnåhm *d'* = die Einnahme
einnahn: 1. einnähen, 2. einsperren
einrexn: Früchte einwecken
einrübln = einreiben
einsama = einsäumen: Kleider einsäumen
einschaun: 1. beim Versteckspiel *einschaun*, 2. etwas Schlimmes widerfahren; *der håt gscheit eingschaut!*
einschätzn: das gesäte Saatgut eineggen (quereggen, damit es unter die Erde kommt)
einschia(b)m: einstecken, in die Tasche stecken
einschiaßn: einschieben des Brotteiges in den heißen Backofen mit der *Ofaschüssl* (Brotschaufel)
einschlågn: 1. einen Nagel einschlagen, 2. der Blitz hat eingeschlagen, 3. *ba da Resi håt's eingschlågn* (sie ist schwanger)
einschleifa: bremsen (den Leiterwagen)
einsegna: bei einer *Leich* (Begräbnis) wird der Tote im Leichenhaus *ausgsengt* und auf dem Friedhof *eingsengt*
einspånna = einspannen: die Pferde einspannen
Einstånd *da* = der Einstand: den Antritt eines neuen Dienstes oder die Übernahme eines Geschäftes feiern

einstehn: den Dienst (beim Bauern) antreten
einstroafa: einstreifen (den Gewinn einstreifen)
einstuppm: einpudern
einsurn: Fleisch einsäuern (in die *Sur* geben)
eintegln *si*: sich einschmeicheln
Eintrapfsuppm *d'* = die Eintropfsuppe: Suppe mit dünner Eier-Mehl-Teig-Einlage
eintunga = eintunken: 1. das Kipferl in den Kaffee eintunken, 2. jemanden eintunken (ihn schädigen)
einwecka = einwecken: Früchte einwecken
einweicha, einweiha = einweihen (ein neues Gebäude einweihen)
einweni: innen; *ausweni hui, einweni pfui!*
einwoaka: 1. einweichen; *d' Wäsch einwoaka*, 2. jemanden betrunken machen; *den håmma gestern gscheit eingwoakt!*
einzain: einzäunen
Eisbleaml *d'* (Mz.): „Eisblumen" am Fenster an kalten Wintertagen
eiskålt = eiskalt: sehr kalt
Eismånna *d'* (Mz.) = die Eismänner: die Eisheiligen *Pankraz* (12. Mai), *Servaz* (13. Mai), *Bonifaz* (14. Mai), denen die *Kålte Soph* (Sophie, 15. Mai) folgt
Eisn *'s:* Hufeisen; *'s Roß håt's Eisn valorn*
Eisnbåhnerkuah *d'* (scherzhaft): Ziege
Eisnpfluag *da:* Eisenpflug (Nachfolgepflug des Holzpfluges)
Eisnstång *d':* schwere Eisenstange mit einer Spitze, mit der die Löcher für die *Kleehüfl* geschlagen wurden (es gab eine kleinere zum Vorschlagen und die große zum Nachschlagen der Löcher)
Eisnweck *da:* Eisenkeil zum Holzspalten
Eisschiaßn *'s* = das Eisschießen (war früher genauso beliebt wie heute)
Eisstock *da:* Stock zum Eisschießen (meist Birnstinglstock)
Eiszepfa, Eiszåpfa *da:* Eiszapfen
Elfer *d'* (Mz., spöttisch): lange Beine
en: den; *er håt en Huat zruckbråcht*
Engerling *da:* Maikäferlarve
enk, eng = euch: 1. zweite Person Mehrzahl, 2. Anredeform zu Respektspersonen (zu denen früher auch die eigenen Eltern gehörten); *enk bi(n) i ewi(g) dånkbår* (hat man früher beispielsweise zur Mutter gesagt)
ent, entn: drüben
entabei: drüberhalb
entahål: drüben, jenseits
entani: drübere, jenseitige; *'s entani Haus* (das drübere Haus)
entarisch: gruselig, schaurig, unheimlich; *mir is gånz entarisch worn*
entern: drübern; *entern Båh* (drübern Bach)
entsinna *si:* sich erinnern; *i kånn mi net entsinna*

enzlång: sehr lang; *a enzlångs Trumm*
Enziån *da*: Kurzwort für Enzianschnaps
Erd *d'*: Boden, Erdboden; *d' Katzln um d' Erd haun* (früher wurden oft die neugeborenen Kätzchen getötet, indem sie zu Boden geschleudert wurden)
Erda, Irda *da*: alte Bezeichnung für Dienstag
Erdpfl *da* = der Erdapfel: Kartoffel
Erdpflåcker *da*: Kartoffelacker
Erdpfldämpfer *da*: Kessel zum Kartoffelkochen
Erdpflgåbl *d'*: Kartoffelgabel (Gabel mit abgeflachten *Zuakn*)
Erdpflkäfer *da* = der Kartoffelkäfer (diese Schädlinge mußten früher in mühsamer Arbeit händisch „abgeklaubt" werden)
Erdpflnu(d)ln *d'* (Mz.): Kartoffelnudeln (waren früher eine beliebte Speise)
Erdpflquetschn *d'*: Gerät, mit dem in rationeller Weise eine große Menge an gekochten Kartoffeln zu einem *Erdpflsterz* (Schweinefutter) zubereitet werden konnte
Erdpflretzn *d'*: Kartoffelkraut
Erdpflroanl *'s*: Kartoffelacker
Erdpflro(d)ler *da*: Gerät zum maschinellen Kartoffelernten
Erdpflsetzmaschin *d'*: Maschine zum Kartoffelsetzen
Erdpflståmpfer *da*: S-förmiges Eisen mit Stiel zum Zubereiten eines Erdäpfelsterzes (Schweinefutter)
Erdpflsterz *da*: Kartoffelsterz (wurde meist als Schweinefutter verwendet)
Erdpflsuppm *d'*: Kartoffelsuppe
Erdpflzeger *da*: Drahtkorb mit Henkel zum Kartoffelklauben
erg, örg = arg: schlimm, lästig, frech, unbändig; *wås bist denn heint so erg!?*
E(r)l *d'* (endbetont) = die Erle: ein Laubbaum
erla: viel, ziemlich viel; *er håt erla Geld* (viel Geld) *valorn*
erscht = erst: unlängst, vor kurzem
ersch(t) neula: erst neulich
Er(t)l *'s*: 1. kleines Anwesen, 2. kleine Entfernung; *geh nu a Er(t)l mit!* (geh noch ein Stück mit!)
Eschn *d'* = die Esche: ein Laubbaum
Esl *da*: 1. Esel, 2. Schimpfwort; *du bist jå dert a gånzer Esl!*
Eslbänk *d'*: die hinterste Bank im Klassenzimmer
Essi *da* = der Essig (bei den Bauern gab es früher nur den Mostessig)
Essifåßl *'s*: Essigfaß (in das jeweils der im Mostkrug übrig gebliebene Most geschüttet wurde)
Essn *'s* = das Essen; *zan Essn!* (mit diesem Aufruf des *Hausknechts* wurden die übrigen Bediensteten

estamiern

des Bauernhofes aufgefordert, das Mittagessen einzunehmen)
estamiern: schätzen, ehren
etla = etliche: einige
euli: eilig
ex: in einem Zug; *de Hålbe hån i ex trunga*
extri: eigens, besonders, vornehm, wählerisch; *sei net so extri!*

- F -

Fåck *da*: 1. verschnittener (kastrierter) *Saubär*, 2. schmutziger, schweinischer Mensch
Fackerl, Fackl *'s*: 1. Ferkel, 2. Schmutzfink
fad: langweilig, eintönig
fadisiern: langweilen
Fa(d)l *'s*: Ferkel
fa(d)ln: Ferkel zur Welt bringen (werfen)
Fa(d)lsau *d'*: 1. Mutterschwein, 2. Kartenspiel (Kinderspiel)
Fa(d)l schnei(d)n: Ferkel kastrieren
Få(d)n *da* = der Faden
Fähler, Fahler *da* = der Fehler
fäh(l)n = fehlen: 1. abgehen; *mir fäh(l)t wås* (mir geht etwas ab), 2. nicht gesund sein; *wås fäh(l)t da denn?* (welche Beschwerden hast du?), 3. abwesend sein (in der Schule fehlen)
Fåhne *d'*: 1. Fahne, 2. Rausch; *der håt a gscheite Fåhne* (er riecht nach Alkohol)
Fåhrer *da*: Kratzer; *d' Kåtz håt mar an Fåhrer ånghängt* (die Katze hat mich gekratzt)
fåhrma: fahren wir
Fä(l)berstau(d)n *d'*: Weidenbaum
Fåldriån *da*: Maiglöckchen
Fä(l)gn *d'* = die Felge: Radfelge
Falott *da*: Lump, Gauner
fålsch wern: zornig werden
fåltarad: faltig; *a fåltarads Gsicht*
Fång *d'* (Mz): Füße der Raubvögel
fånga = fangen
Fångaspü(l)n *'s*: das Fangenspiel der Kinder
Fångeisn *'s* = das Fangeisen: verbotene Tierfalle
Fårb *d'* = die Farbe: auch Spielkartenfarbe
farbln: beim Kartenspielen die richtige Spielkartenfarbe zugeben
far(b)m = färben: z. B. Ostereier
Får(b)mring *da*: Spielvariante beim *Baurnschnåpsn* (alle fünf Karten von der gleichen Farbe)
Fåsching *da* = der Fasching
Fåschingeingrå(b)m *'s*: Faschingdienstagsbrauch
Fåschingskråpfa *da* = der Faschingskrapfen: Kugelkrapfen
Faschn *d'*: 1. Wickelbinde, 2. Mauerleiste (Fenster)
fasln = faseln: dumm daherreden
Fåß *'s* = das Faß
Fåßdaufl *d'*: Faßdaube
Faßl *'s*: (kleines) Faß
Faßlrutschn *'s*: ein Volksbrauch

Fåßterin *d'*: Magd, die auf dem Erntewagen die Garben oder das Heu in Empfang nimmt und schlichtet
fåßtn: 1. aufladen, einladen; *Mist fåßtn* (Mist auf den Wagen aufladen), 2. fassen, anfassen, schlichten; *Hei fåßtn* (auf der Fuhre das Heu entgegennehmen und schlichten)
fåst = fast: beinahe
fåstn = fasten
Fåstnzeit *d'* = die Fastenzeit
Fåsttåg *da* = der Fasttag
fäu(l) = faul: träge, nicht fleißig
Fäulenzer *da* = der Faulenzer: 1. Nichtstuer, 2. Linienblatt
fäulenzn = faulenzen: (genießerisch) ausspannen, nichts tun
Fäu(l)heit *d'* = die Faulheit
fäu(l)n: stinken; *des fäu(l)t mi ån* (das stinkt mich an, es „zipft" mich an)
Fäu(l)pö(l)z *da* = der Faulpelz: fauler Mensch
Faust *d'*: eine Faust machen; *des paßt wia d' Faust aufs Aug* (ganz und gar nicht)
faustdick: es faustdick hinter den Ohren haben (schlau und durchtrieben sein)
Fäustl *'s*: kurzer Hammer (Maurerwerkzeug)
Fäustling *da*: Handschuh ohne Einzelteile für die Finger
Faustwatschn *d'*: ein Faustschlag ins Gesicht

Faxn *d'* (Mz) = die Faxen: 1. Possen, Scherze, Grimassen, 2. Schwierigkeiten, Umstände machen; *måch koane Faxn!* (treib keinen Unfug!)
feangln: ungeschickt schneiden; *feangl 's Brot net a so zsåmm!*
Feanka *da*: stumpfes Messer
feanzn: foppen, verhöhnen
Fechter *da* = der Bettler
Fechterbänk *d'*: scherzhaft für *Långbänk* (weil ein Bettler üblicherweise nicht zu Tisch gebeten wurde, sondern auf der Bank entlang der Stubenmauer Platz nehmen mußte)
fechtn = fechten: betteln
federleicht: ganz leicht (leicht wie eine Feder)
federn = fordern: ein Guthaben einfordern, mahnen
Federnball *da* (scherzhaft): Schlafengehen während der Faschingszeit; *i geh heint en Federnball* (anstatt auf den Ball, gehe ich zu Bett)
Federnschleißln *'s* = das Federnschleißen: Ablösen des Flaums von den Federkielen (zur Befüllung der Kopfpolster und Tuchenten)
Fegfeir *'s* = das Fegefeuer
Fehra *d'* = die Föhre: Kiefer
feicht = feucht
Feichtn *d'*: Feuchtigkeit
Feida, Feichta *da* = der Feiertag
Feidagwånd *'s*: Feiertagsgewand (dasselbe wie *Sunndagwånd*)

feigln: nicht gelingen wollen; *heint feiglts mi den gånzn Tåg*
Feign *d'*: 1. Feige (eine Südfrucht), 2. weiblicher Geschlechtsteil
fein: vornehm; *a feine Madam* (eine vornehme Frau oder eine Frau, die vornehm tut)
feinboani: feinknochig, zartknochig; *a feinboanigs Kind*
feindsali = feindselig
Feir *'s* = das Feuer
Feiråmd *da* = der Feierabend; *Feiråmd måcha* (die Tagesarbeit beenden)
Feirmål *'s*: Feuermal
Feirmaur *d'* = die Feuermauer: nicht durchbrochene Mauer vom Wohntrakt zum Wirtschaftsteil des Bauernhofes
fei(r)n: feiern
Feirwehr *d'* = die Feuerwehr
Feirwehrhauptmånn *da*: Feuerwehrkommandant (Hauptbrandinspektor)
Fei(t)l *da*: Taschenmesser mit Holzgriff
Fensterkreiz *'s* = das Fensterkreuz: Fensterschutz vor Eindringlingen
fensterln: fensterln gehen (nachts zum Kammerfenster der Angebeteten gehen)
Fensterrieberl *'s*: Fensterreiber (Verschlußvorrichtung)
ferdi = fertig
Ferschn *d'* = die Ferse
fert: voriges Jahr
fesch: hübsch; *a fesche Gre(t)l*
Festmeter *da*: Raummaß für Holz

fett: 1. fett, feist, dick, 2. alkoholisiert; *der is heint gscheit fett!*
Fettn *d'*: 1. Fett, Fettleibigkeit; *eahm hängt d' Fettn übern Bauh åbi* (er ist so dick, daß ihm die Bauchfalte herunterhängt), 2. Rausch; *der håt gestern a gscheite Fettn ghå(b)t!* (er war stockbesoffen!)
Fetz *da*: Angehöriger der untersten Gesellschaftsschicht; *Kaiser, Kini, Fetz*
fetzn: 1. schnell und schlampig schreiben, 2. in großen Flocken schneien; *heint håt's gscheit hergfetzt*
Fetzn *da*: 1. Fetzen, Lumpen, Lappen, Tuch, zerschlissenes Kleidungsstück; *Ausreibfetzn*, 2. Rausch; *i muaß aufpassn, daß i koan Fetzn kriag* (ich muß mich beim Trinken zurückhalten)
Fetznschä(d)l *da*: Schimpfwort
Fetzntandler *da*: Lumpensammler
Fetzntau(b)m *d'* (abwertend): Haustaube (Nicht-Rassetaube)
feuh(l)n: verfehlen, nicht getroffen; *da Jager håt gscheit gfeuh(l)t* (der Jäger hat ein Wild nicht getroffen)
Feu(l) *d'* = die Feile
feu(l)n = feilen
fiabern: 1. fiebern, 2. vor Zorn beben
Fichtn *d'* = die Fichte
ficka, fickn: coitieren
fickri: nervös, ungeduldig
fidä(l) = fidel: lustig, vergnügt

fiesko: ganz und gar; *d' Håår fiesko schnei(d)n låssn* (eine Glatze schneiden lassen)
fifti-fifti = fifty-fifty: halb-halb
filigran: unstabil
fimmatzn: flimmern
Finessn *d'* (Mz): Feinheiten, Eigenheiten, Besonderheiten, Tricks
Fingerhosn *d'*: Fingerhülse aus Stoff oder Leder (als Verband nach Verletzungen)
fingerln: Petting machen
finster: 1. dunkel, 2. ernst; *schau net so finster!* (blick nicht so ernst!)
Finstern *d'* = die Finsternis: Dunkelheit; *in da Finstern hoamgehn* (in der Dunkelheit nach Hause gehen)
Firmgöd *da*: Firmpate; *schwitzn wiar a Firmgöd* (als Firmpate kann man leicht ins Schwitzen kommen, wenn man daran denkt, wie teuer eine Firmung kommt)
Firmgodn *d'*: Firmpatin
First *da*: oberste Dachkante
Fischgra(t)nmuster *'s*: Stoffmuster in Fischgrätenform
Fisch ohne Gra(t)n: Schläge; *na wårt na, du kiagst glei Fisch ohne Gra(t)n!* (Schläge androhen)
fischln = fischeln: nach Fisch riechen
fisln: nagen; *a Boan å(b)fisln* (einen Knochen abnagen)
fixlaudern!, fix nuamål!: Ausruf der Verärgerung

fix und ferdi = fix und fertig: ganz fertig; *i bi(n) fix und ferdi* (ganz geschafft)
Flachl *da*: flatternder Stoff, auffallendes Kleidungsstück; *wås håt denn de heint für an Flachl ån?*
fladern: stehlen
Flankerl *'s*: Wollflankerl; Rußflankerl
Flaschl *'s*: kleine Flasche; *Bierflaschl*
Flåschn *d'*: 1. Flasche (Weinflasche), 2. Ohrfeige, 3. ein Mensch, der eine Ohrfeige verdienen würde; *der Bua is a gånze Flåschn*
Flau(m) *da*: 1. Flaum (weiche Federn) 2. erster Bart eines Jünglings
flaumi = flaumig: eine flaumige (lockere) Bäckerei
Flausn *d'* (Mz.) = die Flausen: den Kopf voller Flausen (Unsinn) haben
Flaxn *d'* = die Flachse: Sehne; *a flaxigs Fleisch* (ein zähes Fleisch)
Fleanschn *d'*: verzogener Mund; *måch da net schon wieder a so a Fleanschn ån!* (schau nicht so bös!)
Fleck *da*: 1. Fleck (Schmutzfleck), 2. Ort, Stelle; *rühr di net van Fleck!*, 3. Nichtgenügend als Schulnote
Fleckerlspeis *d'* = die Fleckerlspeise
Fleckerlteppich *da*: 1. Teppich aus verschiedenen Stoffresten, 2. nichts Zusammenhängendes, Ge-

Flecksuppm

schlossenes; *des is a reiner Flekkerlteppich!* (nichts Geschlossenes)
Flecksuppm *d'*: Beuschel aus *Kudlfleck* zubereitet
Flegl *da* = der Flegel: Lümmel
Flegljåhr *d'* (Mz.) = die Flegeljahre
Fleh *d'* (Mz.) = die Flöhe; *Fleh suacha* (in kleinlicher Art und Weise nach Fehlern suchen)
Flehbei(d)l *da*: Schmarotzer (Schimpfwort)
Flehlei(t)l *d'* (Mz.): einfache Leute; *de zwoa Flehlei(t)l müassn si's zsåmmschaun* (dieses Ehepaar kommt wirtschaftlich gerade so recht und schlecht durch)
Fleischbänk *d'*: 1. Fleischbank (Fleischhauerei), 2. Hosenlatz; *måch d' Fleischbänk zua!* (sagt man, wenn bei jemandem das Hosentürl offen ist)
Fleischbschau *d'*: 1. Fleischbeschau (amtliche Untersuchung geschlachteter Tiere), 2. der Anblick vieler nackter oder leicht bekleideter Menschen
Fleischhåcker *da* = der Fleischhacker: 1. Fleischhauer, 2. roher, grober Mensch
fleischi = fleischig: reich an Fleisch; *a fleischige Hånd* (die Hand einer übergewichtigen Person)
Fleischkåmma *d'*: Raum, in dem das gestochene Schwein tranchiert wird (hauseigene Fleischbank)
Fleischmaschin *d'*: Fleischwolf

Fleischrem *da*: Leiter zum Aufhängen des geschlachteten Schweines
Fleischschåff, Fleischschaffl *'s*: Schaff zum Fleischeinsuren
flenn, flenna: weinen
Fleßl *'s*: der geflochtene Striezel, Gebäck (Mohnflesserl)
fleßln: stark regnen, *heint fleßlts åba*
Fliaga *da* = der Flieger: Flugzeug
fliagn = fliegen
Fliagn *d'* = die Fliege
Fliagnpicka *da*: Fliegenfänger
Fliagnpracka *da*: Fliegenklappe
flicka: 1. flicken, 2. ohrfeigen; *i flick da glei oane*
Flickschåchtl *d'*: Schachtel zum Aufbewahren des Flickzeugs (Nadeln, Zwirn, Schere usw.)
Flieg *d'* (Mz.) = die Flügel
Flinserl *'s*: kleines, glänzendes Metallplättchen
Flitscherl *'s*: leichtlebiges Mädchen, Flittchen
Flitschn *d'*: umherfliegendes, leichtsinniges Weibsbild (dasselbe wie *Flitscherl*)
flittern: sich in den Flitterwochen befinden
Flitterwochan *d'* (Mz.): Zeit nach der Hochzeit
flitzn: schnell laufen
Flockn *d'* = die Flocke: Schneeflocke
Floh *da*: 1. Floh (ein Insekt), 2. ganz leichter Mensch; *du bist a richtiger Floh!*
Flohzirkus *da*: eine Gemeinschaft

aus vielen Eigenbrötlern und Individualisten (die Schwierigkeit besteht darin, den „Flohzirkus" zusammenzuhalten)
Floriån: St. Florian (Marktgemeinde im Ipftal mit knapp 6000 Einwohnern)
Florianer Landl *'s*: Gegend im Umkreis von St. Florian
Florianer Reiterkästen *d'* (Mz.): mit Reiter- und Weintraubenmotiven bemalte Bauernkästen
Floriani Kirda *da*: Kirtag in St. Florian (4. Mai)
Florianitåg *da:* Tag des Hl. St. Florian am 4. Mai
Floß *'s*: ein aus Baumstämmen bestehendes Wasserfahrzeug
fluacha = fluchen
Fluscha *da*: Stichflamme, kurzes Aufflammen
Foam *da*: Schaum; *Bierfoam* (Bierschaum)
foama: schäumen
Foamnu(d)l *d'* (scherzhaft): Schaumrolle
foast = feist: fett, dick
foigerln, foiln: mit dem Feuer spielen, zündeln
folgn = folgen; *folg amål!*
Foppa *da*: Schnuller
foppm = foppen: zum Narren halten
Fotz *da* (abfällig): Mund; *an Fotz ånmåcha* (trotzig, grantig dreinschauen, das Gesicht verziehen)
Fotzhobl *da* (scherzhaft): Mundharmonika

Fotzn *d'* : 1. Schnauze, Rüssel; *a långfotzade Sau,* 2. (derb) menschliches Antlitz; *der håt a Bra(d)lfotzn* (ein feistes Gesicht), 3. Ohrfeige; *wirst glei a Fotzn kriagn!*
Frånzbråndwein *da* = der Franzbranntwein: Weingeist zum Einreiben
Frånzn *d'* (Mz.): Fransen
Frånzos *da* = der Franzos: ein Schraubenschlüssel mit verstellbaren Backen
Fråß *da* = der Fraß: schlechtes, lieblos hergestelltes Essen
Fråtz *da* = der Fratz: ungezogenes Kind
Fräun *d'* = das Fräulein: unverheiratete Frau; *a feine Fräun* (dieser Ausdruck ist eher ironisch gemeint)
Fraunbirn *d'* : Birnensorte, die um den Großen Frauentag (15. August) reift
Fraun-oa *'s*: Ei, das an einem Marienfeiertag gelegt wird (es gilt als geweiht und wird nach dem Volksglauben nicht schlecht)
Frauntåg *da*: Marienfeiertag (der große *Frauntåg* ist der Maria-Himmelfahrts-Tag am 15. August)
Frechdachs *da*: ein keckes Kind oder Tier; *a so a Frechdachs!*
frei: 1. ungebunden, 2. gestatten, erlauben; *i bi(n) so frei* (ich gestatte mir), 3. beinahe; *des is frei z' vü(l)* (beinahe zu viel)
Freida *da* = der Freitag

freigiebi = freigebig: ein freigebiger Mensch (jemand, der gern und viel gibt)
Freilauf *da*: Rücktrittsbremse am Fahrrad
Freiståd(d)l *da*: freistehende Scheune (meist in unmittelbarer Nähe des Bauernhofes)
Fretter *da*: Mensch, der sich ohne Sachkenntnis so recht und schlecht durchs Leben schlägt; *probiern tan d' Fretter* (sagt man zu jemandem, der meint, man sollte etwas probieren)
frettn = fretten: sich notdürftig behelfen
freuli = freilich: allerdings, gewiß
friasn, froisn = frieren
Friedn *da* = der Friede; *gib an Friedn!* (gib endlich Ruhe!)
Frißnigl *da*: Vielfraß (ein Mensch, der vielzuviel ißt)
Frnak *da*: große Nase
Froasn *d'* (Mz.) = die Fraisen: Kinderkrankheit
Fronleichnåmståg *da* = der Fronleichnamstag: Fronleichnam (kirchlicher Feiertag)
Frontlåder *da*: ein am Traktor montiertes Ladegerät
Frosch *da*: 1. Frosch, 2. das über den Faßboden oder Faßdeckel hinausreichende Endstück der Daube, 3. weiblicher Geschlechtsteil
Froschlåcka *d'*: verächtlich für einen Teich mit nicht klarem Wasser
frozzln = frotzeln: necken, hänseln,
zum besten halten
fruah, früah = früh; *heint früah* (heute früh)
Fruahjåhr *'s* = das Frühjahr: Frühling
Fruahstuck *'s* = das Frühstück
Früchterl *'s*: junger, leichtsinniger Mensch; *des is schon a recht a Früchterl!*
Fuada *'s* = das Futter: 1. Viehfutter, Unterfutter (Rockfutter)
Fuadalucka *d'*: Futterlucke (dasselbe wie *Gsodlucka*)
Fuadamahn *'s*: das Grünfuttermähen
Fuadamaschin *d'*: Häckselschneidmaschine
Fuadaneid *da*: das Drängen und Raufen um das Futter (nicht nur Tiere haben einen „Futterneid")
Fuadastock *da*: Gerät zum Schneiden des Viehfutters (dasselbe wie *Fuadamaschin*)
fuadern = füttern: das Vieh füttern
Fuaß *da*: 1. Fuß, 2. Bein (in der Mundart wird üblicherweise auch zum Bein Fuß gesagt)
Fuaßåbstroafa *da* = der Fußabstreifer
Fuaßbåll *da*: 1. der Fußball, 2. der Fußballsport
Fuaßbåller *da* = der Fußballer: Fußballspieler
Fuaßgas *'s*: Fußgashebel am Kraftfahrzeug
Fuaßgeher *da* = der Fußgänger
Fuaßhagln *'s*: ein Wettspiel ähnlich dem „Fingerhakeln"

fuaßln = füßeln: sich heimlich mit den Füßen berühren

Füaßlsuppm *d'*: Klachelsuppe (Suppe mit *Sauhaxn*)

Fuaßn *d'*: kleine, mit dem Eisstock gemachte Kerbe im Eis, um beim Eisstockschießen Halt zu finden

Fuaßråster *da* = der Fußraster: Fußstütze am Motorrad

Fuchs, Fux *da*: 1. Fuchs, 2. rotbraunes Pferd, 3. ein schlauer Mensch

Fuchslucka *d'*: Fuchsbau

fuchsn, fuxn = fuchsen: nicht gelingen; *des håt mi gscheit gfuchst* (es wollte nicht gelingen)

Fuchsschwånz *da* = der Fuchsschwanz: eine kurze, breite Handsäge

fuchsteuflswü(l)d = fuchsteufelswild: sehr zornig

Fuchs und Henn: „Fuchs und Henne" (Gesellschaftsspiel, Kinderspiel)

fuchti = fuchtig: wütend, zornig, aufgebracht

Fuchtl *d'* = die Fuchtel: herrschsüchtiges Weib; *er steht unter ihrer Fuchtl* (er steht unterm Pantoffel)

fuchtln = fuchteln: mit den Händen viel gestikulieren

Fuchzga, Fufzga *da*: Fünfziger; *a fålscher Fuchzga* (ein unehrlicher Mensch)

fu(d)ln: unangenehm nach weiblichem Sexualorgan riechen

Fuhr *d'* = die Fuhre: eine Fuhre Heu

führn: transportieren, befördern

Fuhrwer *'s* = das Fuhrwerk: Pferdewagen, Transportfahrzeug

fuhrwerka, fuhrwera = fuhrwerken; *der fuhrwerkt wiar a Wü(l)der*

Fü(l)z *da* = der Filz: 1. Stoff aus Wolle und Tierhaaren zur Huterzeugung, 2. Bauchfett der Schweine

fü(l)zn = filzen: plündern, das Geld aus der Tasche ziehen

Fü(l)zpåtscha *da*: Filzpatschen (Hausschuh aus Filz)

Fümml *da* = der Fimmel: leidenschaftliche Begeisterung; *an Fümml für wås hå(b)m*

fummln = fummeln: sich (unsachgemäß) an etwas zu schaffen machen

funklnåglnei = funkelnagelneu: ganz neu

Funkn *da* = der Funke

Funserl *'s*: kleine Flamme

Funsn *d'*: 1. schlecht brennende Kerze oder Lampe, 2. dumme, anmaßende Frau

füra: hervor, nach vor; *kimm füra!* (komm nach vor!)

füråckern: den *Åniwåndta* ackern

fürakemma: hervorkommen, zum Vorschein kommen; *da Schlüssl is wieder fürakemma* (er wurde gefunden)

füraloan: vorlehnen; *loan di füra!*

füranåndbringa: Schwierigkeiten meistern, alles in „eine Reihe" bringen
füranåndgehn: 1. aneinander vorbeigehen, 2. aushelfen, sich gegenseitig helfen (z. B. wenn sich die Bauern bei der Heuernte gegenseitig helfen)
füranåndkemma: gut miteinander auskommen; *mia sand oiweu guat füranåndkemma*
füranåndkenna: unterscheiden können; *de Zwülling sand frei net zan Füranåndkenna* (man kann sie fast nicht voneinander unterscheiden)
Fürbänk *d'*: tragbare Bank ohne Lehne (die beiden *Fürbänk* standen am Stubentisch zur Raummitte hin)
fürbaun: am Ackerrand säen (z. B. am Ackerrand des Zuckerrübenfeldes Hafer anbauen)
Fürbitt *d'* = die Fürbitte: Gebet für andere
fürfåhrn: überholen; *håst ma net fürfåhrn kinna?* (konntest du mich nicht überholen?)
Fürfåll *da*: Gebärmuttervorfall bei Kühen
Fürfleck *da*: Männerschurz
fürge(b)m: den Pferden außerhalb der üblichen Fütterungszeiten Heu geben (meist vor dem Zubettgehen)
fürgehn: 1. vorbeigehen; *i hån 'n fürgehn gsegn* (ich sah ihn vorbeigehen), 2. bevorgehen, vorausahnen; *des is ma schon lång fürgånga*
Furh *d'* = die Furche (Ackerfurche)
fürhål(t)n: vorhalten, vorwerfen; *er håt ma des lång fürghål(t)n*
Furh ziagn: eine Furche mit dem Pflug ziehen (z. B. zum Kartoffeleinlegen)
füri: nach vorne(hin), vorwärts
Furie *d'*: böses Weib
fürigehn: 1. in der Kirche nach vor gehen, um die Kommunion zu empfangen, 2. die Uhr geht vor, 3. dasselbe wie *fürisegna*
füriloan: nach vor lehnen; *i hån mi fürigloant*
füririchtn: 1. die Uhr vorstellen, 2. *d' Wa(d)l füririchtn* (etwas ahnden, jemanden bestrafen)
Fürkafa *da*: „Vorkäufer", Zwischenhändler (landwirtschaftlicher Produkte)
fürkemma: 1. überholen, schneller sein; *i bi(n) eahm ba da Årbat fürkemma*, 2. zuvorkommen; *er is ma ba den Gschäft fürkemma*, 3. widerfahren; *des is ma nu nia fürkemma* (so etwas habe ich noch nie erlebt), 4. scheinen; *mir is fürkemma, daß i eahm schon åmal gegnt bi(n)*
fürnehm (scherzhaft): vornehm
fürnehma = vornehmen: sich etwas vornehmen; *es is netta ums Fürnehma*

fürrupfa: vorhalten, vorwerfen
fürschling: vorwärts, voran; *in fürschling gehn* (vorwärts gehen)
fürschrein: vorhalten, vorwerfen; *des brauchst ma net fürschrein!*
fürsegna: die Wöchnerin in der Kirche segnen (sechs Wochen nach der Geburt, durch welche die junge Mutter „verunreinigt" war, wurde sie vom Priester von der Sakristei aus nach vor zum Altar geleitet und gesegnet)
Fürsetz *d'*: Teil des Holzpfluges, mit dem man die Furchentiefe regeln kann
fürspånna = vorspannen: Pferde vorspannen
fürspoacha: großen Schrittes einhergehen
fürstehn = vorstehen; *des Bre(d)l steht a weng für*
fürsteign: einen Schritt machen
Furt *d'*: seichter Bach- oder Flußübergang
Fürta, Firta, Firda *'s*: Frauenschürze
Fusl *da* = der Fusel: schlechter Branntwein
Fut *d'*: der weibliche Geschlechtsteil
Futlapperl *'s*: Schamlippe
Fuzerl *'s*: ein winziges Stück
fuzln: klein und daher unleserlich schreiben

- G -

Gaberl *'s*: kleine Gabel (Kuchengabel)
Gåbl *d'* = die Gabel: Eßgabel, Heugabel
Gåblheiwender *da*: pferdegezogenes Heuwendegerät
Gåblholz *'s*: Gabelstiel; *des Kind wåchst wia's Gåblholz* (sagt man scherzhaft, wenn ein Kind im Wachstum gegenüber gleichaltrigen Kindern zurückbleibt)
gach, gah: jäh, schnell
gachblond: weißblond
gachzorni, gahzorni = jähzornig
gack (Kindersprache): schmutzig
gackn (Kindersprache): Notdurft verrichten
Gaderbett *'s* = das Gitterbett
Gådern *da* = das Gatter: Zauntor bei der Einfriedung
gåffa = gaffen: neugierig und untätig zuschauen
Gåffer *da* = der Gaffer
ga-ga (Kindersprache): Notdurft verrichten (dasselbe wie *gackn*)
gågatzn: 1. gackern, 2. hüsteln, sich oft räuspern
gagerlgelb: dottergelb
Gågl *da*: ein sich in schlechtem Zustand befindliches Fahrzeug
Gåglåck *da*: Figur beim Kegelscheiben
Gåglwer *'s*: filigranes, wackeliges, unsicheres Gebilde

Gai 's = das Gäu: Geschäftsrayon des Viehhändlers, Fleischhauers, Bäckers usw.; *der is eahm ins Gai gånga* (der ist ihm ins Gehege gekommen)
gål? = gelt?: nicht wahr? (Fragewort bei Erwartung zustimmender Antwort)
Gå(l)gn *da*: 1. Galgen, 2. Gestell zum Heraufziehen einer Last
Gålgnfrist *d'* = die Galgenfrist: letzte noch gewährte Zeitspanne
Gålgnhamor *da* = der Galgenhumor: Humor trotz mißlicher Lage
Gåll *d'* = die Galle; *eahm is d' Gåll überganga* (er wurde zornig)
gållhamdi: gallhantig
Galopp *da*: schnellste Gangart des Pferdes
Galoschn *d'* = die Galosche: Überschuh aus Gummi
Gä(l)tsgod!, Gä(l)t's God!: Kurzform von „Vergelt's Gott!" (Ausdruck des Dankes)
Gamaschn *d'* = die Gamasche: eine Leder- oder Stoffbekleidung des Beins
gampi: lüstern
Gams *d'* = die Gemse
Gamsbårt *da* = der Gamsbart: Hutschmuck aus dem Rückenhaar des Gamsbocks
Gamü(ll)ntee *da* = der Kamillentee
Gånesl *da*: Gänserich (männliche Gans); *paß auf, daß di da Gånesl net pledert!*
Gång *da*: 1. Durchgang, Vorraum, 2. Gehweise, 3. Gang im Schaltgetriebe, 4. Spielvariante beim Viererschnapsen (Kartenspiel)
gång und gäbe = gang und gäbe: allgemein üblich, gebräuchlich
Gankerl *da*: übermütiges, kleines Kind, Bosheitsteuferl
Gåns *d'*: 1. Gans, 2. Mädchen, das sich kindisch benimmt; *a so a blede Gåns!*
gånz: 1. ganz; *a Stückl Wurscht im gånzn*, 2. ziemlich, einigermaßen; *der Most is gånz guat* (der Most ist nicht übel, nicht schlecht)
går = gar: 1. *'s Geld is går* (das Geld ist ausgegangen), 2. *går net* (bestimmt nicht)
Garasch *d'* = die Garage
Gåraus *da* = der Garaus: jemandem den Garaus machen (ihn töten, vernichten)
Går(b)m *da*: ein sich in schlechtem Zustand befindliches Fahrzeug (Fahrrad)
Går(b)m *d'* = die Garbe: Getreidebund
Går(b)mgåbl, Gårbgåbl *d'*: kleine Gabel mit langem Stiel (mit der man die Garben auf den Wagen *aufge(b)m* kann)
Gårn *'s* = das Garn: Strickgarn, Häkelgarn
gärn = gären: zu Alkohol werden
Garnischn *d'* = die Karniese: Vorrichtung zum Aufhängen der Vorhänge
går nix = gar nichts: überhaupt nichts

gårschti = garstig: ein garstiges (schlechtes) Benehmen; *gårschti måcht foast* (wenn einem beim Essen nichts zu schlecht ist, kann man dick werden)
Gar(t)l *'s*: Gemüsegarten
Går(t)n *da* = der Garten: Obstgarten
Går(t)nbänk *d'*: Gartenbank, Bank vor der Haustüre
Går(t)ntür *d'*: Haustür
Gas *'s*: 1. luftförmiger Körper, 2. Geschwindigkeitsregler beim Kraftfahrzeug; *Gas ge(b)m*
Gassl *'s*: kleine Gasse
Gåssn *d'*: 1. Gasse (schmale oder kurze Straße), 2. *über Gåssn vakafa* (zum Mitnehmen verkaufen), 3. *in d' Gåssn schei(b)m* (die Kugel beim Kegeln so schieben, daß sie zwischen erstem und einem der beiden vorderen *Pååre r* rollt und so möglichst viele Kegeln fallen)
Gåssntor *'s* = das Gassentor: das große, straßenseitige Einfahrtstor des Bauernhofes
Gatsch *da*: dicker Brei, schmutzige Masse, Straßenkot, Schneematsch
gatschi: matschig
Gatschweda *'s*: „Gatschwetter" (starker Regen- oder Schneefall)
Gattihosn *d'*: lange Männerunterhose (war früher meist aus Leinen)
Gåttung *d'* (abschätzig): Abstammung, Herkunft; *a so a Gåttung!*
Gaudi *d'*: Hetz, Lustbarkeit, Fröhlichkeit, Ausgelassenheit; *auf da Gaudi sein* (immer unterwegs sein)
Gauner *da*: 1. Gesetzesbrecher, 2. Hallodri, 3. liebevoll für streunenden Kater; *des is a Gauner*
Gaustera *da*: Hektiker
gaustern: hastig, übereilt und unüberlegt handeln
Geahnlöffl *da*: Gaffer, Maulaffe
Geahnlöfflsunnda *da*: Sonntag nach Maria Lichtmeß (nach dem Dienstbotenwechsel am 2. Februar waren beim Kirchgang alle neugierig, bei welchen Bauern die Knechte und Mägde gelandet waren)
ge-berg: bergauf, in die Höhe; *mir stengan d' Håår geberg*
Gebläse *'s*: Gerät zum Heu- oder Strohabladen
Gedånga *da* = der Gedanke
gegna: begegnen
gegnan = gegen; *mir geht des gegnan Strich*
gegnanånd = gegeneinander
Gegnd *d'* = die Gegend
Gegnteu(l) *'s* = das Gegenteil
Gehad Schuasta *da*: ein unruhiger, rastloser Wanderer (Ahasver)
gehnlåssn: 1. in Ruhe lassen, 2. sich gehen lassen
Gehwer *'s*: die Füße; *er is mitn Gehwer schlecht banånd* (er hat ein Fußleiden)
geiern: auf etwas gierig sein
geil: lüstern
geina: loben, rühmen; *für des muaß*

Geist

i di a weng geina (sagt man, wenn jemand eine gute Leistung erbracht hat)
Geist *da*: 1. Spukgestalt, 2. Alkoholgehalt; *der Tee håt an gscheitn Geist!* (wenn viel Rum hineingegeben wurde)
geistern: spuken
Geistli Herr *da*: Kooperator
Geizkrågn *da*: ein geiziger Mensch
gelbalat, gä(l)balat: gelblich
Geldbei(d)l *da*: Geldbeutel
geldi: reich, geldig
Geldsau *d'*: reicher Mensch
Geldscheißer *da*: keinen *Geldscheißer* haben (niemanden haben, der einem Geld gibt); *glaubst i hån an Geldscheißer?* (sagt man, wenn man ständig um Geld angepumpt wird)
gemma: gehen wir
Georgitåg *da*: Tag des Drachentöters St. Georg (24. April)
Germ *d'*: Backhefe
Germtoag *da* = der Germteig
Ge(r)n *d'* (Mz.): die gegen den Rand des Feldes zu kürzer werdenden Ackerfurchen
Gerschtl *'s*: Geld
Gerschtn *d'* = die Gerste: Getreide
ge-tål: talwärts, bergab
geuli: fett; *des Essn is ma z' geuli* (das Essen ist mir zu fett)
Gfåhr *d'* = die Gefahr: Gefährdung
gfåhrli = gefährlich
Gfälligkeit *d'* = die Gefälligkeit
gfälligst = gefälligst
gfålln: im Krieg gefallen

Gfålln *da* = der Gefallen: er tut mir einen Gefallen
gfåltarad: faltig
Gfasl *'s* = das Gefasel: dummes, leeres Gerede
gfåßt = gefaßt; *i bi(n) auf ois gfåßt*
gfeanzt: spöttisch, zynisch
Gfeiglat *'s*: Schwierigkeiten, Probleme; *a so a Gfeiglat!*
gfeit = gefeit; *gegn des is neahmd gfeit*
gfeuh(l)t: gefehlt; *er håt gfeuh(l)t wiar a Schlosser* (er hat nicht getroffen)
gfleckad: gefleckt, fleckig
gflickt: geflickt; *d' Hosn is schon gflickt*
Gflügl *'s* = das Geflügel
Gfråß *da*: dasselbe wie *Fråß* (schlechtes Essen)
Gfraßt *'s*: Lümmel, Flegel, schlimmes Kind; *du bist schon a rechts Gfraßt*
gfrein: freuen
gfrern = gefrieren
Gfrett *'s*: Plage, Ärger, Mühe; *des is a Gfrett!*
Gfrier *d'*: die gefrorene Erde, Frost; *in Fruahjåhr geht d' Gfrier auf*
Gfrieß *'s*: 1. Gesicht, Fratze; *Gfrießer schnei(d)n* (Grimassen machen), 2. schlimmes Kind; *a so a kloans Gfrieß!*
Gfüh(l) *'s* = das Gefühl
gfunkt: gefunkt; *ba de zwoa håt's gfunkt* (sie sind ein Liebesverhältnis eingegangen)

Gfuzlad *'s*: kleines und daher unlerserliches Geschreibsel
ghå(b)d: gehabt; *gestern håt's schon an Reiff ghå(b)d*
Ghack *'s*: Häcksel (klein geschnittenes Heu und Stroh als Pferdefutter)
Ghåderat *'s*: Fetzen, Lumpen
ghål(t)n: 1. behalten, 2. rekrutieren; *eahm håm s' ghål(t)n* (er wurde von der Stellungskommission für tauglich befunden)
ghaschplt: gestolpert; *i hån mi ghaschplt*
Ghäus *'s* = das Gehäuse: Uhrgehäuse
ghern: 1. gehören (dieses Buch gehört mir), 2. geziemen, schicken; *des ghert si net*, 3. angehören; *wen gherst denn du?* (wer sind denn deine Eltern?)
Ghertsi *da*: Betragen, Benehmen, Schamgefühl; *håst du koan Ghertsinet?* (hast du kein Schamgefühl?)
ghoaßn: verheißen, versprechen; *er håt mas ghoaßn* (er hat's mir versprochen)
Ghudlat *'s*: Hudlerei
Ghüffa *da*: Gehilfe, Helfer; *hiatzt kriagn ma an Ghüffa*
ghupft: gehüpft; *ghupft wia gsprunga* (es bleibt sich gleich)
Ghürnt, Ghirnt *'s*: Gehörn (Hörner des Rindes oder der Ziege)
ghürntad: gehörnt; *a ghürntade Goaß* (eine Ziege mit Hörnern)
giaßn: 1. gießen (Pflanzen gießen), 2. in Strömen regnen

Gibher: *der is net va Gibher, der is va Ghåltmassäl(b)m* (sagt man, wenn einer überhaupt nicht freigiebig ist, sondern alles selbst behalten will)
Gicht *d'*: eine Krankheit
Gick *da*: kleiner (zweirädiger) Wagen
Gickeriki *da* (Kindersprache): Hahn; *gickeriki!* (den Hahn nachspotten, wenn er kräht)
Gickerl *da*: Hahn; *da Gickerl schreit* (der Hahn kräht)
Gieraß *da*: ein gieriger Mensch
gifti = giftig
giftn = giften: ärgern; *des wirdn giftn!*
gigatzn: stottern
Gigl und Gågl *da*: einmal der *Gigl* und einmal der *Gågl* (einmal der eine und einmal der andere)
Gimpl, Gümpl *da*: 1. Gimpel (Vogel), 2. dummer Mensch
Gizzi *da*: Jähzorn; *da påckt mi da Gizzi!*
Glåchat, Glåcharat *'s* = das Gelächter; *des blede Glåcharat geht ma auf d' Nervm*
Glander *'s* = das Geländer: Stiegengeländer
glångt: reicht, genug; *es glångt* (es reicht)
glånzn = glänzen; *glånzn wir a gwichster Hundsbei(d)l* (sagt man, wenn etwas auf Hochglanz gebracht wurde)
glåsad = glasig; *du håst jå gånz glåsade Augn!* (dir stehen ja die

Glåsaugn

Augen unter Wasser!)
Glåsaugn *d'* (Mz., spöttisch): Augengläser (Brille)
Glåserer *da* = der Glaserer; *is dein Våda a Glåserer?* (fragt man ironisch, wenn jemand die Aussicht verstellt)
Gläserkastl *'s*: Aufsatzkasten mit Glastüren für die Schaugläser; *stö(ll) da's ins Gläserkastl!* (sagt man, wenn jemand aus Angst, es könnte beschädigt werden, etwas nicht herborgen will)
glåsklår = glasklar: ganz klar
glåtzad: 1. glatzköpfig, 2. abgefahren; *a glåtzada Reifm*
Glåtzn *d'* = die Glatze
glau(b)m = glauben; *wer's glaubt wird säli* (einer Nachricht skeptisch gegenüberstehen)
Gleger *'s*: Bodensatz bei Most und Essig
glei = gleich; *glei und glei gsö(ll)t si gern* (die Gleichgesinnten finden meist zusammen)
Gleichnbam *da*: bunt geschmückter kleiner Tannen- oder Fichtenbaum, der bei der *Gleichnfeier* auf den Dachfirst genagelt wird
Gleichnfeier *d'* = die Gleichenfeier: Fest der Dachgleiche
glenga, glånga: reichen, gelangen, heranreichen; *i kånn net glenga* (ich kann nicht so weit reichen)
Glengat *d'* = die Gelegenheit
glimpfli = glimpflich
Gloast *'s*: ausgefahrene Radspur in einem Feldweg

globt: gelobt: *i hån's Mensch heint globt!*
glosn = glosen: glimmen, glühen
glüahn, gliahn = glühen
glüahrot: ganz rot (im Gesicht)
Gluat *d'* = die Glut
Gluatstock *da*: Glut, nachdem das Feuer erloschen ist
gluchzn: glucken (Lockruf der Gluckhenne); *a gluchzade Henn* (eine Henne, die Eier ausbrüten will)
Glucka (Mz.) *d'*: Augen; *daß da hålt deine Glucka net aussafålln!* (verschau dich nicht!)
glucksn = glucksen: ein glucksendes Wasser
Glühwürmchen *'s*: 1. Leuchtkäfer; *Sunnawendkäferl*, 2. Likör
Glumpat *'s*: wertloses Zeug, schäbige Sachen
Gmachtl *'s*: Mehl-Wasser-Gemisch zum Eindicken von Suppen und Soßen
gmahde Wiesn *a*: Ziel, das ohne besonderen Aufwand erreicht werden kann; *des is a gmahde Wiesn*
Gmeindestier *da*: spöttisch für einen Schürzenjäger oder Vater vieler außerehelicher Kinder
Gmoan *d'* (veraltet): Gemeinde
Gmiad *'s* = das Gemüt
gmiadli = gemütlich
gmolcha: gemolken
gmua: genug (dasselbe wie *gnua*)
Gnack *'s* = das Genick; *oan 's Gnack umdrahn* (jemandem das Genick umdrehen, ihn vernichten)

Gnackwatschn *d'*: Schlag auf das Genick

gnädi: 1. gnädig; *de Gnädige* (spöttische Bezeichnung für eine eingebildete Frau), 2. eilig; *i hån's heint schon gnädi* (ich bin in Eile)

Gnåstarat *'s*: Geäst (Astwerk ausgeasteter Bäume)

gneißn: erkennen, bemerken, durchschauen

gnua = genug (dasselbe wie *gmua*)

gnumma = genommen

Goam *da* = der Gaumen

Goaß *d'* = die Geiß: Ziege, Rehgeiß; *a blede Goaß* (eine dumme Frau)

Goaßbårt *da*: 1. Ziegenbart, 2. (scherzhaft) Kinnbart

Goaßbemmerl, Goaßbehnl *'s*: Exkremente der Ziege (kleine runde Küglein)

Goaßbock *da*: Ziegenbock (männliche Ziege)

Goaßfuada *'s*: Ziegenfutter

Goaßkas *da*: Ziegenkäse

goaßln: nach Ziege riechen; *de Mü(lch) goaßlt*

Goaßmehl *'s*: Kleie, die früher den Ziegen verfüttert wurde

Goaßmü(lch) *d'*: Ziegenmilch

Goaßsechta *da*: Holzschaff zum Ziegenfüttern

Goaßståll *da*: Ziegenstall

God *da* = der Gott: in der Mundart wird meist das Wort *Herrgod* (Herrgott) verwendet

Göd *da*: Tauf- oder Firmpate

Goder *da*: Doppelkinn; *en Goder kråtzn* (jemandem schmeicheln, ihm schöntun)

Godn *d'*: Tauf- oder Firmpatin

Godnbüxn *d'*: die vom Paten oder der Patin erhaltene Sparbüchse

Godnkind *'s*: Patenkind

Godnküpfl *'s*: ein großes Weißbrotkipferl mit eingebackenen Weinbeeren, das die *Godnkin(d)a* von ihren Paten am *Godntåg* erhalten

Godnleit *d'* (Mz.): das Patenehepaar

Godnsåcha *d'* (Mz.): Geschenke der Paten am *Godntåg*

Godntåg *da*: Besuchstag (Ostersonntag oder Ostermontag), an dem die *Godnkin(d)a* die *Go(d)nleit* besuchen und bewirtet bzw. beschenkt werden

Godsnåm *in*: „in Gottes Namen" (Segenswunsch); *nimm da's hålt in Godsnåm!*

Goiserer *da*: schwerer, genagelter Bergschuh

Golasch *'s* = das Gulasch

Golda Hohzat *d'* = die Goldene Hochzeit: Fünfzigjahrfeier der Eheschließung

Golda Rößl *'s*: früher ist anstatt dem Christkind das *Goldane Rößl* am Heiligen Abend gekommen und hat die Kinder beschenkt (freilich nicht mit so tollen Geschenken wie heute)

Golda Sunnda *da*: Sonntag vor dem Christtag

Goldgrua(b)m *d'* (scherzhaft):

Goldhau(b)m

Möglichkeit, viel Geld zu verdienen; *des is a wåhre Goldgrua(b)m*
Goldhau(b)m *d'* = die Goldhaube: zur Festtracht gehörige Kopfbedeckung für Frauen
Goldranettn *d'* = die Goldreinette: Apfelsorte
Göppl, Göppi *da*: eine Antriebsvorrichtung (z. B. für eine Dreschmaschine)
Göpplhüttn *d'*: Flugdach als Wetterschutz für den *Göppl*
goschat: großsprecherisch, prahlerisch
Goschn *d'* = die Gosche: 1. Maul, 2. Mund, Mundwerk; *er håt mar a Goschn ånghängt* (er hat mich wüst beschimpft), 3. Gesicht; *i hau da oane in d' Goschn* (eine Ohrfeige androhen)
Goß *d'*: 1. viereckiger Holzschacht, in dem das *Ghack* von der *Schabbih* in den Roßstall transportiert wurde, 2. Mühlentrichter
Gössn *d'* = die Gelse
Gössndübl *da*: Gelsendippel (angeschwollener Gelsenstich)
gotakoat: gewissermaßen, sozusagen, gleichsam; *er håt d' Hånd aufghål(t)n, gotakoat, i sollt eahm wås schenga*
grab: grau; *es wird schon grab* (es wird schon hell, es dämmert schon)
grabalad: gräulich
Graberl *'s*: kosend für graue Katze
Gräbl (Mz.) *d'*: 1. Krallen, Krallenfüße; *Heahngräbl*,

2. Finger (Hände)
Gråbler *da*: langsamer, trödelnder Mensch
gråbln: trödeln, langsam und umständlich arbeiten
gräbln: greifen
Gråblsåck *da*: Trödler (langsamer, trödelnder Mensch)
grå(b)m = graben; *Erdpfl grå(b)m* (Kartoffel mit der Mistgabel ernten)
Grå(b)m *da* = der Graben: Straßengraben
grabschä(d)lad: grauhaarig
Gråbstoan *da* = der Grabstein; *rehr mi net ån wiar an Gråbstoan!* (wein dich nicht aus bei mir!)
gråd: 1. gerade (schnurgerade) 2. ehrlich; *a gråder Michl* (ein ehrlicher Mensch), 2. soeben; *er is gråd då gwen* (er war soeben hier)
Grådarat, Grödarat *'s*: Räderwerk am Holzpflug
grådaus: 1. geradeaus, 2. genau; *grådaus zehn Kilo*
Grådewohl *'s* = das Geratewohl: aufs Geratewohl (auf gut Glück)
Gra(d)l *da*: Gewebe mit Fischgrätenmuster
grå(d)n: 1. gelingen; *des is ma grå(d)n* (das ist mir gut gelungen), 2. irgendwohin geraten; *i woaß net, wohin i grå(d)n bi(n)* (ich weiß nicht, wohin ich gekommen bin), 3. entraten, entbehren, verschmerzen; *i kånn en Wein grå(d)n*
Gra(d)n *d'*: 1. Granne (borstenarti-

ger Fortsatz an der Ähre), 2. Gräte (Fischgräte)

Grafflwer *'s*: wertloses Zeug, Gerümpel

Gramml *d'* = die Grammel: knuspriger Rückstand des ausgelassenen Schweinespecks

Grammlknö(d)l *da*: Grammelknödel

Grånder *da*: Wassertrog, Brunnenbecken

grandi = grantig: übelgelaunt

Grånigl *da*: dasselbe wie *Grantscher(b)m*

Grant *da*: schlechte Laune, Mißmut

Grantscher(b)m *da*: mürrischer Mensch, jemand der *grandi* ist

Gråsflieg *d'*: Flugdach an der Außenmauer des Kuhstalls (zum Abstellen einer Heufuhre)

gråsgrean = grasgrün

gratschn: klettern

Gratschpeda, Gratschapeda *da*: „Klettermaxe" (einer, der gerne wo hinaufklettert)

Graukerla *da*: abschätzig für alten Mann

Grausbirn *d'*: *mir steign d' Grausbirn auf* (mich gruselt's, ich empfinde etwas fürchterlich)

grausli = grauslich: ekelhaft, unangenehm

grausn = grausen: ekeln; *mir graust*

Grausn *da*: Ekel, Abscheu; *i hån mar an Grausn gessn* (ich habe mich übergessen)

grea, greha: gerade

greammln: 1. mit den Zähnen knirschen, 2. ein nicht synchronisiertes Getriebe kann *greammln* (ein Schaltgeräusch erzeugen)

grean: 1. grün, 2. jung, frisch, 3. unreif; *a greans Obst* (unausgereiftes Obst); *greane Strümpf hängan ban Ofa!* (Achtung beim Sprechen, Kinder hören mit!), 4. *a greans Fleisch* (ein gesottenes Schweinefleisch)

Greanbaurnsuacha *'s*: „Pik-Ober-Suchen" (Kartenspiel, bei dem oft ein Feldhase in der Sauce ausgespielt wird)

Greandunnerståg *da* = der Gründonnerstag

Greanfuada *'s*: Grünfutter; *Greanfuada mahn* (Grünfutter mähen für die Tiere)

greanspani = grünspanig: grünspanig gewordenes Kupfer

Greanspecht *da* = der Grünspecht: ein Vogel

Greanzeig *'s* = das Grünzeug: Suppengrün

Greberl *'s*: 1. kleine Kralle; *Schergreberl*, 2. kleines Messer

Gred, Gre(d)n *d'*: schmaler, gepflasteter oder betonierter Steig entlang des Hauses

Gredat *'s* = das Gerede: Nachrede, Tratsch

Gre(d)l *d'*: oftmals Bezeichnung für Dirndl schlechthin; *a saubere Gre(d)l*

Gre(d)lfrisur *d'*: als Haarkranz um den Kopf gelegte Zöpfe

Greifer *da*: Abladegerät für die Getreidegarben in der Scheune (Greiferaufzug mit Laufwagen)
greina, grein = greinen: schimpfen, zurechtweisen; *i hån Greinats kriagt* (ich wurde ausgeschimpft)
Greißler *da*: Krämer, Gemischtwarenhänder
Griaberl *'s* = das Grüberl: (Grübchen an der Wange oder am Kinn)
griabi, griawi: rührig, munter, aufgeweckt, trollig; *a griabigs Kind*
Grias *da* = der Grieß: feingemahlener Getreideschrot
Griasåpfl *da*: Grießapfel (eine Apfelsorte)
Griaskoh *'s*: Grießkoch: stand oft auf dem bäuerlichen Speisezettel
griaslad: grießkörnig
griasln: schmeicheln, schöntun
Griasnockerlsuppm *d'* = die Grießnockerlsuppe
Griassåck *da*: Schmeichler, Schmeichelkätzchen
Griasschmårrn *da*: Grießschmarren
Griff *da*: Vorrichtung zum Anfassen oder Halten (Werkzeug, Fahrrad etc.)
griffi = griffig: griffiges (etwas körniges) Mehl
Grind *da*: 1. Schorf (Hautkrankheit), 2. starke Körperverschmutzung
grindi: 1. grindig (den Schorf haben), 2. allgemeine Bezeichnung für Kopf- oder Körperverschmutzung; *wasch di amål, du bist jå schon grindi!*
Grindl *'s*: 1. Pflugbaum (des Holzpfluges), 2. Mühlradachse
gring: leicht; *der Bua is vü(l) z' gring* (viel zu leicht)
Grischperl *'s*: schwaches Geschöpf
Grispindl *'s*: schmächtiges Wesen
Griß *'s*: Andrang, Nachfrage; *um de Kårtn is a Griß* (sie sind sehr begehrt)
grissn: 1. lustig, spaßig; *der Bua is grissn* (er ist trollig), 2. *eahm håt's grissn* (er mußte niesen)
Groamat *'s* = das Grummet: zweite Heumahd im Spätsommer
grob: 1. ungeschlacht, roh; *sei net so grob*, 2. grobkörnig (ein grober Sand), 3. schlecht (meist das Wetter betreffend); *heint is wieder grob* (es gibt schlechtes Wetter)
grobboani: grobknochig
Grobian *da*: ein grober Mensch
Grohrat *'s*: Sumpfgebiet mit Schilfbewuchs
Gröscherl *'s*: scherzhaft für Geldstück; *hålt deine Gröscherl zsåmm!*
groß: 1. groß, 2. sehr, besonders; *der wird si nu groß wun(d)ern!*
Große (Dirn) *d'*: erste Magd auf dem Bauernhof (war für die Betreuung des Kuhstalls zuständig)
große Einfåhrt *d'*: das große Einfahrtstor am Bauernhof (*große Einfåhrt* sagt man dann, wenn es noch ein zweites, etwas kleineres Einfahrtstor gibt)
großgoschat: großsprecherisch (dasselbe wie *großmäulad*)

Großkopfada *a*: hochgestellte Persönlichkeit, überheblicher Politiker
großmächti = großmächtig: sehr groß
großmäulad: großsprecherisch
Großschä(d)l *da*: Dickkopf
großschä(d)lad: dickköpfig
Gröstling, Grestling *da*: kleiner Tannen- oder Fichtenbaum
großtoan = großtun: angeben, prahlen, protzen; *großtoan und kloan bemmerln*
großtrågad: hochträchtig; *a großtrågade Kuah*
Großtuada *a*: Angeber, ein überheblicher Mensch
Gruaba *da*: Ableger einer Pflanze
Grua(b)m *d'*: 1. Grube, Loch, 2. halb im Scherz auch für Grab; *wånnsd' so weida saufst, wirst båld in d' Grua(b)m einikemma*
Grüaß di!, Griaß di!: „Grüß dich!" (vertrauliche Begrüßung)
Grüaß God!, Griaß God!: „Grüß Gott!" (Begrüßung)
grüaßn, griaßn = grüßen; *tua schen grüaßn!*
Grüffl *da*: 1. Griffel (Schreibgerät für kleine Schultafeln, die die Kinder früher anstelle der Hefte hatten), 2. scherzhaft auch für Hände; *tua deine Grüffl weg!*
Gruh *da* = der Geruch: Gestank, Duft
Grü(ll) *da* = die Grille: ein Insekt
grunzn = grunzen: das grunzende Schwein

Gsä(l)chte *'s* = das Geselchte: Selchfleisch
gsä(l)chte Suppm *d'*: geselchte Suppe (die vom gekochten Selchfleisch abgeschöpfte Suppe)
Gsangl *'s*: abwertend für Gesang
Gschäft *'s*: 1. Verkaufsladen, 2. Geschäft, Geschäftsabschluß; *des wår a guats Gschäft*, 3. Spielvariante beim Preferanzen (Kartenspiel)
gschafti: wichtigtuerisch
Gschaftlhuaba *da*: Wichtigtuer
gschaftln: wichtigtun, alles selber machen wollen
gschami: schamhaft, verschämt, bescheiden
gschami Bänk *d'*: scherzhaft für *Långbänk* (für Gäste war es nicht schicklich, sich sofort an den Tisch zu setzen, sondern man nahm vorerst bescheiden an der längs der Stubenmauer verlaufenden Bank Platz)
Gschamsterer *da*: Geliebter
gschatzt: geschätzt (nicht genau berechnet oder vermessen)
Gschau, Gschauad *'s*: Gesichtsausdruck, Miene; *a bleds Gschauad*
gscheckat: scheckig, gefleckt
Gscher *'s*: Umstände, Plage, Mühe, Schererei
gschert: 1. geschoren (die Haare kurz geschnitten), 2. ungebildet, dümmlich
Gscherte *da*: verächtlich für Landbewohner oder für Ungebildeten (früher waren die *Gschertn* die

unfreien Bauern)
gschicha: gescheut; *er håt des gschicha* (er ist dem aus dem Weg gegangen)
Gschicht *d'*: 1. Geschichte (dem Kind eine Geschichte erzählen), 2. Menstruation (monatliche Regelblutung der Frau)
Gschirr *'s* = das Geschirr: 1. Küchengeschirr, 2. Zaumzeug, Riemenzeug der Zugtiere
Gschisti-Gschasti *'s*: Unsinn, dummes Zeug
Gschlederat *'s*: schlechtes Getränk
Gschloß *'s*: Türschloß
Gschlößl *'s*: kleines Schloß
Gschmåcherl *da*: schmächtiger Mann (halbe Portion)
Gschmåh *da* = der Geschmack; *'s Essn håt koan Dän und koan Gschmåh* (es riecht weder gut noch schmeckt es gut)
gschmacki: schmackhaft, geschmackvoll
gschmålzn = geschmalzen; *der Preis is gånz schen gschmålzn* (überhöht)
gschmiert: geschmiert (es läuft wie geschmiert)
Gschnådarat *'s*: unbedeutendes Gerede
gschnappi: schnippisch, vorlaut
gschnåpst: benachteiligt, übervorteilt; *i wü net oiweu da Gschnåpste sein*
gschnecklat: lockig, gelockt
gschni(d)n: 1. geschnitten; *i hån mi in Finger gschni(d)n*, 2. verschnitten (kastriert), *a gschni(d)na Saubär*, 3. getäuscht; *er håt si gscheit gschni(d)n!* (er hat sich getäuscht!)
gschnieglt: übertrieben herausgeputzt
Gschråpp *da*: verächtlich für kleines Kind
gschreckt: schüchtern, scheu; *der Bua is a weng gschreckt*
gschrian: geschrien, gerufen; *i hån laut gschrian*
Gschroa *'s*: Geschrei
gschuslad: schusselig, hektisch, hastig, fahrig
Gschwier *'s* = das Geschwür
gschwind = geschwind
Gschwistarat *'s* (Mz.) = die Geschwister: Brüder und Schwestern
Gschwisteratkin(d)a *d'* (Mz.) = die Geschwisterkinder: 1. Neffen, Nichten, 2. Cousins, Cousinen
gschwolln: 1. geschwollen (geschwollene Füße), 2. kompliziert, „obergescheit"; *redt net so gschwolln daher!*
Gschwuaflat *'s*: Stimmengewirr, lautes Durcheinanderreden
Gsetz *'s* = das Gesetz
Gsetzl, Gsatzl *'s*: Strophe, Absatz eines Liedes oder Gedichtes
gsetzt: angenommen; *gsetzt den Fåll* (angenommen daß)
Gsicht *'s* = das Gesicht; *koan Gsicht hå(b)m* (nichts gleichsehen); *net zan Gsicht stehn* (unsympatisch sein), *daß d' ma nimma unters Gsicht kimmst!* (laß dich

nicht mehr blicken!)
Gsiff *'s*: Gesöff, schlechtes Getränk
Gsims *'s* = das Gesims: ein waagrechter Mauervorsprung, Fenstergesims
Gsindl *'s* = das Gesindel
Gsoachat *'s*: Harn
Gsod *'s*: mit der Häckselschneidmaschine kurzgeschnittenes Heu oder Stroh (Viehfutter)
Gsodlucka *d'*: Futterlucke (durch die das Viehfutter vom Heuboden in den Kuhstall hinuntergeworfen wird)
gso(d)n: gekocht
Gsodwåmpm *d'* (scherzhaft): großer Bauch
Gsö(ll) *da* = der Geselle; *Bäckagsö(ll)*
gsö(ll)n: gesellen; *glei und glei gsö(ll)t si gern*
Gspånn *'s*: 1. Pferdegespann, 2. zwei Menschen, die gemeinsam auftreten; *de sand a guats Gspånn* (die passen gut zusammen, die sind gemeinsam wirkungsvoll)
gspannlt: mit Holzspänen aufgespannt (Tierfell)
Gspeibert *'s*: Erbrochenes
gspitzad: spitz; *gspitzade Schuah* (spitze Schuhe)
Gspoaß *da*: Spaß, Scherz, Belustigung
gspoaßi: spaßig
gspreglad = gesprenkelt: mit kleinen Flecken oder Tupfen versehen; *a gspreglade Henn*

gspreizt = gespreizt: ein gespreiztes (geziertes) Benehmen
Gspritzte *da* = der Gespritze: Wein mit Sodawasser aufgespritzt
Gspü(l) *'s*: Spiel; *des wår a schens Gspü(l)*
Gspür, Gspir *'s* = das Gespür; *für des muaß mar a Gspür håm*
gspürn, gspirn: spüren, empfinden; *des muaß ma einfåch gspürn*
Gspusi *'s*: Liebschaft, Flirt, Techtelmechtel
Gstanzl *'s*: ein lustiges Lied (Vierzeiler), Schnaderhüpfl
Gstaudat, Gstaudarat *'s*: Gebüsch, Stauden, Sträucher
gsteckt voi(ll): gesteckt voll, prall gefüllt
Gstettn *d'*: 1. Böschung, 2. Platz für Abfälle; *Mistgstettn*
Gstö(ll) *'s*: 1. Wandgestell, 2. Gestalt, Figur; *de håt a guats Gstö(ll)!* (die hat eine gute Figur!); *oan 's Gstö(ll) putzn* (jemandem ordentlich die Meinung sagen)
gstö(ll)t: gut gewachsen, auch vollschlank; *de is da gstö(ll)t!*
Gstö(ll)wågn *da*: 1. Stellwagen (ein alter Postwagen), 2. Gesäß; *er is eahm mitn Gstö(ll)wågn ins Gsicht gfåhrn* (er ist ihn frontal angegangen)
gstroamt: gestreift; *a gstroamter Stoff*
gstrotzt voi(ll): bis zum Rand gefüllt
gstumpfad: stumpf

Gsturi

Gsturi *'s*: Aufsehen, verzwickte Lage; *des is da dert a Gsturi!*
Gsudarat *'s*: andauerndes leeres Gerede, Gewäsch
gsund = gesund
Gsund *da* = die Gesundheit
gsundsteßn *si*: sich bereichern, auf den eigenen Vorteil bedacht sein
Gsurmat *'s*: Gesumme (der Bienen)
Guadn *d'* = die Güte; *i såg das in Guadn* (ich sag's dir in Güte)
guat = gut: eine gute Sache; *na, guade Nåcht!* (Ausruf der Ablehnung); *Gu(adn) Morgn!* (Morgengruß); *a guade Haut* (ein seelensguter Mensch); *guada Hoffnung sein* (schwanger sein)
Güatat *d'*: Ungemach, Probleme; *des is a Güatat!*
Guatheit *d'* = die Gutheit; *mit da Guatheit kimmst net weit*
guating: mindestens, ziemlich; *de Predi håt guating a Stund daurt* (die Predigt hat mindestens eine Stunde gedauert)
Guatsl *'s*: Schleckwerk, Backwerk, Zuckerl
Guatsteher *da*: Bürge
guatstehn: bürgen
guattoan = guttun
Gucka *da* = der Gucker: Feldstecher
Gucka *d'* (Mz.): Augen; *måch deine Gucka auf!*
Guckahnl *d'*: Urgroßmutter
Guckähnl *da*: Urgroßvater
Guckofa *da*: Kachelofen (in dessen oberstem Teil sich ein rohrartiger Hohlraum zum Warmstellen befindet, durch den man hindurchsehen kann)
Guga *da* = der Kuckuck
gugahä(ll): gut ausgeschlafen
Gugaklee *da*: Gemeiner Sauerklee (kleinblättriger Waldklee)
Gugamuck(n) *da*: Parasol (Speisepilz)
Gugaruz *da* = der Kukuruz: Mais
gugascheckat: sommersprossig
Gugascheckn *d'* (Mz.): Sommersprossen
Gugerl *d'* (Mz.): Äuglein
Gugerl *'s* = das Guckerl: Guckloch, kleines Fenster
Gugl *d'*: Gupf, Kogel, Bodenerhebung; *„Auf da Gugl"* (am Bauernberg in Linz)
Guglhupf *da* = der Gugelhupf: Kuchen
Guglhupfmo(d)l *da*: eine Backform
gugu-tschatscha (Kindersprache): sich verstecken und wieder zeigen
Gugu-vastecka *'s*: Versteckspiel (der Kinder)
gü(ll)n: 1. nach Luft ringen, 2. durchdringend schreien, weinen
Gummiådler *da* (scherzhaft): Grillhendl
gunna = gönnen: vergönnen
Gupf *da* = der Gupf: Erhebung, Häufchen, Überfüllung; *an Gupf måcha* (etwas übervoll machen)
Gurgl *d'* = die Gurgel: Kehle; *prost, daß da d' Gurgl net varost!*
Gurrn *d'*: alte, bissige Stute

Gurt *da*: Gürtel
gusch!: halt den Mund!
Guß *da*: Regenguß
Gusta *da* = der Gusto: keinen *Gusta* (Appetit) haben
Gustastückl *'s* = das Gustostückerl: sich ein *Gustastückl* leisten (etwas Besonderes leisten, meist im negativen Sinne gemeint)
Gvådabittn *'s*: das Ersuchen der Eltern an jemanden, sich als Taufpate zur Verfügung zu stellen (die Bitte wurde in der Regel vom *Hausknecht* an den ausersehenen *Göd* oder von der *Großn Dirn* an die ausersehene *Godn* überbracht)
Gvickat *'s*: das (Klein)vieh
Gwah(d)n *d'*: Schneewächte
gwahn: zwängen, mit Hebelwirkung arbeiten
Gwålt *d'* = die Gewalt; *des is a richtige Gwålt* (das ist beschwerlich)
Gwånd, Gwandl *'s* = das Gewand: Kleidung
Gwåndlaus *d'*: jemand, der einem lästigerweise nicht von der Seite weicht
gwandtn: sich (schön) kleiden; *du håst di åber heint wieder gwandt!*
Gwatsch *da*: Schneematsch, Morast, Straßenkot
gwehna = gewöhnen
Gwehnat *d'* = die Gewohnheit; *a ålte Gwehnat*
gwehnli = gewöhnlich
Gwehr *'s* = das Gewehr: Jagdgewehr

Gweichte *'s*: das Geweihte (das in der Ostermesse geweihte Essen)
Gweih *s'* = das Geweih
gwen: gewesen
Gwendt *'s*: Stelle am Feld, wo beim Ackern gewendet wurde (bei langen Äckern wurde mit Rücksicht auf die Pferde bereits in der Mitte des Feldes gewendet)
gwichst: 1. schlau, abgefeimt; *a Gwichsta* (ein Durchtriebener), 2. glänzend; *der glånzt wiar a gwichsta Hundsbei(d)l*
Gwindt *'s* = das Gewinde
gwinga = gewinnen
Gwirkst *'s*: Schwierigkeit, Unannehmlichkeit
gwiß = gewiß
Gwö(l)b *'s*: Raum mit Rundbögen (fast in jedem Stall anzutreffen)
Gwurlat *'s*: Gewimmel, Gedränge
Gwurschtlat *'s*: verzwickte Lage

- H -

Håår *d'* (Mz.): Haare; *Håår auf de Zähnt håm* (bissig sein, eine ungute Art haben)
håår-e(b)m: ganz flach
håårgenau = haargenau: ganz genau
haari: heikel, delekat; *a haarige Såch* (eine delekate Angelegenheit)

haarn = haaren: Haare verlieren; *d' Kåtz haart*
håårnåglnei: „haarnagelneu", ganz neu
Håårnå(d)l *d'*: 1. Haarnadel, 2. Biskotte
håårschårf = haarscharf: ganz nahe; sehr genau
Håårspålterei *d'* = die Haarspalterei: Wortklauberei, Spitzfindigkeit
håb: habe (üblicherweise wird aber im Ipftal für „habe" das Mundartwort *hån* verwendet
Håb *d'*: Griff (Vorrichtung zum Halten)
habedere, hawedere: 1. müde, abgespannt; *i bi(n) heint gånz habedere!*, 2. ein Abschiedsgruß
håbat: anhaltend; *a håbada Most* (ein Most mit einem schlechten Nachgeschmack)
Haberer *da*: 1. Freund, 2. Liebhaber
Håbergoaß *d'*: Schreckgestalt in Teufelsmaske mit Hörndln und Bocksfuß (mancherorts Begleiterin von Nikolaus und Krampus)
Håberl *'s*: Harnblasenschließmuskel; *håst leicht koan gscheits Håberl?* (süffisante Frage an jemanden, der häufig urinieren muß)
habern: essen
Håbern, Håwern *da* = der Hafer; *di sticht da Håbern* (du bist fürwitzig)
Håbi *da* = der Habicht: Greifvogel
Håbke(d)n *d'*: Kette am Kummet
hå(b)m: 1. (fest)halten; *hå(b)m!* (mit diesem Ruf des Roßknechts beim Anfahren der Heufuhre werden die *Fåsterinnen* aufgefordert, sich anzuhalten), 2. besitzen; *hå(b)m, sågn d' Schwå(b)m håb stad!*: halt still!, halt aus!

Håb und Guat *'s* = das Hab und Gut: der ganze Besitz, die ganze Habe

Hachl *d'* = die Hachel: ein Küchengerät (Gurkenhachel)

hachln = hacheln: 1. mit der Hachel zum Zerkleinern von Gurken oder Rüben arbeiten, 2. zanken, streiten

Håcka *d'* = die Hacke: Beil

Håckahal(b)m *da*: Hackenstiel

Håckfrucht *d'* = die Hackfrucht: Erdäpfel, Rüben u. ä.

Håckfruchter *da*: leichter Traktor mit schmalen Reifen (der zur Bearbeitung der Felder mit Hackfrüchten besonders geeignet ist)

Hackler *da*: einfacher Arbeiter

hackln: fleißig arbeiten

Håckn *d'*: Arbeit; *i geh in d' Håckn*

håcknstad: arbeitslos

Håckstock *da* = der Hackstock: Holzstock zum Holzspalten oder zum Fleischaushacken

hådarad: ausgeweitet, abgetragen (vor allem auf Strickwaren bezogen)

Håderlump *da* = der Haderlump: Taugenichts, schlechter Mensch, Betrüger

Hådermånn *da*: 1. Lumpensammler, 2. dasselbe wie *Håderlump*

Hådern *da*: Fetzen, Lumpen
Hådernwååg *d'*: Zugfederwaage (mit der früher offenbar neben anderem auch Lumpen gewogen wurden)
Håfa *da*: großer Topf
Håfadeckl *da*: Deckel für den Topf
Häfm *'s*: Gefängnis
Häfmbruada *da*: Zuchthäusler
Håfner *da* = der Hafner: Ofensetzer
Håft *da* = der Haft: etwas mit wenigen Nadelstichen provisorisch heften
Haftl *'s*: 1. Haftel (kleines Drahthäkchen, Doppelhäkchen, um ein Kleidungsstück zu schließen); *aufpassn wiar a Haftlmåcher* (sehr genau auf etwas achten), 2. Geschlechtsakt; *gestern håmma a Haftl gmåcht!*
Hagerl *'s* = das Häkchen (kleiner Haken)
Haglstecka *da*: 1. Gehstock mit einem krummen Griff, 2. Haselnußstecken als Behelf zum Kirschenpflücken
Haglziagn *'s*: Wettspiel, bei dem einer den anderen am hakenförmig ineinandergefügten Mittelfinger zu sich heranziehen muß
Hågn *da*: 1. Haken (Schürhaken, Mauerhaken), 2. große, dünne Frau; *a so a Hågn!*
Håhn *da* = der Hahn: 1. männliches Huhn, 2. Wasserhahn
Håhngickerl *da*: Gockelhahn
Hahnl *'s*: 1. kleiner Hahn, 2. streit-

süchtiger Junge; *du bist jå dert a rechts Hahnl!*
hahnln, hanln: Streit suchen
häkln = häkerln: frotzeln, necken
hålbat: 1. halb, zur Hälfte, 2. sonderbar, eigentümlich, angerührt; *sei net so hålbat!* (sei vernünftig!)
hålbdeppad: sehr aufgeregt, zornig, wild; *bist leicht a weng hålbdeppad?*
Hålbe *d'*: ein halber Liter (Bier); *bring ma nu a Hålbe!*
hålber: halb; *hålber åchti* (halb acht)
Hal(b)m *da*: Griff oder Stiel einer Hacke
hålbmitt: um die Mitte, in der Mitte
Hålbrua(b)m *d'*: Halbrübe, Burgunderrübe
hålbs: halbes; *a hålbs Kilo*
Hålbscheid *d'* = die Halbscheid: Hälfte
Hålbseidane *d'*: Dame mit zwielichtigem Ruf
Hål(b)troad *'s*: Halbgetreide, Mischgetreide (meist Hafer und Gerste gemischt)
hålbwegs = halbwegs: einigermaßen
Hä(l)d *da*: „Held" (einer, der Dummheiten macht); *du bist jå dert a Hä(l)d!*
Hä(l)fansgod!: „Helf uns Gott!" (Ausruf des Erschreckens, z. B. bei einem Gewitter)

Hä(l)fdagod!: „Hilf dir Gott!"
(Zuruf an eine Person, die niest)
Hålfter '*s* = das Halfter: Zaumriemen
hä(ll) = hell; *der is hä(ll) auf da Plåttn* (ist ein kluger Kopf)
hållådarå!: Ausruf der Fröhlichkeit
hällauf = hellauf; *hällauf låcha*
Hallawachl *da*: schwerfälliger Mensch
Halleiner '*s*: Fahrrad mit Hilfsmotor
hållern = hallen: hallende Schritte
hälliacht: ganz licht; *åm hälliachtn Tåg håm s' mi ausgraubt* (am hellichten Tag wurde ich ausgeraubt)
Hallodri *da*: ausgelassener, leichtsinniger Bursche
Halm, Häu(l)m *d'* (Mz.): Halme, Stoppelfeld; *der geht wia da Håhn in de Halm* (er hebt beim Gehen die Füße hoch an)
halmåckern: das Stoppelfeld umackern
halmbrå(h)a: dasselbe wie *halmåckern*
Halmrecha *da*: großer Rechen mit geteiltem Stiel
Hålsåbschneider *da* = der Halsabschneider: Wucherer, Betrüger
hålser, hålsri = heiser
hålsstarri = halsstarrig: eigensinnig
Hålstern *d'*: Pferdehalfter
hålt: 1. halt!, anhalten!, 2. eben, nun einmal, 3. freilich, ja gern; *hålt jå*
håltaus! = haltaus!: Ausruf, wenn man auf einen Irrtum aufmerksam wird
håm = haben; *mia håm heint fleißi g'årbat* (wir haben heute fleißig gearbeitet)
hamdi = hantig: bitter; *a hamdiger Kaffee*
Ham-Ham '*s* (Kindersprache): Essen
Hamm *d'*: der breite, hintere Teil des Sensenblattes
hamma: sind wir; *hiatzt hamma z'spåt kemma* (älter für *samma*)
håmma: haben wir; *håmma glei!* (wird sofort erledigt!)
Hamml *da*: ein grober Mensch; *du bist a Hamml!*
Hamor *d'* = der Humor
Håmplmånn *da* = der Hampelmann: 1. ein Spielzeug, 2. ein „Waschlappen"
Hamsterer *da*: Schleichhändler
hamstern: Vorräte ansammeln, unerlaubt Handel treiben
han? (nasal): wie, bitte?
hån (nasal): habe; *i hån mi recht gfreit* (ich habe mich sehr gefreut)
hand: sind (älter für *sand*)
Hånd *d'*: 1. Hand, 2. Arm (in der Mundart ist das Wort „Arm" nicht üblich)
Handerl '*s*: kleine Hand
Håndhåb *d'*: Griff eines Werkzeugs, Griffstück
Håndi(d)l *da*: überspannte und sich auffällig gebärdende Frau
håndi(d)lad: eingebildet, überspannt

Håndlånga *da* = der Handlanger: Helfer
håndli = handlich: bequem zu handhaben
håndsåm = handsam: handlich, bequem
Håndstitzl *d'* (Mz.): Pulswärmer
Handstitzl ånmessn: den Unterarm eines anderen zwischen Zeige- und Mittelfinger nehmen, fest zudrücken und hin- und herdrehen bis es schmerzt (Kinderspiel)
Hangerl *'s*: Geschirrtuch
Håni(f)stu(b)m *d'*: Hanfstube (Haus, in dem der Hanf verarbeitet wird)
Hansl *da*: (abgestandener) Bierrest
hansln = hänseln: jemanden verspotten, sich über ihn lustig machen
Hansl und Gre(t)l *'s*: Lungenkraut
Hap *'s*: das (aus Buche gefertigte) Querholz des Holzrechens, in dem die Zähne stecken
Håpati(d)l *da*: eine naive Frau
hapern: „einen Haken haben", mangeln; *'s hapert mitn Geld* (es ist kein oder zuwenig Geld vorhanden)
happi: gierig
Happm *da* = der Happen: Bissen
Happolster *da*: Kopfpolster
håps nehma: festnehmen, verhaften
harb: 1. böse, beleidigt, verärgert; *er is harb auf mi* (er ist schlecht zu sprechen auf mich), 2. feurig, vollblütig; *i hån zwoa harbe*
Råppm
har(b)m: sich ärgern; *i hån mi schon wieder harbm müassn* (ich mußte mich schon wieder ärgern)
Harpfm *d'*: Bett; *i hau mi in d' Harpfm*
hårt: 1. hart; *a hårt's Holz*, 2. nahe, knapp; *gånz hårt drån ån* (ganz nahe dabei)
hå ruck!: Arbeitskommando (mit einem kräftigen *Håruck*); *hå ruck, auf d' Bruck!*
Håruck-Partie *d'*: eine Arbeitsgruppe im Akkord
Hås *da*: 1. Feldhase, 2. Kaninchen
Hasak *da*: Zorn
Hascher *da*: armer, bedauernswerter Mensch
Hascherl *'s*: bedauernswertes weibliches Wesen; *a årms Hascherl*
Håschpl *d'* = die Haspel: 1. Vorrichtung zum Aufwickeln von Wolle oder Garn, 2. Schimpfwort für eine Frauensperson
haschpln: stolpern
Häsin *d'*: 1. Feldhasenweibchen, 2. Kaninchenweibchen
Håslnußstecka *da*: Haselnußstock
Håsn å(b)schlågn *'s*: Kaninchen schlachten
Håsnbålg *da*: Hasenfell (Haut des geschlachteten Kaninchens)
Håsnschårtn *d'* = die Hasenscharte: angeborene Oberlippenspaltung
Håsnspü(l)n *'s*: Kartenspiel mit 8 Teilnehmern (*Greanbaurnsuacha*), bei dem ein in einer Soße zubereiteter Feldhase ausgespielt wird

hatschad: problembehaftet, schlecht
Hatscher *da*: langer, anstrengender Fußmarsch
hatschi!: Ausruf beim Niesen
hatschn = hatschen: schleifend, schleppend gehen, hinken
Hau(b)m *d'* = Haube: Kopfbedeckung (Pudelhaube); *sie is unter d' Hau(b)m kemma* (sie hat geheiratet)
Haufa *da* = der Haufen
haufa(n)weis: sehr viel, im Überfluß
hauf(h)o! (*hauf(h)å* gesprochen): Fuhrmannsruf, damit die Pferde rückwärts gehen
häufln = häufeln: Erdäpfel häufeln
Häuflpfluag *da*: Häufelpflug (spezieller Pflug zum Kartoffelhäufeln)
häufti = häufig: viel, oft
haugerln: hockerln
häu(l): glatt, rutschig, eisig; *wånn's gfrert, is häu(l)* (wenn's gefriert, ist's eisig)
Häulatzn *d'*: Glatteis
haun (nasal) = hauen: schlagen
Haun *d'* (nasal) = die Haue: Gerät für die Feld- und Gartenarbeit
Häunl *'s*: kleine Haue (Gartengerät)
häunln: die Erde aufhauen, locker machen, Unkraut (mit dem *Häunl*) jäten
Häupl *'s*: 1. Häuptel (Salathäuptel, Krauthäuptel), 2. Kopf; *wånn's di nu aweu spü(l)st, kriagst oane aufs Häupl*

häupln *si*: zu einem Häuptel werden; *da Sålåt häuplt si schon*
hauptguat: mehr als genug
Hauptmånn *da*: 1. militärischer Dienstgrad (Offizier); *links, rechts, hintern Hauptmånn stinkts recht*, 2. Feuerwehrkommandant
Haus *'s*: 1. Haus allgemein, 2. Bauernhaus, Bauernhof; *a vierrößigs Haus* (die Hofgröße wurde früher üblicherweise nach der Anzahl der Ackerpferde angegeben, demnach war ein *vierrößigs* Haus ein großer Hof mit mindestens 70 Joch Grund)
Hausbrauh *da*: Hausbrauch (Hausordnung); *des is ba ins da Hausbrauh*
Hausbrot *'s*: das selbstgebackene Brot
Hausbrot küfln (scherzhaft): Techtelmechtel zwischen einem Knecht und einer Magd am selben Bauernhof
Hausdetschn *d'*: eine schallende Ohrfeige (eine Watsche nach „Hausmannsart")
Hausknecht *da*: erster Knecht auf dem Hof (war allen Dienstboten überstellt)
Häusl *'s*: 1. kleines Haus, 2. Bauernhäusel (Taglöhnerhäusel, Auszugshäusel); *Reitherhäusl* (das zum Reither-Bauern in Niederneukirchen gehörige Häusel als Beispiel eines der vielen Taglöhnerhäusel, die es früher im Ipftal gegeben hat), 3. Abort; *i muaß aufs*

Häusl gehn, 4. *gånz ausn Häusl sein* (sehr aufgeregt sein)
Häuslbua *da*: Sohn der Häuselleute
Hausleit *d'* (Mz.): Hausbesitzer, Gastgeber
Häuslkin(d)a *d'* (Mz.): Kinder der Häuselleute
Häuslleit *d'* (Mz.): Bewohner eines zum Bauernhof gehörigen Häusels, die dafür zinspflichtig waren (die Häuselleute mußten *zuahål(t)n*, wofür sie neben der Kost nur geringen Lohn erhielten, weil die Zinsschuld in die Entlohnung eingerechnet wurde)
Häuslmånn *da*: 1. der männliche Teil der Häuselleute, 2. scherzhaft oder abwertend für Kleinbauer
Häuslmensch *'s*: Tochter der Häuselleute
Häuslweib *'s*: weiblicher Teil der Häuselleute
hausn: armselig wohnen
Hausnåm *da*: Hausname des Bauernhofes, der in der Regel nicht ident ist mit dem Familiennamen (z. B. Johann Winkler, vulgo *Moar åm Berg*)
Hauspåtsch *da*: gutmütiger Mensch, der zu allen Arbeiten bereit ist
Haussteir *d'*: Aussteuer, Mitgift
Hausstock *da*: Wohnbereich des bäuerlichen Hofes (ist meist durch eine Feuermauer von den Ställen und der Scheune abgeschirmt)
Haustrunk *da*: (leichter) Most für den Hausgebrauch
Haus- und Hofdo(d)l *da*: ein Mensch, der zu jeder Arbeit herangezogen wird (dasselbe wie *Hauspåtsch*)
Haut *d'*: Haut; *a guade Haut* (ein gutherziger Mensch); *der håt nur mehr Haut und Boan* (sagt man, wenn jemand sehr abgemagert ist)
häutn: (gekochte Erdäpfel) schälen; *Erdpfl häutn*
Hawarie *d'* = die Havarie: Schaden am Fahrzeug
Haxlårsch *da*: scherzhaft für lebhaftes Kleinkind (das viel strampelt)
Haxl legn: Bein stellen
haxln: strampeln
Haxn *d'* (Mz.): Beine, Füße
Heahn *d'* (Mz.): Hühner
Heahnaug, Heahnaugn *'s* = das Hühnerauge: Frostbeule an den Zehen
Heahnhaut *d'*: Gänsehaut
Heahnkobl *da*: kleinerer Holzverschlag, der als Hühnerstall dient
Heahnloata *d'*: Hühnerleiter
Heahnstauber *da* (scherzhaft): dreirädriger Kleinlastwagen (der nach dem Krieg auf den Straßen anzutreffen war)
hechste Eisnbåhn: höchst an der Zeit
hecka: stechen durch Insekten; *d' Bein håm mi gheckt*
Heckerl *'s*: sehr lebhaftes Kind
Hefa *'s* = das Häfen: großer Kochtopf
Hefabinder *da*: Rastelbinder (ein von Haus zu Haus Gehender, der

Hefagucka

zersprungene Tongefäße mit einem Drahtgeflecht wieder gebrauchsfähig gemacht hat)
Hefagucka *da* = der Häferlgucker: (auf das Essen) Neugieriger
Hefång *d'* = die Hebamme: Geburtshelferin
Heferl *'s* = das Häferl: 1. kleines Kochgeschirr, 2. Kaffeetasse, 3. ein leicht angerührter Mensch; *'s Heferl übergehn* (zu weinen beginnen)
Heft *'s*: 1. Griff des Messers, 2. *'s Heft in da Hånd hå(b)m* (die Führung innehaben)
Heftpflåster *'s* = das Heftpflaster
Heh *d'* = die Höhe: Anhöhe
heha, hecha = höher
hei = heuer
Hei *'s* = das Heu
heia legn: schlafen legen
Heibih *d'*: Heuboden
Heidnångst *d'* = die Heidenangst: sehr große Angst
Heifuhr *d'*: Fuhre Heu
Heigåbl *d'*: die *drizuakade* Heugabel
Heigat *'s*: erste Heuernte im Jahr (die zweite heißt *Groamat*)
Heigeign *d'*: großes, gertenschlankes Mädchen (Frau)
heign = heuen: Heu machen; *mahn, umkehrn, schöbern, zstran, zsammtoan* (mähen, wenden, schobern, zerstreuen, auf Zeilen rechen)
hei-hei! (Kindersprache): schlaf schön ein!

Heikammerl *'s*: Raum neben dem Pferdestall, der als Zwischenlager für das den Pferden täglich verfütterte Heu gedient hat
Heilign Drei Kini *d'* = die Heiligen Drei Könige (Festtag am 6. Jänner)
Heiloata *d'*: Heuraufe im Pferdestall
heint = heute
heintzutågs = heutzutage
Heiratsguat *'s* = das Heiratsgut: Aussteuer der Brautleute; *tritt ma's Heiratsguat net åbi* (sagt man scherzhaft, wenn jemand von hinten auf den Schuh tritt)
Heischober *da*: Heuhaufen (das geschöberte Heu)
Heistock *da*: das gesamte sich auf der *Heibih* befindliche Heu (Heuhaufen)
Heiwender *da*: pferdegezogener Heuwender
Hemad *'s* = das Hemd: neuer für *Pfoad*
Hendl *'s*: 1. Kücken, kleines Huhn, 2. ganz zart gebauter Mann
Hendlhenn *d'*: Gluckhenne (Henne mit Kücken)
Hengl *da* = der Henkel
Hengst *da*: 1. männliches Pferd, 2. (scherzhaft) sexuell potenter Mann
Heni *'s* = der Honig
Henibrot *'s*: Honigbrot (Schwarzbrotschnitte mit Honig bestrichen)
Henischleidern *'s*: Honig schleudern (Honig gewinnen)

Henn *d'* = die Henne: 1. Leghenne, 2. hübsche, offenherzige Frau; *a geile Henn*
heraußt = heraußen
heraußtahål: außerhalb, diesseits, heraußen
He(r)ber(g) be(d)ln: „Herberg betteln" (am Stefanitag mußten die Häuselleute zum Bauern *He(r)ber(g) be(d)ln gehn*, das heißt, sie mußten ihn bitten, ein weiteres Jahr im Taglöhnerhäusel verbleiben zu dürfen)
herbindern: jemanden verhauen
herbrå(t)n: vom Himmel „herunterbrennen", brütend heiß sein; *heint bråt's gscheit her*
herbståckern: das zweitemal Ackern im Jahr (nach dem *Halmåckern*)
Herbstkåtz *d'*: Kätzchen, das im Herbst zur Welt kam (Herbstkatzen sind meist nicht so widerstandsfähig wie Frühjahrskatzen)
herbstln = herbsteln: es herbstelt schon
Herbstzeitlosn *d'* = die Herbstzeitlose: eine Giftpflanze
Herd *da*: Küchenherd
herdån: weiter weg
herent, herentad: herüben
herentadhål: diesseits
herghern: hierhergehören; *gherst du då her?* (bist du von hier?)
herin = herinnen
herint: herunten
herkemma: herkommen
herleicha = herleihen: verborgen

hern = hören; *na herst!* (Ausruf des Erstaunens)
heroberhål: oberhalb
hero(b)m = heroben
herpassn: lange warten
Herrgod *da* = der Herrgott: übliche mundartliche Bezeichnung für Gott
Herrgodsfruah *d'* = die Herrgottsfrüh; *in oiller Herrgodsfruah*
Herrgodswinkl *da* = der Herrgottswinkel: Zimmerecke mit Kruzifix
herrichtn = herrichten: 1. instandsetzen, 2. zubereiten
herrisch: 1. stolz, 2. rechthaberisch, 3. befehlend
Herrl *'s*: Hundebesitzer
herrschåftsseitn!: Ausruf der Verärgerung
Herr wern: bezwingen, sich durchsetzen; *i war eahm bål(d) nimma Herr worn*
herst!: hörst du!
hervorderhål: vorne
Herzkaschperl *da*: Herzinfarkt
Hetschnpetschn *d'* = die Hetschepetsch: Hagebutte
Hetz *d'*: Spaß, fröhliches Treiben
heu(l)froh = heilfroh: sehr froh
heuli = heilig
Heuling *da*: ein sehr großer Mann; *a so a Heuling!*
heulingsend!: Ausruf des Erstaunens
Hex *d'* = die Hexe
Hexnschuß *da* = der Hexenschuß: plötzlich auftretende Kreuzschmerzen

Hiafla *da*: dummer Mensch
Hiasl *da*: ein unintelligenter Mann
hiazt, hiat, hiazad, hiazunda: jetzt
hiazt und åft: jetzt und dann; *hiazt und åft hån i gmoant, i muaß ster(b)m*
Hieb *da*: geistige Beschränkung, „Dachschaden"; *der håt an gscheitn Hieb!*
Himbeersåft *da* = der Himbeersaft: Kindergetränk
Himml, Hümml *da* = der Himmel: 1. Himmel meteorologisch (blauer Himmel), 2. Himmel religiös (in den Himmel kommen), 3. Tragdach, Baldachin zur Fronleichnamsfeier
himmlblau = himmelblau: blau wie der Himmel
Himmldati *da* (Kindersprache): Himmelvater
himml-lång: sehr groß; *is der himml-lång!*
Himmlschlüssl *'s* = Himmelschlüssel: Schlüsselblume (eine Primel)
himmlschreiad: himmelschreiend, entsetzlich
himmlseitn!: Ausruf des Ärgers
Himml und Hö(ll): Kinderspiel mit einem gefalteten und blau-rot bemalten Papier
hin (nasal): 1. bis zu den Bergen hin, 2. tot, verendet; *d' Kåtz is hin worn*, 3. kaputt, unbrauchbar; *d' Schuah sand hin*
hinaus: in Richtung Frühling; *es geht schon wieder hinaus* (es wird bald wieder Frühling)

hindenga: hindenken; *går koan hindenga* (nicht daran zu denken, unrealistisch)
Hinfållade *'s:* oftmaliges Hinfallen; *der håt heint wieder's Hinfållade* (der fällt heute ständig hin)
hinfållad Krångat *d'*: Epilepsie, Fallsucht
hinfetzn: 1. schnell und schlampig schreiben, 2. achtlos hinwerfen
hinfür: 1. nach vorne, voran; *es geht hinfür*, 2. voraus; *i hån mi schon hinfür g'årbat*
hinfür denga: vorausdenken
hingrå(t)n: nachgeraten; *wo gråt denn der hin?* (wem geratet denn der nach?)
hingscherts Oa *a*: Ei, das ohne Schale gelegt wurde
hinhussn: hinhetzen (den Hund auf jemanden hetzen)
hinmü(ll)n: hinhauen, draufhauen
hinpecka: 1. hinpecken (Hühner), 2. sticheln, böse Bemerkungen machen, sekkieren
hinpfoatzn: wo „hinscheißen" (Hühner)
hint: hinten; *hint wiar a Bre(d)l, vorn wiar a Lå(d)n* (sagt man zu einer Frau mit kleinem Busen und flachem Po)
hintaus kemma: zu kurz kommen
Hintauswichsn *d'* (scherzhaft): Durchfall
hintblei(b)m: zurückbleiben; *mei Uhr is um a Stund hint blie(b)m*
hinterfotzi = hinterfotzig: hinterhältig

Hintergstö(ll) *'s*: Hinterteil, Gesäß
hinterhål: hinterhalb
hinteri: in die Richtung nach hinten; *i geh hinteri*
hinterlisti = hinterlistig
hinter meiner: hinter mir; *hinter meiner gü(l)ts net* (hinter mir gilt es nicht)
hintern: hinter den, hinter dem; *hintern Ofa*
Hintern *da*: Gesäß
hinterrucks = hinterrücks: hinter dem Rücken, heimtückisch, hinterlistig
Hintertupfing: imaginärer, weit abgelegener Ort; *bist leicht du va Hintertupfing?*
hint nåchi: hinten nach; *i bi(n) hint nåchi gånga*
hintumi = hintenherum; *hintumi erfåhrn* (auf Umwegen erfahren)
hintümmln: hinhauen, draufschlagen
hinum: hinüber
hin und då: hin und wieder; *hin und då suacht er mi hoam*
hin und hin: auf der ganzen Linie; *hin und hin håt's ghapert*
Hirnederl *'s*: Dummkopf
Hirnkastl *'s*: Hirn, Gehirn; *des geht net eini in mein Hirnkastl* (ich kann mir das nicht merken)
hirnrissi = hirnrissig; *a hirnrissige Idee* (eine unsinnige, verrückte Idee)
Hirschane *d'* = die Hirschene: Hirschlederhose
Hirschnlecka *d'*: Haarwirbel

Hitz *d'* = die Hitze; *Hitzn hå(b)m* (sagt man, wenn einem nicht leicht friert)
Hoad *d'* = die Heide: Heidelandschaft; *d' Welser Hoad*
hoagli = heikel: 1. er ist beim Essen heikel (wählerisch), 2. eine heikle (schwierige) Sache
hoam = heim: nachhause
Hoamat *d'* = die Heimat
Hoamatlånd *'s* = das Heimatland
hoamdrahn (derb): umbringen, töten; *den håm s' hoamdraht*
hoamgeigna låssn: sich lächerlich machen; *laß di hoamgeigna!* (mach dich mit deiner Ansicht nicht lächerlich!)
hoamkemma: 1. nach Hause kommen, 2. vom Schicksal bestraft werden; *den kimmt's a nu hoam*
hoamleichtn = heimleuchten: jemandem heimleuchten (ihn grob abfertigen)
hoamli = heimlich
hoamlitoan = heimlichtun: geheimnisvoll tun
hoamsucha = heimsuchen: besuchen
hoamtürkisch = heimtückisch
hoamzåhln = heimzahlen: übel vergelten
Hoamweh *'s* = das Heimweh: Sehnsucht nach zuhause
hoamzua = heimzu: nachhause
Hoanbeer *d'*: Heidelbeere
Hoanbuacha *d'* = die Hainbuche
hoanbuacha(n): 1. aus Hainbuchenholz, 2. kräftig, widerstandfä-

Hoanzlbänk

hig, 3. skurril, plump
Hoanzlbänk *d'* = die Heinzelbank: Werkbank, vor allem für Schnitzarbeiten
Hoanzlstu(b)m *d'*: Bastlerwerkstätte am Bauernhof
hoaser = heiser
hoata = heiter: klarer Himmel
Hoaz *d'*: Feuerungsraum eines Zentralheizungskessels
hoazn = heizen
Hobl *da* = der Hobel: Tischlerwerkzeug; *du kånnst mar en Hobl blåsn* (Götzzitat)
Hoblbänk *d'* = die Hobelbank: Tischler- oder Wagnerwerkbank
hobln: 1. hobeln; 2. übervorteilen; *der håt mi gscheit ghoblt!*
Hoblschoatn *d'* (Mz.) = die Hobelscharten: Hobelspäne
hocka = hocken: auf dem Boden hocken
Hockableiber *da*: Sitzenbleiber (einer, der im Wirtshaus meist lange sitzen bleibt)
hogerln = hockerln: hocken, niederhocken
Hof *da*: 1. Bauernhof, 2. zum Haus gehöriger umschlossener Platz (Innenhof)
Höferpulva *'s*: Kinderpuder
hoffantli = hoffentlich
Hofjågd *d'*: Hofjagd (letzte Jagd vor Abschluß der Jagdsaison)
Hoftür *d'*: Türe, die in den Hof hinausführt
hoh = hoch
hohbuglat: ausgewachsen und dabei bucklig
hohllochad: abgemagert sein und daher einen flachen Hintern haben
Hohlweg *da*: ein in einem Graben verlaufender Weg
Hoh Stu(b)m *d'*: Repräsentationszimmer im 1. Stock des Bauernhofes (auch *'s Schene Zimmer* oder *'s Besser Stübl* genannt)
Hohzat *d'* = die Hochzeit
Hohzat schaun: bei einer Hochzeit als Ungeladener zuschauen
hö(l)da: eher, lieber, mehr; *des gfällt ma schon hö(l)da* (das gefällt mir schon eher)
Hö(ll) *d'* = die Hölle
Holländer *d'*: Rinderrasse
Holler *d'*: 1. Holunder, 2. Unsinn
Hollerbeer *d'*: Frucht der *Hollerstau(d)n*
Holler-Rester *da*: Mus aus Holunderbeeren
Hollersåft *da*: Hollersaft
Hollerschnåps *da*: Hollerschnaps
Hollerstau(d)n *d'*: Holunderstrauch; *hinter da Hollerstau(d)n sitzt a Krowåt, traut si net füra, weil er d' Hosn voi(ll) håt*
hö(ll)seitn!: Ausruf des Erstaunens
Holm *da*: Längsstange am Barren und an der Leiter
holpern: der Wagen holperte auf der unebenen Straße
holpri = holprig: holperig, uneben
Holz *'s*: 1. Holz, 2. Wald; *i geh ins Holz* (ich gehe in den Wald), 3. Kegel (beim Kegeln wird oft nach Holz gezählt), 4. Sensenstiel,

Gabelstiel
Holzåpfl *da*: Holzapfel (eine Apfelsorte)
Holzårbat *d'*: Holzarbeit (Arbeit zur Holzgewinnung)
Holzbummerl *d'* (Mz.): Schuhe mit einer Holzsohle
Holzfuaß *da*: Beinprothese aus Holz
Holzhüttn *d'*: Hütte zur Aufbewahrung des Brennholzes
holzi = holzig: holzige Kohlrabi
Holzkistn *d'*: Kiste zur Aufbewahrung von Kleinmengen des Brennholzes (die in der Nähe des Ofens stand)
Holzknecht *da*: Waldarbeiter
Hö(l)zl *'s*: 1. kleines Holzstück, 2. kleiner Wald
Holzpfluag *da* = der Holzpflug: Vorgängerpflug des Eisenpfluges
Holzschei(d)l *'s*: ofenfertiges Holzscheit
Holzschloapfa *da*: Pantoffel mit Holzsohle
Holzschuah *da*: Schuh mit einer Holzsohle
Holzstoß *da*: geschlichtete Holzscheiter
Holztridlin(g) *da*: (Haus)schuh mit einer Holzsohle (dasselbe wie Holzschloapfa)
Holzweg: auf dem Holzweg sein (im Irrtum sein)
Holzwoll *d'* = die Holzwolle: Verpackungsmaterial
Hopfm *da* = der Hopfen: Pflanze zur Biererzeugung; *bei eahm is*

Hopfm und Målz verlorn (bei ihm ist alle Mühe vergebens)
Hopfmstång *d'* = die Hopfenstange: 1. Stange, an der der Hopfen hinaufwachsen kann, 2. langer, magerer Mensch
hoppatatschad, hoppatatschi: ungeschickt, unbeholfen, linkisch
hopper-hopper Reiter (Kindersprache): sagt man, wenn man ein Kind am Schoß schaukelt
Hopperl *'s*: beschränkte Person
Höppin(g), Heppin(g) *d'*: Kröte (meist wird im Ipftal aber die Bezeichnung *Möttin(g)* verwendet)
Hörndl, Herndl *'s*: (kleines) Horn (Hornvieh); *oan Hörndl aufsetzn* (den Ehemann betrügen)
hört = hart; *a hörts Brot* (ein hartes Brot)
hoserln: mit kleinen Schritten einhergehen
Hosn *d'* = die Hose; *d' Hosn voi(ll) hå(b)m* (Angst haben)
Hosnsåck *da*: Hosentasche
Hosnscheißer *da*: feiger Mensch
Hosntrager *d'* (Mz.) = die Hosenträger
Hosntragerfleisch *'s*: geselchter Speck, von dünnen Fasern mageren Fleisches durchzogen
Hosntürl *'s*: Hosenlatz
hott!, hottah! (*hått* gesprochen): Fuhrmannsruf, damit die Pferde nach rechts gehen
Huab, Huam *d'* = die Hube: eine (kleine) Bauernwirtschaft

Huaf *da*: 1. Huf (des Pferdes), 2. (scherzhaft) Fuß; *heb deine Huaf a weng!*
Huafeisn *'s* = das Hufeisen: Eisen, mit dem die Pferde beschlagen werden
Huafschlåg *da*: die (meist etwas erhöhte) Fläche zwischen den Fahrrinnen eines Feldweges
huastn = husten
Huastn *da* = der Husten
Huat *da*: 1. Hut (Kopfbedeckung), 2. geknickte Garbe, die zur Abdeckung des *Kornmandls* dient, 3. oberstes Kleebüschel auf der *Kleehüfl*
Huatara *da*: Hutmacher (Hutmachergeschäft)
hüatn, hiatn = hüten: Vieh hüten, aber auch Kinder beaufsichtigen
Hubertusmåntl *da* = der Hubertusmantel: ein Lodenmantel
hübsch: ziemlich; *hübsch groß* (ziemlich groß)
Hudern *d'*: ein baufälliges Haus
Hudlerei *d'*: Hudelei (überstürzte, schlampige Arbeit)
hudln = hudeln: übereilt, schlampig arbeiten
Hüfl *d'*: zugespitzter und mit Löchern (zum Durchstecken der *Sprießln*) versehener Holzrundling, der zum Trocknen von Klee und mitunter auch von Heu dient
Hügl *da* = der Hügel
hui!: schön, sauber; *außn hui, innen pfui!*
Hü(ll) *d'*: Tuchent

hü(l)za = hölzern; *i bi(n) gånz hü(l)za* (ich bin ganz steif)
Humml *d'* = die Hummel: ein Insekt
Hund *da*: Hund; *am Hund kemma* (in große wirtschaftliche Schwierigkeiten kommen)
hundi: schlecht; *mir geht's hundi*
Hundianer *da*: ein Scherzschimpfwort
Hundling *da*: Draufgänger; *des is a weng a Hundling* (einer, der Frauen „anmacht")
Hundsdorf: imaginärer Ort (ein richtiges Kaff); *i hån va überåll oan und va Hundsdorf zwoa* (sagt ein leicht verärgerter Rummy-Spieler, wenn er von den besseren Karten jeweils nur eine und nur von den schlechten zwei zusammenpassende hat)
Hundsduttl *da*: Schimpfwort für einen Mann
hundsgemein: ganz gemein
Hundsigl *da*: „Hundsigel" (bis heute kursiert die Mär, daß es zwei Arten von Igeln, nämlich einen Hundsigel und einen Schweinsigel, gäbe)
Hundskrüppl *'s*: Schimpfwort für einen unliebsamen Hund
hundsmüad, hundsmiad = hundemüde: ganz müde
hundsölendi = hundselend: sehr elend
Hundstag *d'* (Mz.) = die Hundstage: die heiße Zeit im Hochsommer (22. Juli bis 24. August)

Hundsveigerl *'s*: duftloses Veilchen
Hundsweda *'s* = das Hundewetter: schlechtes Wetter
Hundszauck *d'*: 1. (läufige) Hündin, 2. dasselbe wie *Hundskrüppl*
Hungerleider *da*: ein geiziger Mensch
Hungertuach *'s*: Not, Armut; *der någt am Hungertuach* (der ist ganz arm)
hunzn = hunzen: 1. schlecht behandeln, schikanieren; *da Baur håt 'n gscheit ghunzt* (der Bauer hat ihn schikaniert), 2. unerwartet Schwierigkeiten bereiten; *d' Årbat håt mi ghunzt* (die Arbeit hat mir unerwartet Schwierigkeiten bereitet)
hupfa = hüpfen; *es is ghupft wia gsprunga* (völlig einerlei)
Hupfer *da*: Sprung
Hurnaus *d'* = die Hornisse
huschalat: 1. zu leicht bekleidet; *du kimmst so huschalat daher* (du bist für das kühle Wetter zu leicht angezogen), 2. fröstelnd; *huschalat is!*
Huscher *da*: „Dachschaden", Spleen; *der håt an gscheitn Huscher* (er ist nicht richtig im Kopf)
husch-husch!: 1. mach schnell!, beeil dich!, 2. hastig, unüberlegt, ungenau
huschi (Kindersprache): kalt
hussn = hussen: aufreizen, aufstacheln

hutschi-heitschi! (Kindersprache): sagt man, wenn ein Kind in den Schlaf geschaukelt werden soll
hutschn = hutschen: 1. schaukeln, 2. ein Kind einschläfern
Hutschn *d'* = die Hutsche: Schaukel
Hüttn *d'* = die Hütte: Schuppen
Hydraulikpfluag *da*: Hydraulikpflug (im Unterschied zum *Ånhängpfluag*)

- I -

i = ich
i-a!: Schrei des Esels
i aa = ich auch
Iachsn, Iaxn *d'*: 1. Achselhöhle; *wås unter da Iachsn trågn* (etwas unterm Arm tragen), 2. Ableitungsrinne des Regenwassers, wo zwei Dachflächen eines Vierkanters rechtwinkelig zusammentreffen
iawigsmål: ab und zu, manchmal
Ibidum *'s*: einen Leichtgläubigen um ein Sackerl *Ibidum* („ich bin dumm") zum Krämer schicken
Ifång *da*: Ackergrenze
inanånd, inanånda = ineinander
in a(r)schling: rückwärts, verkehrt
in da Reißn håm: jemanden ständig verfolgen; *den håm s' oiweu in da Reißn*
Indian *da*: Truthahn

in eahm sä(lb)m: von sich selbst; *da Wågn is in eahm sä(lb)m rennert worn*
infisziern = infizieren: mit einer Krankheit anstecken
inn, innat: innen(drin), innerhalb
innasi: im Innern
inn wern, inna wern: erfahren; *i bi(n) des nu net inn worn* (ich hab das noch nicht erfahren)
in oan = in einem
in Ort, in Oart: am Ende; *i bi(n) in Ort* (ich bin am anderen Ende angekommen)
ins = uns
in samsing: als ob, sozusagen (wörtlich: in seinem Sinn)
inser = unser
inseroans = unsereins
inständi = inständig: inständig (flehentlich) bitten
intakemma = unterkommen
Intaki(d)l *da*: Unterkleid
intamischln: die Vormittagsjause einnehmen
intasi: unterhalb, darunter; *i hån intasi nu a Westn ån!*
intaspreizn: unterspreizen, einen Stützpfeiler errichten
int umi: unten herum
irrgehn: fehlgehen, das Ziel nicht erreichen; *wer lång frågt, geht weit irr*
irrn: im Wege stehen, hindern; *geh weg, du irrst jå!* (geh zur Seite, du stehst im Weg!)
is = ist
is eh leicht: selbstverständlich

(Bestätigung für das vom Gesprächspartner eben Gesagte)
Itaker *da*: Italiener
I-Tipferl-Reida *da*: „I-Tüpferl-Reiter" (kleinlicher Mensch, Pedant)
Iwa-und-Iwa *a*: ein übermütiger Junge

- J -

jå = ja
Jågd *d'* = die Jagd
jågn = jagen: nachjagen; *da Hund jågt d' Kåtz*
jågn gehn: auf die Jagd gehen
Jager *da* = der Jäger
Jågl *da*: schwerfälliger, dummer Mann
jagln: johlen, schreien
Jåhr *'s* = das Jahr
jahri: einjährig, ein Jahr alt; *a jahrige Kål(b)m*
Jahrling *da*: alles was ein Jahr alt ist (Pferd, Most usw.)
Jåhrzåhl *d'* = die Jahreszahl
Jakobi: der Jakobstag (25. Juli)
Janker *da*: eine Jacke (vielfach im Trachtenstil)
Jaß *da*: ein tüchtiger Bursch, ein Spitzenfachmann
Jaukerl *'s* (scherzhaft): Spritze, Injektion
Jausn *d'* = die Jause: Zwischenmahlzeit am Nachmittag

jausna = jausnen: die Nachmittagsjause einnehmen
Jausngegner *da* (Fußballersprache): ein Gegener, den man gleichsam als Nebenmahlzeit „verspeist"
Jausnzeit *d'*: Pause, in der die Jause eingenommen werden kann
jessas!, jessas na!: nein, so etwas! (Ausruf des Erstaunens oder Erschreckens)
jessasmarandjosef!, jessasmarandanna!: um Gottes willen! (Ausruf höchsten Erschreckens oder Erstaunens)
Jodler *da*: Volksgesang der Älpler
jodln = jodeln: einen Jodler singen
Joh *'s* = das Joch: ein Feldmaß (5755 Quadratmeter)
Johånnståg *da*: Johannstag (24. Juni)
Jolly *da*: Joker (Spielkarte)
Jolly spü(l)n: Rummy spielen (Kartenspiel)
Joppm *d'* = die Joppe: kurze Jacke
Josefi: Josefitag (19. März)
Jubilar *da*: einer, der eine persönliche Gedenkfeier begeht
Juchatza *da* = der Juchzer: ein aus übervollem Herzen gejubelter Freudenruf
juchatzn = juchzen: einen *Juchatza* machen
jucka = jucken; *es juckt mi in de Finger*
Juckpulver *'s*: Niespulver (Faschingsscherzartikel)
Jud *da*: 1. Jude (Angehöriger der jüdischen Glaubensgemeinschaft), 2. vulgär für Klitoris, 3. nur an einer Seite angebrannte Zigarette
Jugad *d'* = die Jugend
Junge *'s*: ein junges Tier; *d' Kåtz håt drei Junge*
Jungfer *d'*: Jungfrau; *a ålte Jungfer*
Jungfraunhåår *'s*: Zittergras
Jungfraunkäferl *'s*: Marienkäfer
Junggsö(ll) *da* = der Junggeselle
Jungmoaß *da* = der Jungmaiß: Jungwald
justament: nun erst recht, „ausgerechnet"
Jux *da*: Scherz, Spaß

- K -

Kabinett *'s*: kleines Zimmer
Käbleisn *'s*: eine Frau, die ständig keppelt
käbln = keppeln
Käblzähnt *d'* (Mz.): im übertragenen Sinne die Zähne einer bissigen Weibsperson; *de håt Käblzähnt* (die keift immer)
Kacherl *'s*: 1. kleiner *Kåchl*, 2. mißglückter Aufsprung beim Skispringen
Kåchl *da*: 1. Schaff mit Deckel als Plumpsklo, 2. unpassender Hut, 3. ein *ångradiger* Mann
Kåchlofa *da* = der Kachelofen: ein Kachelofen durfte in keiner guten

Kackknödl 108

Bauernstube fehlen
Kackknödl *da*: Hascheeknödel
Kåder *da* = der Kater: 1. männliche Katze, 2. Folge übermäßigen Alkoholgenusses
Kåderbär *da*: Kater
Käderin, Kederin *d'*: Kätzin, weibliche Katze
Kå(d)l *da*: 1. andere Bezeichnung für *Kåder*, 2. ein Frauen gegenüber zudringlicher Mann
kafa = kaufen
Kaff *'s*: kleine, weit abgelegene Ortschaft
Kaiserbirn *d'*: Birnensorte
Kål(b)m *d'*: weibliches Kalb, das über ein Jahr alt ist und noch nicht gekalbt hat
Kål(b)mkuah *d'*: Kuh, die bereits ein Kalb geboren hat
Kål(ch) *da* = der Kalk
Kål(ch)gruam *d'*: Kalkgrube (der gelöschte Kalk wurde in einer Grube gelagert)
kål(ch)weiß: ganz weiß, blaß im Gesicht; *du bist kål(ch)weiß!*
Kalena *da* = der Kalender
kålt = kalt; *a kålter Bauer* (eingetrocknetes Sperma)
Kålte Soph *d'*: die den Eismännern folgende „Kalte Sophie" (15. Mai)
Kaluppm *d'*: Kaluppe (altes, baufälliges Gebäude)
kä(l)zn: 1. bellen (des Hundes), 2. hart und heiser husten
kam: 1. kaum; *kam zan glau(b)m*, 2. käme
kamat: käme; *i kamat eh gern*

Kåmm *da* = der Kamm: Haarkamm, Taschenkamm
kåmma: kann man; *kåmma des toan?* (kann man das tun?)
Kåmmer *d'* = die Kammer: 1. Schlafraum, 2. Rumpelkammer
Kampl *da*: 1. Haarkamm, Taschenkamm, 2. Kamm des Hahnes und der Henne, 3. Bursch, Kerl; *a fescher Kampl*
kampln = kämmen
Kampra(d)l *'s*: Kammrad der Mühle
Kanäule *d'* = die Kanaille: derbes Schimpfwort für eine niederträchtige Person
Kanderl *'s*: kleine Kanne
Kånl *d'* (endbetont) = die Kanne
Kantn *d'*: 1. Kante, 2. großes, kräftiges Mannsbild; *der is a gscheite Kantn*
Kapä(ll)n *d'* = die Kapelle; *a terische Kapä(ll)n* (ist einer, der nicht hören will)
Kapazunder *da*: Experte
kapischo?: verstanden?
Kapo *da*: Anführer, Vorarbeiter
Kappl *'s* = das Kappel: Kopfbedeckung
Kapplzam *da*: ein Halfter mit gezahnten Eisen (zur Zähmung der Kälber und Ochsen)
Kåppm *d'* = die Kappe
kapriziern = kaprizieren: sich auf etwas kaprizieren (eigensinnig darauf bestehen)
Karacho *da*: große Geschwindigkeit

Kårfreida *da* = der Karfreitag
Kårfreidaratschn *d'*: 1. Ratsche, mit der an den Kartagen geratscht wird, 2. (scherzhaft) Tratschweib
karnüfln: karnifeln, schikanieren, traktieren
Karo *'s*: eine Spielkartenfarbe
Karpf *da*: 1. Karpfen (Speisefisch), 2. Dummkopf (Schimpfwort)
Kårsåmsta *da* = der Karsamstag
Kas *da*: 1. Käse, 2. Blödsinn; *a so a Kas!* (so ein Unsinn!)
Kåschpa *da*: lächerliche Figur (einer, der sich lächerlich macht)
Kaschperl *da* = der Kasperl: 1. Kindertheaterfigur, Hanswurst, 2. Spielzeug, 3. lächerlicher Mensch
Kaschpertheater *'s*: 1. Kasperltheater, 2. ein unfreiwilliges Schauspiel; *des is jå a richtigs Kaschperltheater!*
kasi: käsig; *kasi sein* (schlecht, blaß aussehen)
Kasla *d'* (Mz.): Schweißfüße
kasln: nach stinkendem Käse oder nach Schweißfüßen riechen
Kasmichl *da*: „Topfenneger" (einer, der nicht in die Sonne geht)
Kastl *'s*: 1. kleiner Kasten, 2. (scherzhaft) Fernsehgerät
Kåstn *da* = der Kasten: Stehkasten, Schubladkasten
kasweiß: käseweiß; *du bist jå gånz kasweiß* (ganz blaß)
Kasze(d)l *da*: „Käsezettel" (ein Blatt Papier, auf dem nichts Bedeutendes draufsteht)

Katar *da* = der Katarrh: Schleimhautentzündung
Kåthrein: Katharinen-Tag (25. November)
Kåtz *d'*: 1. Katze, 2. *a fesche Kåtz* (ein hübsches Mädchen), 3. *des is für d' Kåtz* (umsonst)
katzaus!: Ruf, mit dem Katzen aus dem Haus verscheucht werden
Katzl *'s*: Kätzchen (junge Katze)
Katzlmåcher *da*: 1. abwertend für Italiener, 2. (scherzhaft) Mann mit vielen Kindern
katzln: junge Katzen zur Welt bringen
Kåtznbugl *da*: „Katzenbuckel" (gekrümmter Rücken oder schlechte Haltung)
kåtznbugln: katzbuckeln (sich unterwürfig zeigen)
Kåtzndreck *da*: Exkremente der Katze; *der ghert mit Kåtzndreck daschossn!*
Kåtznfä(ll) *'s*: Katzenfell (fand früher gegen Gicht und Kreuzschmerzen Verwendung)
Kåtzngschroa *'s*: Katzengeschrei
Kåtznjammer *da* = der Katzenjammer: Mißbehagen
Kåtznkopfpflåster *'s* = das Katzenkopfpflaster: Straßenpflaster aus quadratischen Steinen
Kåtznmusi *d'* = die Katzenmusik: jämmerliche Musik, die wie Katzengejaule klingt
Kåtznschwoaf *da*: 1. Schwanz der Katze, 2. Schachtelhalm (Ackerunkraut)

Kåtznsprung *da* = der Katzensprung: geringe Entfernung
Käubl, Käuwi *'s*: Kalb
Käublziagn *'s*: Geburtshilfe beim Kalben
kaugerln: hockerln; *d' Henn kaugerlt si* (dasselbe wie *haugerln*)
Kaukau *da* = der Kakao
kedern = ködern
Kegl *da*: 1. Kegel, 2. Fußknöchel
Keglbua *da*: Bub, der beim Kegelscheiben die umgefallenen Kegel wieder aufstellt und die Kugel zurückrollen läßt
Keglbu(d)l *d'* = die Kegelbudel: Kegelbahn (dasselbe wie *Keglstått*)
Keglschei(b)m *'s* = das Kegelscheiben
Keglstått *d'* = die Kegelstatt: Kegelbahn (dasselbe wie *Keglbu(d)l*)
Kegltod *da* (scherzhaft): sehr guter Kegelscheiber (der oft mit einem Schub alle Kegel umschiebt)
kehrn = kehren: fegen
keifm = keifen: ein keifendes Weib
Keifm *d'*: eine Frau, die ständig keppelt
Keischn *d'* = die Keusche: 1. ein kleines, ärmliches Bauernhaus, 2. ein verfallenes Haus
kemma = kommen
kenna = kennen; *ums Kenna* (nur geringfügig)
kennalerna = kennenlernen
kernfrisch: ganz frisch
Kerschn *d'* = die Kirsche
Kerschnbam *da* = der Kirschbaum

kerzngråd = kerzengerade (neuer für *kerzngrea*)
kerzngrea: ganz gerade
Kestn *d'* = die Kastanie
Kestnbam *da* = der Kastanienbaum
Keu(ch)huastn *d'* = der Keuchhusten: starker Husten
Keu(l) *da* = der Keil: 1. Eisen- oder Holzkeil, 2. großes Stück; *er håt si an Keu(l) Brot å(b)gschni(d)n* (er hat sich ein großes Stück Brot abgeschnitten)
Keulerei *d'* = die Keilerei: Prügelei
Keu(l)hosn *d'* = die Keilhose: Skihose (alte Skimode)
Keu(l)n *d'* = die Keule
Keu(l)ream *da* = der Keilriemen: Treibriemen (z. B. beim Kraftfahrzeug)
Kiberer *da*: Gendarm oder Polizist
Ki(d)l *da* = der Kittel: Frauenrock, Kleid
Ki(d)lfål(t)n *d'* = die Kittelfalte; *ån da Ki(d)lfål(t)n hänga* (der Mutter nicht von der Seite weichen)
Ki(d)lsåck *da*: „Kittelsack" (Tasche im Damenrock)
kimm!: komm!
Kimm *da* = der Kümmel: ein Gewürz
Kin(d)a *d'* (Mz.): Kinder; *wer si inter Kin(d)a mischt, mischt si inter d' Sau!* (dieser Spruch hat sicher auch heute noch Gültigkeit)
Kin(d)amensch *'s*: uneheliches Kind, für das der Vater Alimente zahlen muß; *er håt a Kin(d)amensch*

Kindlbett, Kindsbett *'s*: Wochenbett (die Zeit der Bettlägrigkeit der Frau nach der Entbindung)
Kindsdirn *d'*: Kindermädchen
Kindskopf *da*: kindischer Mensch (dasselbe wie *Kindsro(d)l*)
Kindsro(d)l *d'*: kindischer Mensch
Kindstauf *d'*: 1. die Taufe eines Kindes, 2. eine verschüttete Flüssigkeit auf einem Tisch, welche auf eine gewisse Person zufließt
kindswera(n): kleine Kinder beaufsichtigen
Kineser *da*: ein harmloses Schimpfwort; *du bist jå dert a Kineser!*
Kini *da* = der König: 1. Monarch, 2. Spielkarte; *Herz-Kini*, 3. vorderster Kegel beim Kegelscheiben
Kiniglhås *da* = der Kiniglhas: Kaninchen
Kini-ruafa *'s*: „König-rufen" (ein Kartenspiel)
kinna = können
Kipf *d'* (Mz.): die Stangen am Leiterwagen, die den *Loatabam* tragen
Ki(r)a, Kircha *d'* = die Kirche
Ki(r)aleit, Kirchaleit *d'* (Mz.): Kirchenbesucher
Kirda *da* = der Kirtag: 1. das Kirchweihfest, 2. der Jahrmarkt an diesem Tag, 3. die Ware, die man auf diesem Markt kauft; *da Håns hat da Miaz an schen Kirda kaft*, 4. Vergnügen, Schabernack; *gestern håmma an Mordskirda ghå(b)t*

Kirdageld *'s*: Geld, das man jemandem gibt, um sich am Kirtag etwas kaufen zu können
Kirdaraffa *'s*: der frühere Brauch, daß an einem Kirtag gerauft wurde
Kiß *'s*: Kissen (Polsterunterlage für das Kummet)
Kitz *'s*: das Junge von Reh oder Gemse
Kitzl *'s*: das Junge von der Ziege
kitzli = kitzlig: kitzlig sein
kitzln = kitzeln: jemanden kitzeln
Klachl *da*: 1. ein schwerfälliger, unbeholfener Mensch (Schimpfwort), 2. Glockenschwengel
Klåmpfa *d'* = die Klampfe: Eisenklammer für Zimmermannsarbeit
Klåmpfm *d'* (scherzhaft): Gitarre
Klång *da*: 1. Klang; *de Glockn håt an hä(ll)n Klång*, 2. Knoten oder Schlinge an einem dicken Seil, 3. Bund Stricke oder Schnüre
klankln: 1. baumeln, 2. umherschlendern, müßig umhergehen
Klanklwer *'s*: 1. Gehänge, Anhängsel, 2. Verwirrung, Verschlingung
Klapperl *d'* (Mz.): Sandalen
klår = klar: 1. rein; *a klårs Wåsser*, 2. deutlich, verständlich; *des is ma klår*
Klår *'s* = das Klar: Eiklar
klaß: vortrefflich
Klaubauf *da*: eine Begleitfigur des Nikolaus
klau(b)m = klauben: vom Boden aufheben, sammeln; *Erdpfl klau(b)m, Holz klau(b)m*

Klax

Klax *da*: eine Kleinigkeit, die nicht der Rede wert ist
Klebern *d'*: 1. Klette (eine Pflanze, deren Früchte an Kleidern hängen bleiben), 2. die am Fell des Rindviehs vom ungereinigten Boden des Stalls klebenden, hart gewordenen Kotreste
Kledern *d'*: altes Motorrad
Kleehüfl *d'*: Holzstange mit Löchern zum Aufhängen (Trocknen) des Klees
Kleehüflsprießl *d'* (Mz.): Holzsprossen, die zum Kleeaufhängen in die vorgesehenen Löcher der *Kleehüfl* gesteckt werden
Kleelånd *'s* = das Kleefeld
Kleelånd reißn: das Kleefeld umpflügen
Klei(b)m *d'* = die Kleie: Abfall beim Mahlen des Getreides
Kleiderschürzn *d'*: Kleiderschürze
klempern = klimpern: (auf dem Klavier) klimpern
klen, klena: kleben, streichen, auftragen; *klen net so vü(l) auffi* (trag nicht so viel auf)
Klescha *da*: 1. lautes Geräusch, 2. Spleen; *der håt an Klescha* (er ist nicht ganz richtig im Kopf)
kleschn: schlagen, ohrfeigen; *er håt eahm oane klescht* (er hat ihm eine Ohrfeige gegeben)
kletzln: mit dem Fingernagel herunterkratzen
Kletzn *d'* = die Kletze: 1. Dörrobst, 2. kleines, schwächliches Kind
Kletznbirn *d'*: Birnensorte
Kletznbrot *'s* = das Kletzenbrot: Früchtebrot, das zur Weihnachtszeit gebacken wird
kletznmü(ll)n: mit den Händen um den Körper schlagen (in der Frostzeit zum Erwärmen)
klia(b)m: „klieben", spalten, auseinanderhacken; *Holz klia(b)m*
Klimbim *da*: unnütze Sachen
Klingl *da*: Wollknäuel
Klinglbei(d)l *da*: Klingelbeutel (zum Geldsammeln in der Kirche)
Kloa *d'* (Mz.) = die Klauen: Hornzehen von Huftieren
Kloa(d)l *'s* = das Kleid
kloan = klein
kloane Einfahrt: das kleinere Einfahrtstor des Bauernhofes (wenn das Haus zwei Tore hat)
Kloanhäusler *da* = der Kleinhäusler: Kleinbauer
Kloanigkeit *d'* = die Kleinigkeit
kloankariert = kleinkariert: engstirnig
kloanlaut = kleinlaut: kleinlaut werden (nicht mehr großtun; verstummen)
kloanmüadi = kleinmütig: mutlos, verzagt
kloansweng *a*: ein wenig, ein klein wenig
kloanweis = kleinweis: Stück für Stück, nach und nach
kloanwinzi = kleinwinzig
klöcka, klecka: das Auslangen finden; *mit den Trumm Fleisch klöcka ma recht schen* (das Stück

Fleisch reicht für den bestimmten Zeitraum)
klöckln, kleckln: einen klopfenden Laut erzeugen (z. B. beim Gehen mit eisenbeschlagenen Schuhen); *der klöcklt daher, daß man 'n schon va da Weidn hert*
Kloibhåcka *d'*: stark keilförmige Hacke zum Holzhacken
Kloimra(d)l *'s*: feste Rolle zum Aufziehen von Baumaterial
klopfa = klopfen
Klopfa *da*: „Dachschaden"; *der håt an Klopfa* (der ist nicht ganz dicht)
Kloßkråpfa *da* (*Glåskråpfa* gesprochen): Kugelkrapfen, Faschingskrapfen
kluag: sparsam, wirtschaftlich; *de is recht kluag* (sie ist sparsam)
klüagln: sparsam leben
Kluft *d'*: Arbeitskleidung
Klüft *d'* (Mz.): Schrunden, Schrammen an den Händen (aufgesprungene Hände)
klüfti: „klüftig", „sprüngig"; *a klüftigs Holz kånn da Binder net braucha*
Klumpad, Klumpert *'s*: wertloses Zeug, schäbige Sachen
Klumsn *d'*: schmaler Spalt, Kluft, Hauteinriß
Kluppm *d'* = die Kluppe: Wäscheklammer (auch *Klupperl*)
Knacka *da*: abschätzig für (alter) Mann; *a ålter Knacka*
Knacka *d'*: Kurzwort für Knackwurst

knårrn, knårratzn = knarren
Knast *da*: Gefängnis
Knauckerl *'s*: kleinwüchsiger Mensch oder kleinwüchsiges Tier
Knauferl *'s*: kleiner Hund
knaufa, knaufm: 1. keifen, schimpfen, 2. streiten (der Kinder)
Knaufm *d'*: keifende Weibsperson
knaun: dasselbe wie *knaufa*
Knaun *d'*: dasselbe wie Knaufm
knausern: geizig sein, übertrieben sparsam sein (dasselbe wie *knickern*)
Knaussat *'s*: kleines, minderwertiges Obst
Knecht *da*: Knecht (auf großen Bauernhöfen waren früher dem Rang nach der *Hausknecht* [erster Knecht am Hof], der *Roßknecht* [Pferdeknecht], der *Prüglknecht* [zweiter Pferdeknecht], der *Dritt* [dritter Pferdeknecht], der *Mitårbata* [Mitarbeiter] und der *Stållbua* [Stallbub, Gehilfe des *Roßknechts*] beschäftigt)
kneißn: erkennen, merken, durchschauen
Knia *'s* = das Knie: (Mz.: auch Knoten im Getreidehalm)
Kniabieg *d'*: Kniekehle
Kniaschlodern *d'*: Knieschlottern
Kniatådern *d'*: dasselbe wie *Kniaschlodern*
kniatiaf = knietief
kniaweit: o-beinig
kniawoach, kniawoah = knieweich
knickern: knausern, übertrieben sparsam sein

Knickerbocker *d'*: eine halblange Hose
knipsn = knipsen: fotografieren
Knöbl *da*: Kettenverschluß
Knö(d)l *da* = der Knödel
Knofl *da* = der Knoblauch
Knopf *da*: 1. Knopf (Hosenknopf), 2. Knoten; *eahm is da Knopf aufgånga* (er ist klüger geworden)
knotzn = knotzen: herumhocken
koan = kein; *i hån koan Auto*
koana, koane, koans = keiner, keine, keines
Köbberståll *da*: Stall für die *Kål(b)m* (Kälber)
Kobl *da* = Kobel: Verschlag, Behausung für das Federvieh (Taubenkobel, Hühnerkobel)
Koblwågn *da*: Sonntagskutsche mit Dach
Kochamehl *'s*: Mehl, das zum Kochen verwendet wird (im Unterschied zum *Goaßmehl* [Kleie])
Kogl *da* = der Kogel: Bergkuppe
Koh *'s* = das Koch: 1. eine breiige Speise, 2. Grießkoch
Kohlöffl *da*: 1. Kochlöffel, 2. Wiesenschaumkraut (Wiesenblume)
Kohlrabi *da*: eine Gemüsepflanze
kohlråbmschwårz = kohlrabenschwarz: schwarz wie ein Kohlrabe
kohlschwårz = kohlschwarz: ganz schwarz
Kohramer(n) *d'*: Kruste des Grießkochs
Koi *d'* = das Kinn
Kokosbusserl *'s*: eine Bäckerei

kö(l)bern: kälbern (ein Kalb zur Welt bringen)
Kö(lt)n *d'* = die Kälte
Kombinesch *d'*: Damenunterkleid
kommot = kommod: 1. bequem, 2. beschaulich
Koriander *da*: Gewürz zum Brotbacken
Körberlgeld *'s*: Handgeld (für die Hausfrau)
Körblzäuner *da*: Korbflechter (ein altes Gewerbe)
Korn *'s*: Roggen
Kornane *da*: Kornschnaps (Roggenbranntwein)
Kornåpfl *da*: Klarapfel (weißer, weicher Frühapfel, der zur Zeit der Roggenernte reift)
Kornbluman *d'* (Mz.): Kornblumen
Kornmandl *'s*: aufgestellte Roggengarben auf dem Feld
koscher: etwas ist nicht ganz *koscher* (es ist bedenklich)
Kostgeld *'s*: Entgelt für Kost und Quartier
Kot *'s*: Erde
Kotfång *da*: Vertiefung am Abhang eines Ackers, in der das abgeschwemmte Erdreich (Humus) aufgefangen wird
Kotführn *'s*: das sich im *Kotfång* angesammelte Erdreich wieder auf die Felder bringen
Kot-oa *'s*: Windei (unbefruchtetes Ei)
Kotscholln *da*: Erdscholle, Erdbrocken
kotzngrob (*kåtzngrob* gesprochen)

= kotzengrob: sehr grob
Kräbl *'s*: Fuß mit Krallen; *Heahnkräbl, Scherkräbl*
kråbln: langsam arbeiten, trödeln
kräbln: greifen, mit den Händen etwas fassen wollen
Kråblsåck *da*: Trödler
Krachäla *da* = der Krakeeler: streitsüchtiger Mensch
Kråcher *da*: 1. Knall; *i hån an Kråcher ghert*, 2. *a ålter Kråcher* (ein alter, schwerfälliger Mann)
Kracherl *'s*: Limonade
kragatzn = krächzen
Krågn *da* = der Kragen: Hals
Krågnweidn *d'* = die Kragenweite; *de håt genau mein Krågnweidn* (die gefällt mir)
krahn = krähen; *da Håhn kraht*
Kråm *d'*: 1. Gerümpel, 2. Gesindel; *des is a richtige Kråm*
Kråmaståind *da*: Gerümpel, unnützes Zeug
Kråmer *da* = der Krämer: Greißler
kråmpad: grob
Kramperl *da*: verniedlichend für Krampus; *Kramperl, Kramperl Besnstü(l), betn tua i wånn i wü, wånn i's Betn aa net kånn, geht's en Kramperl aa nix ån*
kramperln: ärgern; *mi kramperlt des* (darüber muß ich mich ärgern)
Krämpl *da* = der Krempel: alter, wertloser Kram, Gerümpel
Krampm *da*: verächtlich für (altes) Pferd
Kråmpm *da* = der Krampen: Spitzhaue

Krampus *da*: Begleitfigur des Nikolaus im Volksbrauch
Kramuri *da*: Kram, Gerümpel
Krån *d'* = die Krähe
Krångat *d'* = die Krankheit
Krånnest *'s*: 1. Krähennest, 2. (scherzhaft) durch langes Liegen verfilzte Haare am Hinterkopf
Krånz *da* = der Kranz: 1. Blumenkranz (Kranzspende bei Begräbnis), 2. Aufsatz eines alten Bauernkastens, 3. Holzreifen eines Wagenrades
Kranzl *'s*: 1. Figur beim Kegeln (wenn alle Kegel mit Ausnahme des mittleren mit einem Schub fallen), 2. das am Fronleichnamstag geweihte *Kranzl*, das für den Herrgottswinkel bestimmt ist, 3. kleiner Kranz (den die *Kranzljungfern* tragen)
Kranzljungfern *d'* (Mz.): die weiß gekleideten Begleiterinnen der Braut
Kråpfa *da* = der Krapfen: Faschingskrapfen, Bauernkrapfen
krapsn: stehlen, wegstibitzen
kratschn: kraxeln, klettern
Kratschpeda, Kratschapeda *da*: Bub, der ständig auf Bäumen klettert
Kråtzbürschtn *d'* = die Kratzbürste: 1. eine Bürste mit steifen Borsten, 2. eine überaus strenge Frau, mit der nicht gut Kirschen essen ist
Kråtzer *da* = der Kratzer
Kratzerl *'s*: Behelf zum Geschirr-

kratzln abwaschen
kratzln = kritzeln: schlampig schreiben
kråtzn = kratzen
Kråtzn *'s*: ein Kartenspiel (dasselbe wie *Månschln*)
Kräula *da*: Kratzer
kräu(l)n: 1. kratzen; *d' Kåtz hat mi kräu(l)t*, 2. kriechen; *kräu(l) net oiweu åm Bo(d)n umanånd*, 3. klettern; *er is schon wieder aufm Bam auffikräu(l)t*
Kräu(l)n *d'* (Mz.): 1. Krallen, 2. Fingernägel; *schnei(d) da amål deine långa Kräu(l)n å(b)!*
kraust: gekräuselt, gelockt; *i wünsch a guats neigs Jåhr, a Christkindl mitn kraustn Hååår, a gsunds und a långs Le(b)m und an Bei(d)l voi(ll) Geld dane(b)m*
Kraut *'s*: Weißkraut, Blaukraut (Rotkraut); *Kraut und Rua(b)m* (alles durcheinander); *des mächt's Kraut a nimma fett* (auf das kommt es auch nicht mehr an)
Krautbodin(g) *d'*: Krautschaff (aus Holz oder Granit)
Kraut eintretn: das zum Säuern eingelegte Weißkraut mit den Füßen eintreten
Krautera *da*: (abwertend) alter Mann
Krauthachl *d'*: Gerät zum Kleinschneiden des Krautes
Krauthäupl *'s* = das Krauthäuptel: Krautkopf
Krauthobl *da*: dasselbe wie *Krauthachl*

Krautscheucha *d'*: Vogelscheuche
Krautsuppm *d'*: abgeschmalzene, dünne Krautbrühe (eine früher bei den Bauern oft zubereitete Suppe)
Krautwåchter *da*: 1. Vogelscheuche, 2. einfältige, schlecht gekleidete Person
Krautwurm *da*: Raupe des Kohlweißlings (Schmetterling)
Krawa(d)l *'s*: Gurgel, Halsgegend; *i hån di glei ban Krawa(d)l!*
Krawäu(ll) *da* = der Krawall: arger Lärm
Krawäu(ll)stoppl *da*: einer, der ständig herumlärmt
krawutisch: wütend, zornig
kraxln = kraxeln: klettern
Kraxn *d'*: 1. Kraxe (Traggestell), 2. Rausch; *der håt heint schon wieder a gscheite Kraxn*, 3. ein in schlechtem Zustand befindliches Fahrzeug, 4. unleserliche Unterschrift; *er håt sein Kraxn her gmåcht* (er hat unterschrieben)
kreamln: knirschen; *mit de Zähnt kreamln* (mit den Zähnen knirschen), das Getriebe *kreamlt* (wenn man die Kupplung nicht durchtritt)
Kreberl *'s*: kleiner Krallenfuß; *Scherkreberl*
krebssaur: „krebssauer" (ganz sauer); *der Most is krebssaur*
Kredenz *d'*: ein Küchenmöbel
Kreiz *'s*: 1. Kreuz, 2. eine Spielkartenfarbe, 3. Rückgrat, 4. Ärger, Schwierigkeit; *mitn Buam hämma a Mordskreiz*

kreizbrav = kreuzbrav: sehr brav und ehrlich
kreizfidä(l): kreuzfidel (sehr vergnügt)
Kreizhaun *d'*: Kreuzhaue (Werkzeug)
Kreizkruzifix!: Fluchwort
Kreizsakara!: Fluch
Kren *da* (nasal): Meerrettich; *der is zan Krenrei(b)m* (der ist zu nichts zu gebrauchen)
Krenbei(d)l *da*: hochnäsiger Mensch (Schimpfwort)
Krenfleisch *'s*: in Essigsoße zubereitetes gesottenes Schweinefleisch, mit Wurzelwerk und Kren bestreut
Krenhengst *da*: dasselbe wie *Krenbei(d)l*
krepiern = krepieren: verenden
Kretänl *'s*: schwächliche, magere Person (mißverständlich für „Kretin")
Kretzn *d'*: 1. Krätze (Räude; Wundkruste), 2. Lausbub (Frechdachs)
Kretzntegl *da*: eine mit Gesichtsausschlag behaftete Person; *Kretzntegl, kaf dar um 5 Kreuzer Schuahnägl*
Kriacherl *'s* = das Kriecherl: eine Pflaumensorte (Ringlottenart)
Kriag *da* = der Krieg
Kriagführn *'s*: 1. einen Krieg führen, 2. ein Kartenspiel (Kinderspiel)
kriagn = kriegen: bekommen, erhalten

Krickerl *'s* = das Krickel: 1. das Gehörn des Reh- und Gamswildes, 2. gebogener Sensengriff, 3. kleine Haue
Kripperl *'s*: Weihnachtskrippe
Krischperl *'s*: mageres, schwaches Geschöpf
Krischpindl *'s*: „Krispindl" (dasselbe wie *Krischperl*)
Kropf *da*: der Kropf war früher bei vielen Menschen anzutreffen
kropfad: mit einem Kropf behaftet
Kropfada *a*: ein Mann mit einem Kropf
Krot *d'*: 1. Kröte; *müassma hålt de Krot fressn* (müssen wir halt das in Kauf nehmen), 2. Schimpfwort; *a so a Krot!*
Krowåt *da* (abwertend): Kroate
Kruag *da* = der Krug (Mz.: *d' Kriag*)
Krucka *d'*: 1. Krücke, 2. Schimpfwort; *a so a Krucka!*
Krüppl *'s*: 1. Krüppel (ein Körperbehinderter), 2. Schimpfwort; *Hundskrüppl* (scheltend für Hund)
Krüpplgspü(l) *'s*: 1. ein sehr mageres Wesen, 2. Schimpfwort
Kruschpl *d'* = die Kruspel: Flechse, Knorpel
Kruzinesa!: Fluchwort
Kruzitürkn! = Kruzitürken!: Ausruf des Ärgers
Kuafm *d'* = die Kufe: Laufschiene des Schlittens
Kuah *d'* = die Kuh (Mz.: *Küah*)
Küahbih *da*: Heuboden über dem Kuhstall

Kuahkäubl *d'*: weibliches Kalb
Küahschnoata *da*: eine Art gewerbsmäßiger Klauenpfleger (Kühe)
Kuahschwoaf *da*: 1. Kuhschweif, 2. ein Kartenspiel (Kinderspiel)
Kuahståll, Küahståll *da* = der Kuhstall
Kuahståll-Lacka, Küahståll-Lacka *d'*: kleiner Teich als Wasserreservoir zum Kühetränken (wurde bis zur Einleitung des Fließwassers benötigt)
Kuahwåmpm *d'*: 1. Bauch der Kuh, 2. Ausbauchung, Frostaufbruch im Frühling
kuahwårm = kuhwarm: eine kuhwarme Milch
Küberl *'s*: kleiner Kübel (Kinderspielzeug)
Kübl *da* = der Kübel: 1. Behälter; *Kohlnkübl*, 2. altes Auto
Kuchl *d'* = die Küche
Kuchldirn *d'*: Küchenmagd (Köchin)
Kuchlmensch *'s*: Küchenmädchen (jüngste und rangniedrigste Magd)
kudern: auffällig, kindisch lachen, kichern
Kudlfleck *d'* (Mz.): Bauchschwarten des Schweines (kleingeschnitten in saurer Soße zubereitet nach Art des Beuschels)
küfln: „kiefeln", nagen, beißen, knabbern, kauen; *er håt ma wås zan Küfln ge(b)m* (er hat mir etwas zum Auflösen gegeben)
kuglrund = kugelrund: 1. ganz rund (rund wie eine Kugel), 2. fettleibig, übergewichtig; *der Bua is kuglrund*
kultivatern: mit dem Kultivator die Erde lockern
Kultivator *da*: Ackergerät
Kummat *'s* = das Kummet: um den Hals gelegter Geschirrteil bei Zugtieren
Kumpf *da*: 1. Behälter für den Wetzstein (aus Holz oder Kuhhorn), 2. große, stark gebogene Nase
kunnt, kinnt: könnte; *i kunnt nu an Knö(d)l essn*
Kunt *da*: Kerl, Bursche, Liebhaber; *d' Nandl håt schon wieder an neichn Kuntn*
Kuntaling *da*: Liebhaber (dasselbe wie *Kunt*)
Kupfer *da*: Metallbehälter (ursprünglich aus Kupfer)
Küpfl *'s*: 1. Kipferl (Weißgebäck), 2. scherzhaftes Scheltwort; *du bist jå dert a Küpfl!* (ein kindisches, aber liebes Wesen)
Kurasch *d'* = die Courage: Schneid, Mut
kuraschiert: mutig, selbstsicher; *a kuraschierts Bürschl* (ein mutiger, aufgeweckter Bub)
Kurvm *d'* = die Kurve
kuschn = kuschen: unterwürfig schweigen, den Mund halten
kutz-kutz!: Zuruf an ein Kleinkind, welches sich verschluckt hat (wobei man zärtlich den Rücken klopft)

Kuwer *'s* = das Kuvert: Briefumschlag

- L -

låb: 1. faul, temperamentlos; *a låber Kunt* (ein fauler Kerl), 2. lau, fad, geschmacklos; *a låbe Suppm* (eine laue, geschmacklose Suppe)
låbalad: pomali, eher langsam (die Arbeit geht *låbalad* voran)
Låbheit *d'*: Faulheit
Låbian *da*: fauler, unentschlossener Mensch
Låcher *da*: Lacher; *des kost' mi nur an Låcher* (darüber kann ich nur lachen)
Låcka *d'*: Pfütze, kleiner Teich
Lackåff *da*: ein geschniegelter, eingebildeter Mann
Låckamånn *da*: eine erfundene Schreckfigur, die Kinder von tiefen Gewässern fernhalten soll; *geh net z'weit za da Låcka zuwi, sinst fångt di da Låckamånn!*
Låckanpåscha *d'*: scherzhaft für einen Menschen mit einem schwerfälligen Gang (der in jede Lache hineinsteigt)
Lackl *da*: großer, massiger, ungeschlachter Mann
Lackl, Lackerl *'s*: eine kleine Flüssigkeitsmenge
Låd *d'* = die Lade

lädiert: angeschlagen, verletzt
Ladl *'s*: kleines Schiebefach
Lå(d)n *da*: Pfosten, Brett
Låffl *da*: Flachschaufel, die an drei Seiten aufgebogen ist
Lågerweiber *d'* (Mz.): Frauen, die nach dem Krieg in Barackenlagern gewohnt und zum Teil auch bei den Bauern als Taglöhnerinnen gearbeitet haben
Lahn *d'* (nasal): Mulde, steile Böschung
lamadiern = lamentieren: klagen
Lampl, Lamperl *'s* = das Lamm: junges Schaf; *zidern wiar a Lamplschwoaf* (große Angst haben); *hiatzt is er auf amål wieder so brav wiar a Lamperl* (sagt man, wenn ein Bub, der schlimm war, plötzlich wieder artig ist)
Landauer *da*: Kutsche
Landlbirn *d'*: Birnensorte, aus der der Landlbirnmost erzeugt wird
Landlbirnmost *da*: Birnenmost aus den *Landlbirn* (ein etwas süßlich schmeckender Most, der leider nicht lange haltbar ist)
Landler *da*: 1. der typische oberösterreichische Volkstanz, 2. Musikstück; *spü(l)ts an Landler!*
Landlermusi *d'*: Musikgruppe, die *Landler* spielt (setzt sich aus zwei Geigen und einem Baß, oft noch verstärkt durch Blasinstrumente, zusammen)
Låndpamarantschn *da* (scherzhaft, abwertend): Mädchen vom Lande

lång = lang; *a Långs und a Broats måcha* (etwas kompliziert darlegen); *a långs Ölend* (eine sehr große Person)
långa: (aus)reichen; *des långt schon*
Långbänk *d'*: die in der Bauernstube an den Außenmauern entlang verlaufende Bank
långenzi: sehr lang; *der Bua is schon långenzi* (sehr groß)
långfotzad: langrüsselig; *a långfotzade Sau* (ein Schwein mit einem besonders langen Rüssel)
långmächti = langmächtig: sehr lang (dasselbe wie *långenzi*)
Lån(g)wid *'s*: Teil des Leiterwagens (Stange, an der die Bremse angebracht ist)
Läng *d'* = die Länge; *håt der a Läng!* (ist der groß!); *nåh da Längst hinfålln* (der Länge nach hinfallen)
lånkalad: länglich
Låpp *da*: einfältiger, willensschwacher Mensch
Lappali *d'* (endbetont) = die Lappalie: Nichtigkeit, Kleinigkeit
la(r) = leer
Larifari *da*: Geschwätz, Unsinn
la(r)-la(r) (Kindersprache): ist schon leer!, ich habe schon ausgetrunken!
Lårvm *d'*: 1. Larve (Krampuslarve), 2. abschätzig für Gesicht; *i wü dein Lårvm nimma segn*
Lårwänd *d'*: Bretterwand im Stadel (zur Abteilung)
Lårwändtuschn *d'*: scherzhaft für Durchfall; *er håt d' Lårwändtuschn*
laschiern = laschieren: lässig arbeiten, Tätigkeit vortäuschen
Låschn *d'* = die Lasche: Schlaufe
lassi: freizügig, nicht so anstrengend; *in da lassign Zeit* (Winterszeit, wo am Bauernhof nicht so viel zu tun war); *a lassiger Feida* (ein Bauernfeiertag, der nicht kirchlich geboten war)
Låtsch *da*: gutmütiger, auch einfältiger Mensch
Latscher *d'* (Mz.): 1. große Füße, 2. (zu) große Schuhe
latschn: nachlässig gehen
Latschn *d'* = die Lache: Pfütze, Lacke
Lattl *'s*: schmale oder kurze Latte
Låttn *d'* = die Latte: ein schmales Brett
Laub *'s*: 1. Laub, 2. eine Spielkartenfarbe
Laubat *'s* = das Laub; *'s Laubat zsåmmrecha* (Laub rechen)
Laug, Laugn *d'* = die Lauge
Laufer *da*: Pferd für die Sonntagskutsche (war meist ein ungarisches Halbblut)
läufi = läufig: eine läufige (brünstige) Hündin
Laufwagl *'s*: Sonntagskutsche
Laufwaglzeig *'s*: Pferdegeschirr für die Sonntagskutsche
Laufze(d)l *da*: „Laufzettel" (Vorläufer der Gemeindenachrichten (wurde in den Ortschaften von Haus zu Haus getragen)

launln: dösen, leicht schlummern, einnicken; *i hån a weng glaunlt* (ich habe gedöst)
Laus *d'* : Laus; *der treibt a Laus aufm Pöstlingberg* (sagt man, wenn jemand übertrieben sparsam oder kleinlich ist)
Lausbua *da* = der Lausbub: lebhafter, zu Streichen aufgelegter Bub
Lauscher *d'* (Mz., Jägersprache): Ohren beim Wild
Lauser *d'* : schlimmer Bub
lausi = lausig: schlecht; *lausige Zei(t)n* (schlechte Zeiten)
Lauskampl *da* (scherzhaft): Staubkamm
Lausmensch *'s*: unartiges Mädchen
lauter: nur, nichts als; *lauter Stoana* (nur Steine)
laut schen: „laut schön" (einigermaßen schön)
lauwårm = lauwarm: nicht heiß und nicht kalt
Lawor *'s* = das Lavoir: Waschschüssel
lax: 1. nachlässig, 2. faul
Leanl *da*: ein klotzig-schwerfälliger Mensch
Leansch *da*: langweiliger, schwerfälliger Mensch
Leber *d'* : Leber; *wås is da denn über d' Leber grennt?* (was bedrückt dich denn?)
le(b)m = leben; *le(b)m und le(b)m låssn* (eine vernüftige Lebenseinstellung)
Lebta, Lebtåg *da*: das Leben, die Lebenszeit; *mei Lebta hån i so wås nu net gsegn* (in meinem ganzen Leben habe ich so etwas noch nicht gesehen)
Lebzä(ld)n *da* = der Lebzelten: Lebkuchen
lecka = lecken
Leckapatzl!: Spottruf aus Schadenfreude (während man mit dem Zeigefinger der rechten Hand den ausgestreckten Zeigefinger der linken Hand wie abschabend streicht)
Lederbirn *d'* : Birnensorte
ledi (das „e" wie im Wort *lecka* gesprochen): pur, unvermischt, nichts beigemengt; *des is jå a ledigs Wåsser!* (sagt man, wenn einem im Gasthaus ein Gespritzter serviert wird, in dem sich kaum Wein befindet)
ledi(g): 1. ledig (unverheiratet), 2. losgerissen, von der Kette befreit; *d' Kuah is ledi(g)*
Lefzn *d'* = die Lefze: Tierlippe
Leger *da*: Betrug, Täuschung; *des wår a gscheiter Leger* (da bin ich hineingelegt worden)
legn: 1. legen; *d' Henn legt a Oa*, 2. hineinlegen, übervorteilen, betrügen; *er håt mi glegt*
Lehrbua *da* = der Lehrbub
Lehrmensch *'s* = das Lehrmädchen
Leib *da*: Männerweste, Gilet
Leibhåftige *da* = der Leibhaftige: Teufel
Leibl, Leubl *'s*: dasselbe wie Leib
Leiblki(d)l *da*: Kleid, unter das man eine Bluse anzieht

Leibltaschl *'s*: Tasche in der Männerweste (zum Einstecken der Taschenuhr)
Leibrentn *d'* = die Leibrente: eine Rente auf Lebenszeit (z. B. als Kaufpreis für ein Haus)
Leibschå(d)n *da*: „Leibschaden" (Leistenbruch)
Leibschüssl *d'*: Schüssel, die einem Bettlägrigen zur Verrichtung der Notdurft untergeschoben wird
Leich *d'* = das Leichenbegängnis; *mit da Leich gehn* (am Begräbnis teilnehmen)
leicha, leiha = leihen
leicht: 1. leicht, nicht schwer; *is eh leicht* (leicht möglich, freilich), 2. etwa, vielleicht; *bist leicht harb auf mi?*
Leim *da*: Leim; *i bi(n) eahm aufm Leim gånga* (ich habe mich von ihm täuschen lassen); *ausn Leim gehn* (auseinanderbrechen)
Leinl *'s* = die Leine
lei(n)wånd: sehr gut, in Ordnung; *des is lei(n)wånd*
Lei(n)wat *d'* = die Leinwand; *eingehn wiar a behmische Lei(n)wat* (körperlich verfallen)
leischn: umherziehen, flanieren, streunen; *leischn gehn* (ausgehen, Begegnung mit dem anderen Geschlecht suchen)
Leischn *d'*: nicht ganz ernst gemeintes Scheltwort für einen umherzigeunernden Hund oder Kater, aber auch für einen umherziehenden Menschen; *du bist jå dert a gånze Leischn!*
Leit *d'* (Mz.): 1. Leute, 2. Eltern; *meine Leit* (meine Eltern)
Leit *'s*: Mensch (als Einzelperson); *a ålts Leit* (ein alter Mensch)
Leitkauf *da*: „Drangeld", Trinkgeld (das der *Knecht* oder die *Dirn* beim Verkauf eines Stückes Vieh erhalten hat)
Leitlåder *da*: Hochzeitslader
Leit lå(d)na: Hochzeitsgäste einladen (das war die Aufgabe des *Leitlåder*)
Lei(t)n *d'* = die Leite: Abhang, Berglehne
leitsäli = leutselig: umgänglich, freundlich
leitscheu = leutscheu: schüchtern, menschenscheu
Leitschinder *da*: ein „Leuteschinder" (einer, der seine Dienstboten ausnützt)
Lela *da*: Schnuller
Lemoni *da*: Zitrone
Lempatschek *da* = Lumberjack: Windjacke
Lempm *da*: ein menschliches Wrack
len (nasal): weich; *a lens Oa* (ein weiches Ei)
Lenkra(d)l *'s* = das Lenkrad
Leonhardi: St.-Leonhards-Tag (6. November)
Leopoldi: St.-Leopolds-Tag (15. November), Tag des oberösterreichischen Landespatrons
leppern: sammeln, zusammenkommen; *es leppert si* (es kommt

allerhand zusammen)
Lercherl *'s*: Kleinigkeit; *des is koan Lercherl* (das ist keine Kleinigkeit)
lerna: 1. lernen, 2. lehren; *i hån eahm 's Kartnspü(l)n glernt*
leschär = leger: ungezwungen
letschad: „letschert", weich, kraftlos, letschig, patzig
lettln: nach Schlamm riechen
Lettn *d'*: Straßenkot, Lehm, Morast
letz: 1. schwach, kränklich; *a letz Bürschl* (ein schwacher Bub), 2. ungut, frech; *a letz Mäu(l) hå(b)m* (ein loses Mundwerk haben)
letzgoschat: tratschhaft, schlecht über andere redend
letzmäulad: dasselbe wie *letzgoschad*
Letzte Ölung *d'*: Krankensalbung
Levitn *d'* (Mz.) = die Leviten: jemandem die Leviten lesen (ihn zurechtweisen)
liab = lieb
Liab *d'* = die Liebe
liaba: 1. lieber, 2. eher; *liaba heint wia morgn*
liacht: 1. hell; *es wird schon liacht* (es wird schon hell), 2. nüchtern; *heint is er wieder amål liacht* (ist er nicht mehr betrunken)
Liacht *'s* = das Licht; *en Tåg net 's Liacht ausbrinna* (das Licht abdrehen); *a Liacht aufgehn* (hellhörig werden)
Liachtl *'s*: Lichtlein (Grablicht)
Liachtlmånn *da*: Gebietswärter der Landesstromgesellschaft (der früher auch für das Zählerablesen zuständig war)
Liachtmessn = Lichtmeß: der Maria-Lichtmeß-Tag (2. Februar) war Ende und Beginn des bäuerlichen Arbeitsjahres, an dem die Dienstboten eingestanden sind oder ihren Arbeitsplatz gewechselt haben; *åb Liachtmessn kånn ma's Koh ohne Liacht essn* (ab da ist der Tag schon so lang, daß man das Abendessen bereits ohne künstliches Licht einnehmen konnte)
Liachtn *d'*: Helligkeit; *i schau, daß i nu in da Liachtn hoamkimm* (ich versuche, noch vor Einbruch der Dunkelheit nach Hause zu kommen)
liadali = liederlich: 1. schlampig, 2. leichtfertig; *a liadalicher Lump*
Lian *d'* = die Liane: Waldrebe
lind: weich; *a linds Koh* (ein gedünstetes Grießkoch)
Linke *d'*: krumme Tour, Gesetzwidrigkeit; *er håt a Linke draht*
Lipperl *'s*: junge Ente
lisatiern = lizitieren: steigern, mitbieten
Loab *da* = der Laib: der Laib Brot
Loabl, Loaberl *'s*: 1. kleiner Brotlaib, 2. Laibchen; *Fleischloabl*, 3. ein hilfloser Mensch; *då kunnst a Loaberl wern!*
loa(b)m: 1. gut bekommen (eine Speise); *'s Schweina håt's ma net gloabt*, 2. leiden können (einen

Menschen); *i kånn den net loa(b)m* (ich kann ihn nicht leiden)
Load *'s* = das Leid
load sein: um etwas leid sein; *um des is ma load*
load toan: etwas leid tun; *es tuat ma load*
Loam *da* = der Lehm
Loamgstettn *d'*: ein lehmiger Abhang
loamlåckad: träg, schwerfällig, unentschlossen
Loamsiada *da*: langweiliger, unentschlossener Mensch, Stubenhocker
loan, loana = lehnen; *loan net oiweu umanånd!*
Loan *d'* (nasal) = die Lehne: 1. Stuhllehne, 2. schräg aufragender Teil der *Ra(d)lträg*
Loast *da* = der Leisten: Schuhleisten; *über oan' Loast schlågn*
Loata *d'*: 1. Leiter, 2. Teil des *Loatawågn*
Loatabam *da*: Teil des *Loatawågn*
Loatasprießl *da*: Leitersprosse
Loatawågn *da* = der Leiterwagen: universales und wichtigstes Transportmittel, bevor der Traktoranhänger bei den Bauern Einzug hielt
loatn: lenken, führen, steuern
Loatseu(l) *'s*: Leitseil, Zügel
Locherl *da*: unterwürfiger oder feiger Mann
Löffl *da* = der Löffel: Suppenlöffel
Löffl *d'* (Mz.): 1. Ohren des Hasen (Jägersprache), 2. (grob) Ohren des Menschen
Löfflrem *d'*: Wandgestell zum Aufhängen der Kochlöffel und Schöpflöffel
Loh *'s*: 1. Loch, 2. After; *i werd da Kopf und Loh zsåmmstecka* (spaßhafte Androhung an Halbwüchsige, wenn sie frech werden)
Lohbua *da*: Lausbub; *du bist jå dert a rechta Lohbua!*
Lohdårm *da*: Dickdarm
Lohdübl *da*: Lausbub
Lohhenn *d'*: Feigling, Schwächling, ein verweichlichter Mensch
Lohmensch *'s*: ein schlimmes Mädchen (Schimpfwort)
Lohn *da* (nasal): Lohn; *um Godslohn* (unentgeltlich) *årbatn*
Lohpritschn *d'*: Klaps auf den Hintern
Lohzä(ld)n *da*: „Lochzelten" (dasselbe wie *Lohhenn*)
losad: brütend, völlig windstill; *a losader Tåg*
Loser *d'* (Mz.): 1. Ohren des Hochwildes (Jägersprache), 2. grobe Bezeichnung für Ohren des Menschen; *i hån di glei ba deine Loser*
losn: horchen; *los, ban Baurn scheißn d' Roß, ban Nåchbaurn håm s' schon gschissn, und du kånnst nåchigehn und eahn' en Årsch auswischn!*
Loståg *da* = der Lostag: nach der Volksmeinung für einen längeren Zeitraum wetterbestimmender Tag im Kalender

Lotterbett *'s*: ein Sitz- und Liegemöbel
Luada *'s*: 1. Luder, 2. Mordskerl, Tausendsassa; *du bist dar a Luada!*
Luadersbua *da* (scherzhaft): Lausejunge
luagn: Ausschau halten
lüagn, liagn = lügen
Lüagn, Liagn *'s*: 1. das Lügen, 2. ein Kartenspiel (Kinderspiel)
Lüag(n)schübl, Liag(n)schübl *da*: „Lügenschüppel", Lügner, unaufrichtiger Mensch
Lucka *d'*: 1. Lücke, 2. Loch, 3. kleine, schäbige Wohnung; *in aner Lucka hausn* (in einem „Loch" wohnen)
luckad = löchrig
luftdeppad: ganz dumm; *des tua i net, i bi(n) do net luftdeppad!* (das mach ich nicht, ich bin doch nicht verrückt!)
Lüfterl, Lifterl *'s*: kleiner Wind; *es geht koan Lüfterl*
lüfti, lifti: 1. windig; *heint is lüfti*, 2. zu leicht bekleidet; *du bist åber a weng lüfti banånd*
Lug *d'* = die Lüge
Lulatsch *da*: ein sehr großer Bub oder Mann
luln, lu-lu (Kindersprache): urinieren
Lulu *'s* (Kindersprache): kindlicher Geschlechtsteil
Lümml *da* = der Lümmel: ungezogener Mensch
Lump *da*: liederlicher, schlechter Mensch, Gauner
Lumperei *d'*: Gaunerei
Lumperl *'s*: kleiner Gauner (eher liebevoll gemeint); *du bist a kloans Lumperl*
Lumpl *d'*: Lunge
Lumplstru(d)l *da*: Schweinslungenstrudel
lumpm = lumpen: 1. lumpen gehen (Vergnügungen nachgehen), 2. sich nicht lumpen lassen (sich großzügig erweisen)
Lumpm *d'* (Mz.) = die Lumpen: Fetzen
Lumpmball *da*: Fetzenball (Maskenball)
Lüngerl, Lingerl *'s*: Beuschel
Lutscher *da*: Schlecker
lutschn = lutschen: schlecken, saugen

- M -

ma: 1. mir (unbetont); *gib ma des Buach*, 2. wir (unbetont); *fåhrn ma hoam*, 3. man; *ma måcht schon wås mit, bis ma Großvåda is!*
måcha = machen: 1. eine Pause machen, 2. Kleider machen (erzeugen), 3. *Kin(d)a måcha* (zeugen), 4. *då kånnst nix måcha* (man kann es nicht ändern), 5. *si måcha* (sich bewähren); *da junge Knecht wird si schon måcha*, 6. *a gmåchter Månn* (ein gut bestellter Mann, der sein Ziel erreicht hat)

Måchapetzki *da*: einer, der das große Sagen hat (Anschaffer)
machti: gut, besonders; *des is net recht machti* (nicht besonders gut)
madi = madig; *oan madi måcha* (jemanden schlecht machen)
Ma(d)l *'s* = das Mädel: Mädchen
Må(d)l *'s*: Schimpfname für eine dumme, einfältige, ungeschickte Weibsperson
må(d)ln: mit einem Vertrauten Belangloses reden
Må(d)lwer *'s*: etwas Belangloses, Unbedeutendes
magerln: ärgern; *des magerlt mi*
Mågn *da*: 1. Magen; *en Mågn umdrahn* (rülpsen), 2. Mohn; *Mågnfleßl* (Mohnflesserl)
Mågnwåsser *'s*: Magensaft; *då kinnt oan jå 's Mågnwåsser kemma!* (da könnte einem die Galle hochkommen!)
Mähbålkn *da*: Mähbalken (ein sich am Traktor seitlich befindliches Mähgerät)
Måhd *d'*: eine Zeile des mit der Sense Gemähten; *leg a gscheite Måhd hin!*
Mähdrescher *da*: der Mähdrescher löste Ende der 50er Jahre den *Bindemäher* ab
Måhdruadn *d'*: ein an der Sense befestigter Haselnußstecken (wurde beim Mähen von Getreide verwendet)
Måhl *'s*: Festessen (Hochzeitsmahl); *mia wern di zan Måhl einlå(d)na* (wir werden dich zum Hochzeitsmahl einladen)
Mahmaschin *d'* = die Mähmaschine (kam beim Getreidemähen vor Einsatz des Bindemähers und beim Grasmähen vor Einsatz des Traktors mit Mähbalken zum Einsatz)
mahn (nasal) = mähen: den Anger mähen; *a gmahde Wiesn* (eine gute Gelegenheit oder eine erledigte Sache)
måhn = mahnen
Måhn *d'* (nasal) = die Mähne (des Pferdes)
mål = mal; *drei mål drei*
mäla, mä(l)cha = melken
Mälahuat *da*: Hut, der beim Kühemelken aufgesetzt wird (damit man sich an der Kuh mit dem Kopf anlehnen kann)
Malär *'s* = das Malheur
malärn: ein Malheur (Unglück) haben; *mi håt's gscheit malärt!*
Malärpappm *d'* (scherzhaft): trauriges Gesicht, „Unglücksgesicht"
Mälasechta *da*: Melkeimer
Mälastuhl *da*: Melkschemel
Mä(l)cherin *d'* = die Melkerin: Magd mit der Aufgabe, den Kuhstall zu betreuen
Malefizkerl *da*: Draufgänger, Teufelskerl
mali, maili: fleckig; *d' Birn sand gånz mali* (haben Flecken)
Malter, Meuter *'s* = der Mörtel
Målzzä(d)l *'s*: „Malzzeltl", Malzzuckerl
Mama, Mami *d'* (kosend): Mutter

måmpfa = mampfen: mit vollem Mund essen
Mån *da* (nasal) = der Mond
Månähnl *da*: kosend für Mond (der Mond ist so altvertraut, daß man ihn mit *Ähnl* (Großvater) anspricht
Manderl måcha: 1. auf den Hinterbeinen stehen, sich aufrichten (Hund); *da Hund tuat Manderl måcha*, 2. Schwierigkeiten machen, widerspenstig sein; *måch koane Manderl!*
Mandl *'s*: 1. Männlein (kleiner Mann), 2. „Unter" (Spielkarte); *Herz-Mandl*, 3. Taschenmesser aus Trattenbach, das neben der Klinge zusätzlich einen Stahlstift zum Ausputzen der Pfeife hat, 4. männliches Tier; *der Hås is a Mandl* (ein männliches Karnikel)
Många *da*: Stopfholz
manierli = manierlich: wohlerzogen
mankln: etwas heimlich und undurchsichtig tun, sich mit zwielichtigen Dingen befassen; *der manklt wås*
manli: zutraulich; *d' Kåtz is gånz manli* (zutraulich)
Mån-Mån *da* (nasal): eine den Kindern zum Schreck erfundene Spukgestalt; *wårt na, glei kimmt da Mån-Mån!*
Månnaleit *d'* (Mz.): die Männer
månnanarrisch: „männernärrisch" (eine Frau, die sich an Männern heranmacht, bezeichnet man als *månnanarrisch*)

Månnaseitn *d'*: 1. Männerseite (in der Kirche saßen die Männer in den Bankreihen rechts des Mittelganges)
Månnerts *a*: ein Mann; *a Månnerts is hålt do stärker wiar a Weiberts* (ein Mann hat halt doch mehr Kraft als eine Frau)
Månnsbü(l)d *'s* = das Mannsbild: (stattlicher) Mann
månscheini: „mondscheinig", nachtwandlerisch (mondsüchtig); *a månscheiniger Erdpfl* (eine Kartoffel, die aus der Erde herausschaut und dadurch Flecken aufweist)
Månschln *'s*: ein Kartenspiel (dasselbe wie *Kråtzn*)
Måntl *da*: 1. Mantel, 2. Fahrradreifen
Måntlsåck *da*: Manteltasche
mantschn: 1. mischen, unordentlich vermengen, 2. zerquetschen
mar = mir (persönliches Fürwort im Wemfall) unbetont vor Vokal; *gib mar a Buach*
Går *'s*: (Flur)grenze
Marandanna!: „Maria und Anna!" (Ausruf des Entsetzens)
Marandjosef!: „Maria und Josef!" (dasselbe wie *Marandanna!*)
mår(b): 1. mürb, weich; *a mårbe Birn*, 2. morsch, verfault; *'s Holz is schon gånz mår(b)*
Må(r)der *da* = der Marder: ein Raubtier
margiern = markieren: simulieren, eine Krankheit oder Müdigkeit

vortäuschen
Mariaschn *'s*: ein Kartenspiel
Marie *d'*: Geld; *her mit da Marie!*
Mår(k) *'s*: 1. Mark (Knochenmark); *des geht ma durch Mår(k) und Boan!* (das geht mir durch und durch, das regt mich auf!)
Mårk(t) *da*: 1. Markt (Gemeinde, die zum Markt erhoben wurde), 2. Verkaufsplatz; *i fåhr in Mårk(t) eini* (z. B. von St. Florian zum Südbahnhofmarkt); *mach koan' Mark(t)!* (mach kein Theater!)
Ma(r)malad *'s* = die Marmelade
marod: (leicht) krank
Mårstoan *da* = der Markstein: Grenzstein
Marterl *'s*: ein Gedenkzeichen (Bildstock)
Martini: St.-Martins-Tag (11. November)
Martinigåns *d'* = die Martinigans: Gans, die zu Martini gegessen wird
Marü(ll)n *d'* = die Marille: Aprikose
mas: mirs, mir es; *gib mas!* (gib mirs!)
Maschekseitn *d'*: Rückseite (hinten herum)
Maschin *d'*: 1. Motorrad; *a schware Maschin*, 2. Dreschmaschine; *mit da Maschin gehn* (einem Bauern nach dem andern beim Dreschen helfen)
Maschinführn *'s*: das Überstellen der Dreschmaschine von einem Bauern zum nächsten (das erfolgte früher mit den Pferden, später dann mit dem Traktor)

Maschinhüttn *d'*: Schuppen zum Einstellen der bäuerlichen Maschinen und Gerätschaften
Maschinist *da*: Lohndrescher, der mit der Dreschmaschine von Haus zu Haus ging (war derjenige, der als *Einlåsser* fungierte bzw. für das technische Funktionieren der Dreschmaschine zuständig war)
Maschinrecha *da*: pferdegezogener Heurechen
Maschn *d'*: 1. Schlinge, Schlaufe, 2. Problem, Schwierigkeit, Blödsinn; *der håt a Maschn draht* (er hat einen Blödsinn gemacht)
Masn *d'* (städtischer Jargon) = das Masel: Glück
Måß *d'*: 1. Ziel beim Eisschießen; *leg a gscheite Måß!* (ziel genau!), 2. ein altes Hohlmaß
massa: viele, große Menge; *a massa Leit* (viele Leute)
Masserei *d'*: 1. Messung mit Hohl- oder Längenmaß, 2. das Maß (Umfang, Größe)
Måteis: St. Matthias (24. Februar); *Måteis, bricht's Eis, håt er koans, måcht er oans* (bäuerlicher Lostag)
Måteri *d'* (2. Silbe betont): Eiter in einem Geschwür, Vereiterung
matsch: müde, erschöpft
Måtschker *da*: 1. Kautabak, 2. der dicke, schwarzbraune, stinkende Saft, der sich bei der langen Pfeife am unteren Ende ansammelt, 3. unansehnliche, wertlose Sachen; *wås tuast denn mit den Måtschker?*

måtschkern: 1. Kautabak kauen, 2. raunzen, nörgeln
Måtschkertegl *da*: abfällige Bezeichnung für Pfeife
mauålt: uralt; *der is mauålt*
Mau(er)bänk *d'*: Mauervorsprung, auf dem der Dachstuhl ruht
maufinster: stockfinster
Mauka *d'*: Fußpilz
mauki: schwach, krank (meist auf die Hühner bezogen)
Mäu(l) *s'*: 1. Maul (der Tiere), 2. derb für Mund; *oan a Mäu(l) ånhänga* (jemanden grob beschimpfen); *mir håt's Mäul aufgrissn* (ich mußte gähnen)
Mäulauf *da*: Gaffer, Schauer; *Mäulaufm fånga* (Maulaffen feilhalten)
mäu(l)n: kauen, Kaubewegungen machen; *was mäu(l)st denn a so?*
mäu(l)wera: schimpfen, nörgeln („mundwerken")
Maurerbemsl *da*: Maurerpinsel (meist Doppelpinsel mit Stiel zum Tünchen der Wände mit Kalk)
Maurerfäustl *'s*: kurzstieliger, schwerer Hammer
Maurerweib *'s*: Hilfsarbeiterin im Maurergewerbe
Mausbemmerl, Mausbehnl *'s*: Mäusekot
mauschln = mauscheln: hintenherum etwas abreden oder vereinbaren
Mauserl *'s*: schlaue, heimlich tuende Person
mausern: herausmachen, es zu etwas bringen; *sie håt si gmausert*
Mausfålln *d'* = die Mausefalle
Mausloata *d'*: Farn
mausn: coitieren
maußn = mausern: das Federkleid wechseln; *d' Heahn håm gmaußt*
Mauszahnderl *'s* (scherzhaft): Milchzahn
Måzerl *'s*: ein unbeholfener und nicht sehr gescheiter Mensch
Meaml *d'* (Mz.): Halszäpfchen der Ziege
meamln: 1. leise und undeutlich sprechen, murmeln, 2. fressen (und dabei lange und langsam kauen); *d' Goaß meamln ban Fressn*
mechat: möchte; *i mechat an Roller van Christkindl* (ich möchte vom Christkind einen Roller)
Mecki *'s* (Kindersprache): Ziege
megn = mögen; *i woaß net, ob s' mi megn*
meh: Füllwort im Sinne von „nun", „wohl", „eben", „gar"; *wird's leicht meh* (wohl) *zan Fortgehn?* (wird es wohl zum Ausgehen?); *wo gehn ma denn heint meh* (gar) *hin?*
mehli, mähli = mehlig: mehlige Kartoffel
Mehlpåpp *da*: 1. eine ungenießbare Mehlspeise, 2. Klebstoff aus Mehl und Wasser
mehra: das meiste; *'s mehra håmma schon!*
Mehra *d'* = die Möhre: Karotte
meinersä(l)!: „meiner Seel!" (Aus-

ruf der Verwunderung); *meinersä(l), då liegt er drinn!*
Menasch-Schåln *d'*: Menagegeschirr (diese Kriegsüberbleibseln wurden nach dem Krieg im Haushalt verwendet)
Menstecka *da*: Holzstange zum Weisen der Pferde, wenn sie ganz genau in der Spur gehen mußten (z. B. beim Ziehen der Sämaschine)
Mensch *'s*: ledige Frauensperson (ohne herabsetzende Bedeutung); *Kuchlmensch*
Menscherkåmmer *d'*: Schlafkammer der weiblichen Dienstboten
Menscherkälla *da*: andere Bezeichnung für *Menscherkåmmer* (die Bezeichnung ist insofern ein bißchen irreführend, als sich der *Menscherkälla* natürlich nicht im Keller, sondern im Erdgeschoß des Bauernhauses befand)
menschern gehn: den Mädchen nachsteigen
menschnmigli: menschenmöglich; *des is jå net menschnmigli!*
merka = merken; *låß da des gmerkt sein!* (tu das nicht noch einmal!)
Meter *da*: 1. Meter (Längenmaß), 2. Erster, der Beste; *då is er Meter!* (auf dem Gebiet ist er super!)
Mettn *d'* = die Mette: ein nächtlicher Gottesdienst
meutern: schimpfen, aufbegehren
mi = mich
mia = wir; *mia san mia*

Miada *'s* = das Mieder: Schnürbrust der alten Dirndltracht
Mief *da*: schlechte Luft, Gestank
mies: schlecht
mieslsüchti, miaslsüchti = mieselsüchtig: 1. kränklich, 2. in schlechtem Zustand befindlich
Michäli: St.-Michaels-Tag (29. September)
Michl *da*: *a gråder Michl* (ein ehrlicher Mensch, der sagt, was er denkt)
Midicha *da*: alte Bezeichnung für Mittwoch
migli, migla = möglich
mir: mir (persönliches Fürwort) betont; *mir geht nix å(b)*
Mirakl *'s* = das Mirakel: Wunder, Geheimnis
Mischkalanz *d'* = die Mischkulanz: Durchmischung, Gepantsche
Mischling *da*: Mischmost (Most aus Äpfeln und Birnen)
Mischmasch *da*: das Durcheinander
mischn: 1. mischen (beim Kartenspielen), 2. jemandem die Meinung sagen; *den hån i's åber gmischt!*
miserabli = miserabel: schlecht, erbärmlich
Mist *da*: 1. Stallmist als Dünger, 2. Unrat, Kehricht, 3. wertloses Zeug, 4. Unsinn
Mistbra(d)l *'s*: schlechte Person (Schimpfwort)
Mistführn *'s*: Mist auf das Feld ausbringen

Mistgåbl *d'*: Gabel mit vier *Zuakn* (im Unterschied dazu hat die Heugabel nur drei *Zuakn*)
Misthaufa *da*: Misthaufen (der sich meist in der Hofmitte befand)
Mistkräu(l) *da*: gebogene Mistgabel zum Mistabkratzen (Mistabladen von der Mistfuhre)
Mistlåcka *d'*: Jauchepfütze am Rande des Misthaufens
Mistpracka *da*: hölzernes Brett, welches in einem Stiel ausläuft und dazu verwendet wird, den Mist auf der *Mistfuhr* festzuklopfen
Mistsuppm *d'*: Jauche
Mistvieh *'s*: Schimpfwort
Mistwågn *da*: Mistwagen (Wagen zur Ausbringung des Stallmists auf die Felder, wozu im Winter ein Schlitten gedient hat)
Mitårbata *da*: Knecht ohne bestimmtes Aufgabengebiet
Mitgeh(e)rin *d'*: zweite (auch dem Range nach) Kuhstalldirn (Helferin der *Großn Dirn* auf großen Bauernhöfen mit viel Vieh)
mitgehn: 1. mit jemandem mitgehen, 2. am Begräbnis teilnehmen, 3. sich beim Kartenspiel als Mitspieler beteiligen; *i geh mit!*
Mitterleder *'s*: Lederverbindung von *Schwengl* (Flegel) und *Håndståb* (Haltestange) beim Dreschflegel
Mittn *d'* = die Mitte; *a mittane Kost* (ein Essen zweiter Klasse)
Moabam *da* (veraltet) = der Maibaum
Moabuschn *da*: Löwenzahn
Moagrås *'s*: dasselbe wie *Moabuschn*
Moam *d'*: „Muhme", Tante (auch entfernte weibliche Verwandte wurden mit *Moam* angesprochen)
moan, moana = meinen; *i moan, des wird nix*
Moanung, Moanigung *d'* = die Meinung
Moar *da*: 1. Großbauer, 2. Gutsverwalter eines Großbauern oder eines Meierhofes, 3. der *Moar* beim Eisschießen (führt die *Moarschåft*)
Moarbaur *da*: Besitzer eines Meierbauern-Gutes; *Moar åm Berg* (Bauernhof in Niederneukirchen)
Moarhof *da* = der Meierhof: Gutshof
Moarin *d'*: Besitzerin eines Meierbauern-Gutes oder Ehefrau eines *Moarbaurn*
Moarschåft *d'*: Mannschaft beim Eisschießen
Moasch *da* = die Maische: zur Mostbereitung zerquetschte Äpfel und Birnen
Moasn *d'*: 1. Masel (Glück); *a Moasn håm*, 2. Meise (Singvogel)
Moaß *da* = der Maiß: Jungwald
Moaßl *da* = der Meißel: ein Werkzeug
moaßn: Jungholz schlägern, die Seitenäste und Wildtriebe von den Bäumen absägen oder abhauen

Moasta *da* = der Meister: Handwerksmeister
mocka: trotzen, bockig sein
Mockfotzn *d'*: ein Kind, das ständig mockt
Mode *d'*: Verhaltensweise; *wås is denn des für Mode!* (wie haben wir es denn!)
Mo(d)l *da* = der Model: Kuchenbackform; *Schobermo(d)l*
mogln = mogeln: schwindeln (beim Kartenspiel)
Mol(d)nstau(d)n *d'*: Melden (Gartenunkraut)
Monda *da* (*Månda* gesprochen) = der Montag
Montafoner *d'*: Rinderrasse
Moråst *da* = der Morast: schlammiger, sumpfiger Boden
Mordsgaudi *d'*: großer Spaß
Mordstrumm *'s*: großes Stück
Mörznkäubl *'s*: das „Märzenkalb" (eine sagenhafte Figur, welche an schönen Märztagen durch die Gegend geistert und jeden vorzeitlich sommerlich gekleideten, meist Jugendlichen, mit einer argen Verkühlung bestraft); *paß auf, daß di's Mörznkäubl net fångt!*
Most *da*: vergorener Apfel- und Birnensaft
Moståpfl *da*: Apfel, der im Gegensatz zum *Brockåpfl* zum Mostmachen genommen wird
Mostbirn *d'*: Birnensorte, die zur Mosterzeugung verwendet wird
Mostfaßl *'s*: Mostfaß (die Größe wird in Eimer angegeben)

Mostobst *'s*: Obst, das für die Mostbereitung geeignet und bestimmt ist (kein Edelobst)
Mostmüh(l) *d'*: Obstmühle (Gerät zum Zerkleinern des Obstes)
Mostpreß *d'* = die Mostpresse
Mostschä(d)l *da*: scherzhafte Bezeichnung für den Oberösterreicher
Motorwågn *da*: kleiner Wagen auf dem ein großer Motor montiert war (wurde für die Dreschmaschine benötigt)
Möttin(g), Mettin(g) *d'*: Erdkröte; *der liegt då wiar a gmahte Möttin(g)* (sagt man, wenn jemand geschlaucht daliegt)
müad, miad = müde
Muada *d'* (altmundartlich): Mutter
Muadamål *'s* = das Muttermal: eine angeborene Hautveränderung
muadasälnalloan = mutterseelenallein: ganz allein
Müah, Miah *d'* = die Mühe; *Müah und Plåg*
müahsäli = mühselig
müahsåm = mühsam
muaß: muß; *i muaß dahoam blei(b)m*
müassn, miassn = müssen
müassma: müssen wir; *müassma schon hoamgehn?*
Muatta *d'* = die Mutter
muatwülli = mutwillig
Muckn *d'*: 1. Mücke, 2. *wen auf da Muckn håm* (auf jemanden schlecht zu sprechen sein)
Mucksa, Mugatza *da* = der Muck-

ser: keinen Muckser machen
mucksmäuslstad: mucksmäuschenstill
mucksn = mucksen: sich rühren, bewegen; *er håt si net mucksn traut*
Mu(d)l *'s*: kosend für Katze
mu(d)lsauber: ganz sauber, besonders hübsch
Muff *da*: Handwärmer
Mugl *da*: 1. Hügel, 2. großes Stück; *an Mugl Rausch håm* (stockbesoffen sein)
Müh(l) *d'* = die Mühle
Müh(l)fåhrn *'s* = das Mühlfahren: ein Brettspiel
Müh(l)radl *'s*: Mühlenrad
Mü(lch) *d'* = die Milch
Mü(l)chgrås *'s*: Löwenzahn (der eine milchige Flüssigkeit enthält)
Mü(lch)pitschn *d'*: Milchkanne
Mü(lch)schleudern *d'*: Milchzentrifuge (mit der konnte man den Rahm von der Milch separieren)
Mü(ll)na *da* = der Müller
munkln: 1. muffig, schimmelig riechen, 2. im Geheimen reden; *im Dunkln is guat munkln*
munter: wach; *i bi(n) schon munter*
Murks *da*: mißlungene, schlechte, schlampige Arbeit
Murksa *da*: Pfuscher, der schlechte Arbeit leistet
murksn = murksen: ungeschickt oder schlecht arbeiten
Murra *da*: diverse Sachen, Klimbim; *gib her den gånzn Murra!*

Musi *d'*: 1. Musik; *ohne Geld koan Musi* (für alles muß man bezahlen), 2. Musikkapelle, 3. Musikverein
Mutzerl *'s*: kleine Katze
mutzi-mutzi!: Lockruf für Katzen
Mutzi, Mutzikatzi *'s*: kosend für Katze

- N -

'n: Verkürzung von unbetontem „dem", „den" und „ihn"
na: 1. nein; *i hån schon zwoamål na gsågt* (ich habe schon zweimal nein gesagt), 2. nur; *geh na eina!* (komm nur herein!), 3. nun; *na, wia geht's?* (nun, wie geht's dir?)
na!, na geh!: Ausruf der Beteuerung oder Verwunderung; *na geh, wåsd' net sågst!*
nabig, abig: verkehrt; *kriagst gleih a Nabige* (eine Ohrfeige mit der verkehrten Hand)
Nåbl *da* = der Nabel; *an Nåblbruh hå(b)m* (einen Nabelbruch haben)
nåch, nåh = nach; *nåh da Ki(r)a gemma ins Wirtshaus* (nach der Kirche gehen wir ins Gasthaus)
nåchanånd, nåchanånda = nacheinander
nåchand: nachher, dann
Nåchbaur *da* = der Nachbar
nåchi: nach vor; *geh nåchi!*
nåchibetn = nachbeten: sklavisch

nachsagen; *du muaßt net ois nåchibetn, wås er sågt*
nåchibrüatn, nåchibriatn: nach dem Wachwerden noch eine Zeit im Bett liegenbleiben
nåchifåhrn: mit dem Traktor ein Stück vorfahren, beispielsweise von einem *Kornmandl* zum nächsten fahren, um die Getreidegarben auf den Anhänger aufladen zu können (das *Nåchifåhrn* war meist eine Tätigkeit der Schuljungen)
nåchihoserln: mit kleinen Schritten hinterhergehen; *der hoserlt hinter seiner Åltn nåchi* (sagt man, wenn ein Pantoffelheld zwei Schritte hinter seiner Frau geht)
nåchisågn: etwas Gehörtes weitersagen; *i wü des net nåchisagn* (nicht weitererzählen)
nåchizahn: etwas hinten nachziehen
nåchizahrn: lang nachweinen; *is eh schon lång vorbei, wås zahrst denn oiweu nu nåchi!*
Nå(ch)mittåg *da* = der Nachmittag
Nåchtmåhl *'s*: Abendessen
Nåchtscher(b)m *da*: Nachttopf, Nachtgeschirr
Nåchtwåchtn *'s*: Totenandacht
Nåchzipf *da* = die Nachprüfung: Wiederholungsprüfung nach einem „Nichtgenügend" im Zeugnis
Nåckapatzl *'s* = das Nackerpatzerl: nacktes Kind
nåckat: nackt
Nådarin *d'*: Schneiderin, Näherin

Nåder *d'*: Natter; *a Ringlnåder*
Nagerl *'s*: 1. kleiner Nagel, 2. Nelke, Gewürznelke
Någl *da* = der Nagel; *si wås untern Någl reißn* (sich etwas aneignen)
någlnei = nagelneu: ganz neu
Naglwitzbirn *d'*: Nagowitzbirne (Birnensorte); *Hånsjörgl, Boankegl, Naglwitzbirn, håt ins Bett gschissn, måg d' Haxn nimmer kriagn*
Nåhad *d'* = die Nähe; *in da Nåhad* (in der Nähe)
nåhada: näher; *durchn Wåld is weit nåhada*
nåhgehn: in Erfüllung gehen; *der Tram is eahm nåhgånga*
nåhgrå(d)n = nachgeraten: das Mädchen ist seiner Mutter nachgeraten
nåhlåssn = nachlassen; *d' Schmerzn håm a weng nåhlåssn*
nåhlegn: Scheiter in den brennenden Ofen nachlegen
nåhn (nasal) = nähen
nåhrecha: „nachrechen" (die bei der Heuernte zurückgebliebenen Halme zusammenrechen)
Nåhred, Nåchred *d'* = die Nachrede; *a schlechte Nåchred hå(b)m*
nåhrenna = nachlaufen; *nåhrenna spü(l)n* (fangen spielen)
nåhsågn = nachsagen: jemandem nichts nachsagen können (nichts Nachteiliges über ihn sagen können)
nåhspottn: nachahmen, nachäffen
nåhtrågn: 1. jemandem etwas Ver-

gessenes hinterhertragen, 2. die Kränkung nicht nachtragen
nåhwassern = nachwassern: nochmals kontrollieren, nachforschen
nåh und nåh: nach und nach
nämli = nämlich
namln: Schimpfnamen geben
Nårretei *d'* = die Narretei: Dummheit
narrische Boanl *'s*: eine bestimmte Stelle am Ellbogen, die besonders schmerzempfindlich ist
Nårrnkastl *'s*: ins *Nårrnkastl schaun* (wie gebannt in eine Richtung blicken)
Nåschin(g) *d'*: 1. Mutterschwein, 2. unsauberer Mensch; *du bist jå dert a Nåschin(g)*
Nåsn *d'* = die Nase; *d' långe Nåsn zoagn* (höhnende Pantomime); *d' Nåsn ånrenna* (sich den Kopf anrennen, eine Enttäuschung erleben); *da Nåsn nåh gehn* (geradeaus vorangehen); *d' Nåsn z' hoh trågn* (hochmütig sein); *si ba da Nåsn nehma* (Selbstkritik üben)
Nåsnmånn *da*: eingetrockneter Nasenschleim; *dir schaut a Nåsnmånn åba*
Nåsnpeda *da* (scherzhaft): Mann mit großer Nase
Nåsnring *da* = der Nasenring: den Zuchtstieren wurde ein Eisenring durch die Nase gezogen, damit man sie leichter zum *Sprungstånder* führen konnte
Nåsnstüfl *da*: Nasenstüber
nå-tål: talwärts, bergab

neamd = niemand
ne(b)m = neben; *ne(b)m meiner* (neben mir)
ne(b)mbei = nebenbei
nedli: heikel, wählerisch; *sei net so nedli!*
neger: pleite, ohne Geld; *i bi(n) neger!*
nei = neu
Neichtl *'s*: kurze Zeit, kurze Weile
Neidbissn *da*: die Kleinigkeit, die man vom Essen (dem Sitznachbarn) abgibt, damit einem „der Neid nicht schadet"
Neidhamml *da* = der Neidhammel: neidiger Mensch
Neidsau *d'*: ein überaus neidiger Mensch (dasselbe wie Neidhammel)
Neidschiefer *d'*: Hauteinriß am Fingernagel
neidtn = neiden: jemandem etwas neidig sein
Neigierdsnåsn *d'*: „Neugierdsnase" (ein neugieriger Mensch)
Neijåhrståg *da* = der Neujahrstag
Neijåhr wünschn: ein gutes neues Jahr wünschen (früher sind die Kinder zu den Großeltern *Neijåhr wünschn* gegangen, wofür sie natürlich belohnt wurden)
Neiki(r)a: Niederneukirchen (Gemeinde im Ipftal mit rund 1800 Einwohnern)
neili = neulich: vor kurzem
Nestscheißerl *'s* = das Nesthäkchen: das (verwöhnte) jüngste Kind

net, ned = nicht
Netsch *d'* (Mz.): Geld, Geldstücke; *a påår Netsch*
netta = nur: bloß; *i bi(n) netta um a Minutn z'spåt kemma*
nettn = nötigen: drängen; *zan Essn und Betn soll ma neamd nettn*
netzn: naß machen; *wånn mi gnetzt håt dein Regn*
nia = nie
niada = niedrig; *de Kåmmer is recht niada* (sie ist niedrig)
Niatn *d'* = die Niete: 1. Metallbolzen, 2. einer, der nichts kann
niederbegln: „niederbügeln" (jemanden sehr stark tadeln)
niederbindtn: die Heufuhre mit einem *Wiesbam* „niederbinden"
niederdrucka: niederdrücken
niedereggn: den Kartoffelacker *niedereggn* (mit der Egge das Unkraut jäten)
niederhål(t)n = niederhalten: 1. beim Schreiben niederhalten (stark draufdrücken), 2. bei den Preisen niederhalten (viel verlangen)
niederhaugerln, niederhogerln: niederhockerln, niederkauern; *d' Henn håt si niederghaugerlt*
niederkemma = niederkommen: gebären; *d' Nani is niederkemma* (sie hat ein Kind bekommen)
niederknian = niederknien
niederlegn = niederlegen: 1. schlafen gehen, 2. ein Kind zu Bett bringen
niederpledern: Getreide durch einen Sturm flachlegen
niederreißn: alles auf einmal tun wollen; *er wü heint ois niederreißn!*
niederschwarn: „niederschweren", mit etwas beschweren
niedersitzn = niedersetzen: Platz nehmen
Nierdl *d'* (Mz.) = die Nierdl: Speise mit Tiernieren
niesln = nieseln: leicht regnen
Nifterl *'s*: kleines Kind
niftn: wetzen, aufwetzen; *d' Schuah niftn mi*
niglnåglnei: funkelnagelneu
Niglo *da* (endbetont und das „o" als „å" gesprochen): 1. Nikolaus, 2. mitunter ist mit *Niglo* auch der Krampus gemeint; *wånnsd' net brav bist, nimmt di da Niglo mit!*
nimma: nicht mehr; *i geh nimma ins Wirtshaus mit*
ninad = nirgends: nirgendwo
Nipf *da*: *oan en Nipf nehma* (jemandem den Mut nehmen)
nirda, nirde, nirds: jeder, jede, jedes
nix = nichts
Nixnutz *da* = der Nichtsnutz: eine Person, die zu nichts taugt
Noagl, Noagerl *'s*: Getränkerest im Glas
nobl: spendabel; *du håst a noblige* (spendable) *Godn*
Nöbl *da* = der Nebel
Nöblbeer *d'*: „Nebelbeere" (Kratzbeere)
Nocka *d'*: langweilges oder einge-

bildetes Frauenzimmer; *a fade Nocka*
Nockerl *'s*: Nockerl; *Griasnockerlsuppm* (Grießnockerlsuppe)
nodi (*nådi* gesprochen): „notig" (neidig; schäbig); *nodige Zeitn* (Notzeiten, schlechte Zeiten)
Noriker *da*: die im oberösterreichischen Zentralraum üblicherweise als Ackerpferde verwendete Pferderasse
not (*nåt* gesprochen): nötig; *der håt's not!*
Not *d'*: Not, Armut; *de håm an Hund zan Not dabeißn* (sagt man über arme Leute, die sich trotzdem einen Hund leisten)
Notnigl *da*: Geizhals (ein überaus neidiger Mensch)
notnigln: übertrieben sparsam sein; *tua net so notnigln!*
nu = noch
nuamål = nocheinmal
nu daweu: bis jetzt, vorläufig
Nu(d)l *d'*: 1. Nudel; *Nu(d)l in da Mü(lch)* (stand oft auf dem bäuerlichen Speisezettel), 2. Penis
Nu(d)lbred *'s*: Nudelbrett
Nu(d)ldrucker *da*: Sparmeister, Geizhals
nu(d)lsauber (scherzhaft): frisch gewaschen; *i hån mi gråd gwåschn, hiatzt bi(n) i nudlsauber!*
Nu(d)lsieb *s'*: Nudelseiher
Nu(d)lwålger *da* = der Nudelwalker
nullkommajosef: überhaupt nichts
Numera *d'* = die Nummer; *Numera vier*

Nuß *d'*: 1. Nuß, 2. Schlag auf dem Hinterkopf
nussn: versohlen, eine *Nuß* geben
Nutscherl, Nutschi *'s* (Kindersprache): Schwein
nutschi-nutschi!: Lockruf für das Schwein
nutz: nützlich, zu gebrauchen; *woast wås?, da Fuchs is koan Hås, da Hås is koan Fuchs und du bist nix nutz!* (Kindersprücherl)

- O -

Oa *'s* = das Ei (Mz.: *Oar*)
Oacha *d'* = die Eiche; *a oacha(n)s Holz* (ein Eichenholz)
Oachkatzl *'s* = das Eichkätzchen; *Oachkatzlschwoaf* (Schwanz des Eichkätzchens)
Oachl *d'*: 1. Eichel (Frucht der Eiche), 2. eine Spielkartenfarbe (Kreuz)
oachln: zu Sturz kommen, wirtschaftlich straucheln; *mi håt's gscheit goachlt*
Oad *da* = der Eid
oan: 1. ein (Zahlwort); *oan Oa* (ein Ei), 2. einige; *då kemmand oan, de kenn i net*
oana, oane, oans = einer, eine, eines
Oanachser *da*: einachsiger Traktoranhänger

oanaugad: einäugig
oanding: einerlei, egal; *des is ma oanding*
oanfåch = einfach; *wegn wås oanfach, wånn's umständli a geht*
oanhändi: „einhändig"; *oanhändi Ra(d)l fåhrn*
Oanhandla *da*: „Einhändler" (Mensch mit nur einem Arm oder einer Hand)
oanmål = einmal (nicht zweimal)
oanrößigs Haus *a*: Sölde (Kleinbauerngut) mit nur einem Ackerpferd (Näheres siehe *Haus*)
Oanscharer *da*: Einschar-Pflug
Oanschicht *d'* = die Einschicht: abgelegener Ort, Einöde
oanschifti: ein einzelnes Stück von einem Paar; *a oanschiftiger Fäustling*
Oansiedler *da* = der Einsiedler
Oansln *'s*: Kartenspiel „Siebzehn und vier"
Oanspanner *da*: 1. Pferdefuhrwerk mit einem Zugferd, 2. ein einzelnes Würstchen von einem Paar
oanspanni = einspännig: einspännig fahren (mit nur einem Zugtier)
Oanspannl *'s*: Zugholz, das an den *Wåågprügl* angehängt wird
oa(n)st: ganz ohne Unterbrechung; *oa(n)st auffi bi(n) i grennt*
Oans, zwoa, drei ånschlägn *'s*: ein Laufspiel (Kinderspiel)
Oardoda *da* = der Eidotter: Eigelb
Oargeld *'s*: Einnahmen der Bäuerin aus dem Eierverkauf
Oarhåndlerin *d'*: „Eierhändlerin" (Aufkäuferin der Eier von den Bauern, Zwischenhändlerin)
Oarkafarin *d'*: dasselbe wie *Oarhåndlerin*
Oarklår *'s* = das Eiklar: Eiweiß
Oarpecka *s'*: Eierpecken (Osterbrauch)
Oarschöla *d'*: Eierschale
Oarspeis *d'* = die Eierspeise
Oar unterlegn: der Bruthenne Eier zum Ausbrüten „unterlegen"
Oarzeger *da*: Eierkorb
Oaß *'s*: Abszeß
Oata *'s* = der Eiter: Sekret eines Geschwürs
Obåcht *d'* = die Obacht: Obacht geben (aufpassen)
obahål = oberhalb
Obaliachtn *d'*: schmales Fenster oberhalb der Tür
Obastübl *'s*: Kopf, Gehirn; *der is net gånz richti in Oberstübl* (der hat einen „Klescher")
Ober *da*: 1. Spielkarte (Dame), 2. Kurzwort für Oberkellner
Oblåtn *d'* = die Oblate: ein dünnes, flaches Backwerk
o(b)m, o(b)mad = oben
Obstler *da*: aus Obst (Most) gebrannter Schnaps
Obststeßl *da*: alte Vorrichtung zum Mostpressen
Ochs, Ox *da* = der Ochs: 1. verschnittener (kastrierter) Stier, 2. Schimpfwort für einen Mann
Ochsnaugn *d'* (Mz.): Spiegeleier
Ochsnzem *da* = der Ochsenziemer: das gedörrte Zeugeglied des Och-

sen, das als Peitsche weiterhin verwendet wurde; *dort hängt da Ochsnzem!* (war die Drohung, wenn ein Kind nicht folgsam war)
Ofabänk *d'* = die Ofenbank: festgemachte Bank rings um den Zimmerofen
Ofakrucka *d'*: „Ofenkrücke" (Gerät zum Herausnehmen der Glut aus dem Backofen)
Ofalucka *d'*: Nische im Kachelofen, die für das Brennholz vorgesehen ist
Ofaschüssl *d'*: Brotschaufel (langes, am Ende verbreitetes Holzbrett, auf dem der Brotteig in den Backofen *eingschossn* wird)
Ofastangln *d'* (Mz.): Holzstangen, die über dem Ofen angebracht waren und zum Trocknen der nassen Sachen (Socken etc.) gebraucht wurden
Ofawisch *da*: aus Tannen- oder Fichtenästen gefertigter Besen zum Reinigen des Backofens
Öferl *'s*: kleiner Ofen
offa = offen; *d' Tür steht offa*
oft: häufig
Ohrnschliafa *da* = der Ohrenschliefer: Ohrenschlüpfer, Ohrwurm (ein Insekt)
Ohrwaschl *'s*: Ohr
oijegerl: ein Wort des Bedauerns (wenn etwas nicht gelungen ist, sagt man *oijegerl*)
oille = alle; *oille mitanånder* (alle miteinander); *oille Rant* (alle Augenblicke)

ois = alles
oisånd, oisånder = allesamt
oiweu: allerweil, immer
ö(l)da: älter; *i bi(n) da Ö(l)da* (ich bin der Ältere); *ö(l)da wern* (älter werden)
ölend, ölendi: elend, elendig, schwach, unglücklich; *i bi(n) gånz ölendi banånd* (ich bin gesundheitlich schwer angeschlagen)
Ölend *'s* = das Elend; *a Mordsölend hå(b)m* (ein großes Unglück haben)
Ö(ll)bogn *da* = der Ellbogen
Ö(l)månn *da*: Ölhändler; *der redt wiar a Ölmånn!* (der redet wie geschmiert!)
Ö(l)ta *'s* = das Alter
onduliern = ondulieren: die Haare mit einer Brennschere in Wellen legen
Opferstock *da*: Geldsammelbehälter in der Kirche
Öpfl *d'* (Mz.) = die Äpfel
Öpflbrocker *da*: Fangsack an einer langen Stange (zum Pflücken der Speiseäpfel)
Öpflbruck *d'*: Stellage im Keller zur Lagerung der Winteräpfel
Öpflkoh *'s*: Apfelmus; *du schaust aus wia a gspie(b)ms Öpflkoh!* (sagt man zu jemandem, der ganz blaß und übernächtig ist)
Ort, Oart *'s*: 1. zeitlicher Endpunkt; *då schaut går koan Ort au(ß)a* (es will kein Ende nehmen), 2. räumlicher Endpunkt;

ban hintern Ort (ganz hinten) *ånfånga*
ortweis, oartweis: örtlich; *es håt netta ortweis g'regnt*
ös, es = ihr: 1. zweite Person Mehrzahl, 2. Anredeform zu Respektpersonen (zu denen auch die eigenen Eltern gehörten); *håbts ös heint schon g'essn?* (hat man beispielsweise die Mutter oder als Knecht den Bauern gefragt)
Osteroa *'s* = das Osterei (älter: *a rots Oa*)
Ottoman *da* = die Ottomane: Sofa

- P -

Påcht *da* = die Pacht: Pachtzins
påcka = packen: beim Arm packen
Packl *'s*: 1. Paket, 2. lange Nackenhaare der Burschen (Mode in den 60er und 70er Jahren)
Packlerei *d'* = die Packelei: heimliche Abmachung, unsauberer Handel
packln = packeln: gemeinsame, heimliche, auch betrügerische Sachen machen
Packlraß *d'*: verrufene Sippschaft, Gesindel
Packl setzn *'s*: Kartenspiel
Packlkråga *da*: Gepäckstråger (am Fahrrad)
palawern = palavern: endlos Überflüssiges reden

Pallawatsch *da* = der Ballawatsch: Durcheinander, Konfusion, verfahrene Situation
Pålmbesn *da*: dasselbe wie *Pålmbuschn*
Pålmbuschn *da* = der Palmbuschen: Buschen aus blühenden Weidenzweigen (für Palmweihe)
Pålmesl *da*: „Palmesel"; *der scheißt wiar a Pålmesl* (sagt man, wenn jemand laut und oft furzt)
Pålmkatzl *'s* = das Palmkätzchen: Blütenzweig der Salweide
Pålmmu(d)l *'s*: dasselbe wie *Pålmkatzl*
Pålmsunnda *da* = der Palmsonntag
Pamarantschn *d'* = die Pomeranze: Orange (als *Låndpamarantschn* wird scherzhaft ein unerfahrenes Mädchen vom Land bezeichnet)
Pantscherl *'s* = das Pantscherl: heimliche Liebschaft
pantschn = pantschen: Getränke schlecht mischen; *a pantschter Wein* (verursacht meist Kopfschmerzen)
Pånzer *da*: 1. Panzer (Militärfahrzeug), 2. Drahtgitter (als Fenstergitter)
Papa *da*: Vater
Påpagei *da* = der Papagei; *du kimmst daher wiar a Påpagei!* (sagt man, wenn sich jemand ganz bunt kleidet)
papierln: jemanden übervorteilen, foppen, zum Narren halten
Påpp *da* = der Papp: Kleister, Brei; *Mehlpåpp*

pappad: rundgesichtig
Papperl *'s* (Kindersprache): Kocherl, Säuglingsnahrung
påpperlapåpp!: (rede keinen) Unsinn!
Papperlatur *d'* (scherzhaft): Mund, Mundwerk
Pappi *'s* (Kindersprache): Brot
Pappm *d'*: Mund; *hålt de Pappm!* (halt den Mund!)
Påppmdeckl *da* = der Pappendeckel: Pappkarton
Pappmschlosser *da* (scherzhaft): Zahnarzt
Påppmstü(l) *da* = der Pappenstiel: nur einen Pappenstiel (ganz wenig) kosten
Påpstlocherl *da*: Phantasiename in verschiedenen Wendungen, die eine Ablehnung, aber auch eine Hochachtung ausdrücken (wenn jemand beispielsweise sagt, daß er schöne Grüße bestellen soll, fragt der andere etwas ungläubig: *va wen denn, leicht van Påpstlocherl?*)
Påradeiser *da* = der Paradeiser: Tomate
Paraplü *da* = der Parapluie: Regenschirm
parat: bereit
Parfei(n) *da* = das Parfum
pariern = parieren: gehorchen
parterr = parterre: völlig erschöpft
Pa(r)teze(d)l *da* = der Partezettel: die Parte (Todesanzeige)
parzn *si*: 1. sich hervortun, brüsten, großsprecherisch benehmen, 2. sich breit machen, den andern keinen Platz lassen; *parz di net a so!*
Påscher *da*: Klatsch, klatschender Laut (wie beim Aufschlagen auf eine Wasserfläche)
påschn = paschen: in die Hände klatschen
Passamaner *da*: Apfelsorte
passn = passen: 1. das richtige Maß haben; *der Ånzug paßt*, 2. abwarten; *i paß!* (beim Kartenspiel eine Runde nicht mitspielen), 3. lauern; *er håt mi å(b)paßt* (aufgelauert), 4. zuspielen (Fußballersprache)
Patentwatschn *d'*: eine saftige Ohrfeige
Påtsch *da*: gutmütiger Mensch (der oft ausgenützt wird)
Påtscha *da*: Hausschuh (ursprünglich aus Filz); *d' Påtschn aufstö(ll)n* (sterben)
påtschad: ungeschickt, unbeholfen
Patscherl *d'* (Mz.): gestrickte oder gehäkelte Kinderschuhe
Påtscherl *'s*: unbeholfenes, hilfloses Kind
Påtschn *da*: Reifenpanne
påtschnåß = patschnaß: durch und durch naß
Patz *da*: breiartige, zerquetschte Masse; *i zdruck di za an Patz!* (Drohung)
patzaugad: triefäugig (die durch eine Augenentzündung hervorgerufene Verklebung der Augen); *a patzaugads Kind*

Påtzer *da* = der Patzer: 1. Stümper, 2. Fehler
Patzhäubl *'s*: etwas eigenartige Haube
patzi = patzig: 1. klebrig, breiig, wässrig; *a patziger Schnee*, 2. eingebildet, frech; *der måcht si då patzi!*
Påtzjågl *da*: jemand, der sich beim Essen anpatzt
påtzn = patzen: 1. fehlerhaft arbeiten, 2. beim Schreiben Kleckse machen, 3. beim Essen das Tischtuch beklecksen
Påtzn *da* = der Patzen: Klecks
Påtznlüppl *da*: Schimpfwort für einen tolpatschigen Menschen
patzwoach = patzweich: sehr weich; *a patzwoache Birn*
Patzweda *'s*: Regenwetter zur Zeit der Schneeschmelze
päuli: weg, davon, verschwunden; *päuli gehn* (abhanden kommen)
Pauli Bekehrdi = Pauli Bekehrung: Lostag (25. Jänner); *Pauli Bekehrdi, hålberter Winter, scher di*
Pauxerl, Pauxl *'s*: kleines, herziges Kind
pauxln: coitieren
Peank *da*: großer, schwergewichtiger Mensch
Peanka *d'* (Mz.): schwere, klobige Schuhe
peankad: schwer, klobig; *peankade Schuah*
pe(ch)schwårz = pechschwarz: ganz schwarz

pecka: 1. picken; *d' Heahn peckan 's Fuada zsåmm* (picken die Körner auf), 2. *Oar pecka* (Eier pekken)
Pecker *da*: 1. Email- oder Lackschaden; *des Hefa håt an Pecker*, 2. „Dachschaden"; *håst an Pecker?* (bist du nicht ganz richtig im Kopf?)
Pedasü(l) *da* = die Petersilie: eine Gewürzpflanze
Pederlfeir *'s*: „Peterlfeuer" (Brauchtum)
Pederlståg *da*: Peter-und Pauls-Tag (29. Juni)
Peikeles *d'* (Mz.): Schläfenlocken orthodoxer Juden
Peitscherlbua *da*: Zuhälter
Peitschnstecka *da*: Peitschenstiel
pempern: 1. auf Metall schlagen, einen hellen metallischen Klang hervorbringen (der Kupferschmied *pempert*), 2. coitieren
Pemsl *da* = der Pinsel
penzn = benzen: drängen, aufdringlich bitten, betteln; *wås penzt denn oiweu!*
Pepi *da*: künstlicher Haarteil, Perücke
Pepita *'s*: ein kleinkariertes, zweifärbiges Stoffmuster
Petroleumlåmpm *d'*: Petroleumlampe (war bis zur Einleitung des elektrischen Lichtes in Verwendung)
petschiert: in einer mißlichen Lage sein
Peu(l) *'s*: „Peil" (rundes, konisches

Stück Holz zum Verstopfen des Spundloches eines Fasses)
Pfåff *da* (veraltet) = der Pfaffe: Geistlicher
Pfåffmkapperl *'s*: rote Frucht des Spindelbaumes
pfä(l)zn: „pfelzen", einen Obstbaum veredeln (pelzen)
Pfandl *'s*: Pfandleihanstalt
Pfånn *d'* = die Pfanne
Pfånnaflicker *da*: der umherziehende Kesselflicker
Pfånnastü(l) *da*: 1. Pfannenstiel, 2. Scheltwort für ein eingebildetes Mädchen
Pfanndl *'s*: kleine Pfanne
Pfeffer *da*: Pfeffer (ein Gewürz); *geh hin wo da Pfeffer wåchst!* (scher dich zum Teufel!)
Pfeifa *d'* = die Pfeife
Pfeiferl *'s* = das Pfeiferl: früher wurden die Pfeiferl für Kinder aus Weidenzweigen (die zum Teil durch Beklopfen entrindet wurden) angefertigt; *er is ban Pfeiferl!* (er ist weg!)
Pfeifmdeckl *da*: 1. Pfeifendeckel, 2. (Militärsprache) Offiziersdiener
Pfeifmstiera *da*: Stahlstift zum Säubern der Tabakspfeife (war in Taschenmessern eingebaut)
Pferscha *da* = der Pfirsich
Pfettn *d'*: Dachbalken
pfeu(l)gråd, pfeu(l)grea: „pfeilgerade", schnurgerade
Pfiff *da*: 1. Peiflaut, 2. ein halbes Seidel (altes Maß); *an Pfiff Bier tringa*

Pfifferling *da*: 1. Eierschwammerl, 2. keinen Pfifferling (nichts) wert sein
Pfingsta *da*: alte Bezeichnung für Donnerstag
Pfingstlümml *da*: scherzhafte Bezeichnung für denjenigen, der am Pfingstsonntag als letzter aus dem Bett aufsteht (er erntet Spott)
pfitschigogerln: am Tisch mit Münzen und Kämmen „Fußball" spielen
Pfitzipfeu(l) *da*: „Pfitschipfeil", selbstangefertigter Pfeil und Bogen für Kinder (Pfeil aus Schilfrohr mit Holundermark an der Spitze)
Pflanzerei *d'*: Fopperei
Pflanzl *'s* = das Pflänzchen; *Pflanzl setzn* (anpflanzen)
pflanzn = pflanzen: zum Narren halten, sekkieren, hänseln, foppen
Pflåsta *'s* = das Pflaster: 1. Heftpflaster, 2. Straßenpflaster; *Pflåstastoan*
Pflock *da*: 1. Holzpflock, 2. großer, stämmiger Mann; *des is a gscheiter Pflock*
Pfluag *da* = der Pflug: der einstige pferdegezogene Holzpflug ist schon längst durch den Eisenpflug abgelöst worden
Pfluageisn *'s* = das Pflugeisen: das an der Pflugschar angebrachte Eisen; *Pfluageisn spitzn* (war eine hohe Kunst des Schmieds)
pflutschn: beim Reden mit der Zunge anstoßen

pfnausn: schnauben, schwer atmen
Pfoad *d'*: Hemd
Pfoadstutzn *da*: das untere Ende des Hemdes
pfoazn = furzen: einen Darmwind lassen
Pfostn *da* = der Pfosten: 1. ein besonders dickes Brett, 2. großer, dicker Mann
Pfream *da* = der Pfriem: Ahle (dicke Nadel)
Pfüat di!, Pfiat di!: vertrauliche Verabschiedung
Pfüat God!, Pfiat God!: Abschiedsgruß (Gruß beim Fortgehen)
pfüatn, pfiatn: sich mit *Pfüat di!* oder *Pfüat God!* verabschieden
pfuchzn: fauchen; *a pfuchzade Kåtz* (eine fauchende Katze)
Pfufferla *da* (scherzhaft): Steyrer Traktor mit 15 PS
pfui!: pfui rufen; *außn hui, innen pfui!* (nach außen hin schön und sauber, innen drin schaut's leider anders aus)
pfui gack! (Kindersprache): nicht angreifen, es ist schmutzig!
pfui, pfui, pfui, rot und blåb!: mit diesem Ruf ärgert man den Truthahn (mit dem Ergebnis, daß er wütend zu schreien beginnt)
Pfusch *da*: unsachgemäße Arbeit
Pfuscher *da*: 1. Schwarzarbeiter, 2. einer, der unsachgemäß arbeitet
pfuschn = pfuschen: unangemeldet oder schlecht arbeiten
pfutsch: weg, fort; *'s Geld is pfutsch* (weg)

pibern: zittern, beben (dasselbe wie *pobern*)
Pick *da*: Klebstoff
picka = picken: 1. kleben; *picka blei(b)m* (kleben bleiben; im Gasthaus sitzen bleiben), 2. ohrfeigen; *i pick da glei oane*
picksüaß, picksiaß = picksüß: besonders süß
Pickzeig *'s* = das Pickzeug: Klebemittel und Werkzeug zum Reparieren von Reifen
Piefke, Piefkineser *da* (scherzhaft, abwertend): der (Nord)deutsche
Pik *da*: Groll; *an Pik auf oan hå(b)m*
Pik *d'*: eine Spielkartenfarbe; *Pik-Kini* (Pik-König)
Piksie(b)ma *da*: die „Pik-Sieben"; *der schaut wia da Piksie(b)ma* (sagt man, wenn jemand ein finsteres Gesicht macht)
Pimperlbåhn *d'* = Pimperlbahn: kleine, unbedeutende Bahn(linie)
Pimpflhuaba *da*: ein Phantasiename für einen Dummkopf; *des is a Pimpflhuaba*
Pinkerl *'s* = das Binkerl: 1. kleines Bündel; *a niader håt sein Pinkerl z'trågn* (jeder hat sein Leid, seine Sorgen zu tragen), 2. liebes Kind; *Herzpinkerl*
Pinkl *da* = der Binkel: 1. Bündel, 2. Strohballen, 3. vornehmer Mann; *a feiner Pinkl*
Pinklburdhådern *a*: ein Gesindel wie das andere

Pinsch *da*: Nichtgenügend als Note; *i hån heint an Pinsch kriagt*
Piperl *'s*: Kücken (dieser Ausdruck wird meist für ein zu Ostern geschenktes Schokoladehühnchen gebraucht; ansonst wird zu Kükken üblicherweise *Biberl* gesagt)
piperln: (heimlich) trinken; *der piperlt gånz schen*
Pipihendi *'s* (Kindersprache): Kücken
Pipm *d'* = die Pipe: 1. Faßhahn, Wasserhahn, 2. Schimpfwort für einen unreifen, frechen Burschen; *Rotzpipm*
pisackn = piesacken: sekkieren
Pitschn *d'*: Blechkanne; *Mü(lch)pitschn* (Milchkanne)
Plafon *da* (nasal) = der Plafond: Decke eines Raumes
Plå(h)a, Plåcha *d'* = die Plache: Plane; *Plåchawågn* (Planenwagen, mit dem die Zigeuner unterwegs waren)
Plånga *d'* = die Planke: dickes Brett, Bretterwand (insbesondere werden die Absperrungen zwischen den Pferdekoppeln als *Plånga* bezeichnet)
Plärrat *'s*: Geschrei, lautes Weinen; *her auf mit dein Plärrat!*
Plärrer *da*: lauter Schrei; *er håt an Plärrer gmåcht!*
plärrn = plärren: 1. laut schreien, 2. weinen
Plärrschoaß *da*: ein Kind, das ständig weint
Plattler *da*: flacher Stein (*Plattler* werden von Kindern gerne gleitend über den Wasserspiegel geworfen)
plattln: schnell laufen; *der plattlt gånz schen*
Plåttn *d'*: 1. Platte, 2. (scherzhaft) Kopf; *der is hä(ll) auf da Plåttn* (der ist gescheit)
Platzmäu(l) *'s*: Schreihals
platzn: laut schreien, plärren
Plaudera *da*: Spielvariante beim Preferanzen (Kartenspiel)
Plauscherl *'s*: ein gemütlicher Plausch
plauschn = plauschen: plaudern; *plausch net, Peperl!* (sagt man, wenn man dem Erzähler nicht glaubt)
Pleampl *da*: dummer Mensch (Schimpfwort)
pledern: 1. die Wäsche mit der *Wåschpledern* (einem Holzbrett) ausklopfen, 2. klatschend schlagen; *i werd da glei en Hintern pledern!*, 3. viel reden; *a so a Pledern!*, 4. sich schnell und geräuschvoll fortbewegen (z. B. mit dem Moped), 5. *da Håhn pledert d' Henn* (der Hahn begattet flügelschlagend die Henne), 6. *paß auf, daß di net da Gånesl pledert!* (die Ganserer zwicken oft Kinder, die ihnen zu nahe kommen, flügelschlagend mit dem Schnabel), 7. coitieren
Pledern *d'*: 1. Tratschweib, Schwätzerin, 2. *Wåschpledern*, 3. burschikos für Motorrad

Plempl *da*: 1. schlechtes Gesöff (Most), 2. wertloses Zeug
Pletschn *d'* = die Bletschen: 1. großes Pflanzenblatt, 2. großes Geschwür oder Hautabschürfung
plodern: sich bauschen; *d' Hosn plodert* (wenn die Hosenbeine zu weit sind)
Plumpsåck *da*: ein zusammengebundenes Tuch, mit dem man beim *Blinde-Kuah-spü(l)n* Schläge austeilt; *da Plumpsåck geht um*
plumpsn = plumpsen: schwer hinfallen oder herabfallen
Plunzn *d'* = die Blunze: 1. Blutwurst, 2. Schimpfwort für einfältige Weibsperson
Plunzn schoana *'s*: das Säubern der Gedärme des geschlachteten Schweines für die Blutwurstbereitung
Plunzntråchter *da*: Trichter zur Blutwurstfüllung
pobern (*påbern* gesprochen): beben, zittern; *den poberts ålsa gånze* (der zittert am ganzen Körper)
Polack *da* (abwertend): Pole
Polsterzipf *da*: 1. Zipfel des Polsters, 2. in heißem Fett gebackene Mehlspeise aus Mürbteig
Polteråbend *da* = der Polterabend: Vorabend der Hochzeit (an dem die Brautleute nochmals getrennt ausgiebig feiern dürfen)
Pö(l)z *da* = der Pelz
Pö(l)zhau(b)m *d'*: Pelzhaube, Pelzmütze
Pö(l)zmåntl *da* = der Pelzmantel
pö(l)zn: mit Stützen versehen (eine einsturzgefährdete Decke muß man *pö(l)zn*)
Pö(l)zschuah *da*: Pelzschuh (mit Pelz gefütterter Schuh)
Porri *da* = der Porree: ein Gemüse (Lauch)
Postmoasta *da*: Leiter des Postamtes
Postroß *'s*: „Postroß" (Zugpferd einer Postkutsche); *scheißn wiar a ålts Postroß* (sagt man, wenn jemand ständig furzt)
Powi(d)l *da* = der Powidl: eine Zwetschkenmarmelade; *des is ma Powi(d)l!* (das ist mir egal!)
pracka: schlagen, ausklopfen
Pracker *da*: 1. Teppichklopfer, 2. großes Tier oder großer Mensch; *der Kåder is a gscheida Pracker* (ist eine große Katze)
prassln = prasseln: prasselndes Fett (das Geräusch des Bratens)
pråtschn: herumtrampeln, in eine Wasserlache steigen; *da Bua is in d' Mistlåcka pråtscht*
Prätscher *d'* (Mz.): große Füße
Pratzerl, Pratscherl *'s*: (kleine) Pfote; *gib schen 's Pratzerl!* (Aufforderung an den Hund, der die Pfote reichen soll)
Pråtzn *d'*: 1. Pranke, Tatze, Pfote, 2. (große) Hand; *der håt a gscheite Pråtzn*
Predi *d'* = die Predigt
preferanzn = preferanzen: Preference (ein Kartenspiel) spielen

preschn = preschen: schnell fahren; *der prescht daher!*
Preß *d'* = die Presse: 1. Mostpresse, 2. Strohpresse
Preßhaus *'s*: Raum im Bauernhof, der alle Einrichtungen zum Mostmachen enthält
pressiern = pressieren: eilen (dringend sein); *'s pressiert net*
Preßzä(ld)n *d'*: „Preßzelten", scheibenförmiger Rückstand beim Mostpressen (ausgepreßte Obstmaische)
Preßzä(ld)nhaufa *da*: Abfallplatz für die Preßzä(ld)n (die dort verrotten)
Priminz *d'* = die Primiz: die erste Messe, die ein neugeweihter katholischer Priester feiert
pritschln = pritscheln: planschen, plätschern
Pritschn *d'*: 1. Klaps oder Schlag auf den Hintern; *wånnsd' net brav bist, kriagst glei a Pritschn*, 2. (vulgär) weiblicher Geschlechtsteil, 3. Liegestatt aus Brettern (Holzpritsche)
profentiern = profitieren: Nutzen haben, Gewinn ziehen
Profos *da*: großer, massiger Mann
Prolet *da*: roher, ungebildeter Mensch
prölln = prellen: 1. täuschen; *er håt mi pröllt*, 2. sich die Hand prellen
Propäller *da*: 1. Propeller, 2. (scherzhaft) Herrenmascherl
Pröpstling *da*: dicker Mensch
Prüglknecht *da*: zweiter Roßknecht (auch dem Range nach) auf großen Bauernhöfen (die mehr als ein Gespann hatten)
pudern: coitieren
Pu(d)l *da*: 1. Schmutzfink, 2. Verkaufstisch
Pu(d)lhau(b)m *d'* = die Pudelhaube: dicke (Woll)haube
Pu(d)lhupfa *da* (scherzhaft): Verkäufer
pu(d)lnåckat = pudelnackt: splitternackt
pu(d)lwohl = pudelwohl: sich pudelwohl fühlen
Puff *'s*: Bordell
Puffmuada *d'*: Bordell-Chefin
Pü(l)cher *da*: Strolch, Gauner
Pü(l)oa *'s*: Ei, das im Hühnernest liegengelassen wird, damit die Henne weitere Eier dazulegen soll (dafür wird manchmal auch ein Gipsei verwendet)
Pü(l)ß *da*: Steinpilz (die übrigen Speisepilze heißen *Schwåmma*)
Pulverl *'s*: Medikament (in Pulver- oder Pillenform)
pumali = pomali: langsam, gemächlich
Pumpador *da*: Einkaufstasche mit großen Tragringen
Pumperer *da*: dumpfes Geräusch (durch Schlag oder Fall)
pumperlgsund = pumperlgesund: kerngesund
pumpern: stark klopfen
Pumpertorra(d)l *'s* (scherzhaft): Motorrad

Pümß *da*: Brot (früher wurde nur das Militärbrot so bezeichnet)
Purxlbam *da* = der Purzelbaum: Rolle vorwärts
Putzer *da*: Verweis, Tadel
Putzfetzn *da*: Staubtuch
Putzmüh(l) *d'*: Gerät zum Reinigen der Getreidekörner von der Kleie und den Ährenresten mit Hilfe eines Gebläses (dasselbe wie *Windmüh(l)*)
putzn: 1. putzen, reinigen, 2. überholen; *den håmma putzt!*, 3. *putz di!* (scher dich weg!)

- Q -

Quadratlatschn *d'* (Mz.): sehr große Füße oder Schuhe
Quä(l)geist *da* = der Quälgeist: ein Kind, das einem ständig auf die Nerven fällt
Quargl *da*: 1. Quargelkäse („stinkende" Käsesorte), 2. dummes Gerede, Unsinniges
Quarglsturz *da*: Käseglocke
quea(n)gatzn: quietschen, knarren; *d' Tür queangatzt*
Quea(n)glad *'s*: Musik, die „in den Ohren weh tut"; *i kånn des Quea(n)glad nimma hearn*
Quetschn *d'*: 1. Quetsche (Gerät zur Herstellung eines *Erdpflsterz*), 2. (scherzhaft) Ziehharmonika

- R -

rabiat: wütend, gewalttätig
Rå(b)mbra(d)l *'s*: ein durchtriebener Mensch
rå(b)mfålsch: falsch „wie ein Rabe", sehr falsch
Rå(b)m-muada *d'*: lieblose Mutter
rå(b)mschwårz = rabenschwarz: schwarz „wie ein Rabe", ganz schwarz
Rå(b)mvåda *da*: liebloser Vater
Rå(b)mvieh *'s*: Schimpfwort für Mensch und Tier
rackern: schwer arbeiten, plagen
Rad, Rath *'s*: gerodetes Grundstück (heute Flur- und Straßenbezeichnungen); *Rathweg*
Råd *'s* = das Rad
Radi *da*: 1. Rettich, Radieschen; *Mensch, mågst an Radi?, na Bua, der blaht mi!, Mensch, mågst a Wurscht?, na Bua, i hån an Durscht!*, 2. Rüge; *heint hån i an gscheitn Radi kriagt*
Ra(d)l *'s*: 1. kleines Rad, 2. Fahrrad
Ra(d)ldeckn *d'*: Fahrradreifen
ra(d)lfåhrn = radfahren: mit dem Fahrrad fahren
Ra(d)lschlauh *da*: Fahrradschlauch
Ra(d)ltråg *d'*: einrädriger Schubkarren mit zwei Handhaben und einem Leiterboden; *Ra(d)ltråg fåhrn* (Turnübung für Kinder, die auf Händen gehen müssen, während jemand ihre Füße hochhält)

Rådnågl *da*: Achsnagel am Leiterwagen (jener Nagel, der das Wagenrad am Herausfallen aus der Achse hindert)
Rådschuah *da*: hölzerner Bremsklotz (eine Art Wagenbremse)
raffa = raufen: balgen
Raffkå(d)l *da*: ein rauflustiger Bub oder Bursch
rah, rach: steif, ungelenk, gliederstarr; *i bi(n) heint gånz rah* (ich habe Gliederschmerzen)
Rah *d'*: Gliederlahmheit bei Pferden
Rahm *da*: oberer, fetthaltiger Teil der Milch
Ramer(n) *d'*: 1. Kruste, die sich beim Backen an der Rein anlegt; *Kohramer(n)*, 2. abheilende Hautabschürfung, 3. eingetrockneter Nasenschleim; *Rotzramer(n)*
rama = räumen: säubern, ausmisten; *Goaßstål rama*
Ramassuri *da*: Wirbel, großes Durcheinander
Råmerl *da*: kleiner, säuerlich schmeckender Apfel (Apfelsorte)
Råmerl *'s*: (scherzhaft, kosend): schmutziges Kind; *Råmerl, håst 's Ruaßerl net gsegn?*
Råml *da*: ein grober, gefühlloser Mensch; *a so a Råml!*
råmli: schmutzig; *du bist råmli, wåsch di amål!*
rämmln, remmln: Rummy spielen (Kartenspiel); *tamma rämmln!* (spielen wir Rummy!)
Råmpla *da* = der Rempler: Stoß, Rippenstoß
rämpln = rempeln: beiseite drängen, einen Rippenstoß versetzen
Ramsch *da*: billige, minderwertige Ware
rån, råna (nasal): die Paarungsbereitschaft anzeigen (Katze); *d' Katz rånt* (sie ist rollig)
Råna *d'* (Mz.): Ronen (Rote Rüben); *Rånasålåt* (Rote-Rüben-Salat)
randi: gut; *mir geht's net recht randi* (nicht besonders gut); *heint gibt's nix Randigs zan Essn* (heute gibt es nichts Besonderes zum Essen)
Rånft *da*: Einfassung, Rand, Stück von etwas
Ranftl *'s*: 1. kleines Stück Brot vom Rand des Laibes, Endstück, 2. der Krapfen hat ein lichtes *Ranftl*, 3. Saum, Besatz eines Kleidungsstückes
rangln = rangeln: sich balgen
Rant *da*: 1. Einfall, ausgefallene Idee, Einbildung; *er håt den Rant, daß er z' Fuaß åm Pöstlingberg gehn wü*, 2. Augenblick; *oille Rant* (alle Augenblicke)
rantn *si*: sich sorgen, aufregen; *tua di net rantn!* (sorg dich nicht!)
rantweis: zeitweise; *er håt's rantweis* (er hat zeitweise einen Tick)
ranzi = ranzig: ranzige (verdorbene) Butter
rånzn: 1. jammern, nörgeln, 2. sich strecken und dehnen (nach dem Wachwerden)

Rånzn

Rånzn *da* = der Ranzen: Schultasche
rapid: sehr rasch
Råpp *da* = der Rappe: schwarzes Pferd; *auf Schuasters Råppm* (zu Fuß)
Rappl *da* = der Rappel: Anfall von Zorn, von Verrücktheit
Rasch *d'* = die Rage: Wut
Råschpl *d'* = die Raspel: eine Holzfeile
raß: scharf, beißend, sauer; *a rasser Most*
Raß *d'*: Gesindel; *so a Raß!* (solch eine Bagage!)
Rassl *'s* = das Rastel: kleines Drahtgeflecht
Rasslbande *d'* = die Rasselbande: ausgelassene Kinderschar
Rasslbinder *da* = der Rastelbinder: 1. umherziehender Häfenbinder, 2. ungepflegter Mann
råstn = rasten: ausruhen
råtn = raten: jemandem einen Rat geben; *dir is net zan råtn* (du nimmst keinen gut gemeinten Rat an)
ratschn = ratschen: 1. die Ratsche betätigen, 2. tratschen
Ratschn *d'* = die Ratsche: 1. Knarre, mit der in den Kartagen *gratscht* wird (weil die Kirchenglocken „nach Rom geflogen sind"), 2. geschwätzige Weibsperson
Ratscherbua *da*: Bub, der in der Karwoche für den Osterbrauch des Ratschens eingesetzt ist

Ratsl *'s* = das Rätsel: Rätsel raten
Råtz *da* = die Ratte: Hausratte; *schlåfa wiar a Råtz* (gut schlafen)
ratzeputz = ratzekahl: etwas *ratzeputz* (ganz und gar) aufessen
Råtznfålln *d'*: Rattenfalle
Råtznschwoaf *da* = der Rattenschwanz: 1. Schwanz der Ratte, 2. ein Rattenschwanz (eine endlose Folge) von Schwierigkeiten
ratzn, razn = reizen: anstänkern, erregen; *des tat mi ratzn* (das würde mich reizen)
Räuberloata *d'*: „Räuberleiter" (das Aufeinanderstellen zweier Menschen zwecks höherer Reichweite)
Raubersbua *da*: Schimpfwort für einen Lausejungen
Raubersgschicht *d'*: „Räubersgeschichte", Lügengeschichte
Räuber und Schåndarm: „Räuber und Gendarm" (Kinderspiel)
Rau(d)n *d'*: Wundschorf, Blutkruste
Rauhdaschl *da*: ungepflegter Mann
Rauhnåcht *d'* = die Rauhnacht; *Rauhnacht sand vier, zwoa foast und zwoa dürr* (zwei Tage, an denen gefastet wurde, und zwei Tage, an denen es ein Festmahl gab)
rauhpu(d)lad: rauhaarig; *a rauhpu(d)lada Hund*
Rauhreiff *da*: gefrorener Tau
rauka = rauchen; *rauka gehn* (in den Rauhnächten räuchern gehen)
Raunl *d'*: altes Motorrad
Raunzer *da*: Nörgler

Raunzerei *d'*: ständiges Nörgeln und unentwegtes Kritisieren
raunzn = raunzen: weinerlich klagen, nörgeln
Raunzn *d'*: Weibsperson, die ständig *raunzt*
Raupfång *da* = der Rauchfang: Kamin; *daß du wieder amål kimmst, då muaß i ja direkt aufm Raupfång auffikräu(l)n* (sagt man, wenn ganz seltener Besuch kommt)
Raupfångkehrer *da* = der Rauchfangkehrer: Kaminfeger
Rausch *da*: Betrunkenheit
Rauschkugl *d'*: eine Person, die oft betrunken ist
Rawuz, Rawuzl *da*: ein bärtiger, ungepflegter Mann
Ream *da* = der Riemen: Lederriemen; *Hosnream*
Reamschei(b)m *d'*: Riemenscheibe, Antriebsvorrichtung; *a ålte Reamschei(b)m* (scherzhaft für eine Frau, die man durchaus schätzt)
Reankn, Renkn *da* = der Renken: großes Stück Brot oder Fleisch; *a Reankn Speck*
Rebhendl *'s* = das Rebhuhn
rebi, rewi: rührig, munter, aufgeweckt; *a rebigs Kind*
Recha *da* = der Rechen: ein Acker- und Gartengerät; *Heirecha* (Heurechen)
Rechahap *'s*: „Rechenhaupt" (Querbrett des Rechens, in dem die Zähne stecken)

Rechanmåcha *da*: Rechenmacher (Handwerker)
Rechazähnd *d'* (Mz.): Rechenzähne
recht: 1. richtig; *a so is's recht*, 2. sehr, ziemlich; *recht groß, recht schen*, 3. „rechts"; *mitn rechtn Fuaß aufstehn* (in der Früh schon gut gelaunt sein)
Rechtn *d'*: Anrecht; *i hån a Rechtn auf de Såch*
rechtschåffa = rechtschaffen: anständig
recka: Brechreiz empfinden; *'s reckt mi*
Red *d'* = Rede; *då is går koan Red davon* (da ist keine Rede davon)
reflektiern = reflektieren: auf etwas reflektieren (es haben wollen)
Regnweda *'s*: Regenwetter
Rehbock *da*: männliches Reh
Rehgoaß *d'* = die Rehgeiß: weibliches Reh
Rehkitz *'s*: junges Reh
Rehrl *'s*: kleines Rohr
Rehrlhosn *d'*: Hose mit engen Hosenbeinen (war in den 60er Jahren große Mode)
rehrn: 1. röhren (das Gebrüll der Hirsche während der Brunftzeit), 2. laut weinen; *dummer Bua, wås rehrst denn glei!*
Rehrn *d'* = das Rohr: 1. Ofenrohr, 2. Backrohr; *'s Essn in d' Rehrn stö(ll)n*
Reiberei *d'*: Meinungsverschiedenheit, kleinerer Streit
Reiberl *'s*: Coitus; *a Reiberl måcha* (coitieren)
rei(b)m = reiben: 1. scheuern; *en*

Rei(b)m

Fuaßbo(d)n rei(b)m (saubermachen), 2. ohrfeigen; *i reib da oane* (geb dir eine Ohrfeige)
Rei(b)m *d'*: 1. Kaffeereibe, 2. Obstreibe, 3. (scherzhaft) altes Motorrad; *mit deiner Rei(b)m derfsd' a nimma weit fåhrn!*
Reid *d'*: Kurve; *i waar fåst net umikemma um de schårfe Reid*
Reiff *da* = der Reif: Rauhreif (gefrorener Tau); *heint håt's schon an Reiff ghå(b)d*
Reim *da*: Raureif; *d' Fenster sand gånz ångreimt*
Reimmichlkalena *da* = der Reimmichelkalender: wurde wegen seiner unterhaltsamen Geschichten sehr geschätzt
rein: ausschließlich, gänzlich, überhaupt (als Verstärkung); *rein går nix håt's ma ge(b)m*
Rein *d'* (nasal): lange Bratpfanne; *Nudl in da Rein, heint wird's nu lusti sein*
Rein(d)l *'s*: kleine Rein
Reis *da*: 1. Reis, 2. Angst; *den geht da Reis* (der hat Angst); *a Reisgeher* (ein Angsthase)
Reisat *'s* = das Reisig: dünnes Zweigholz
Reisatbesn *da*: starker Besen aus Birkenreisig
Reisatbür(d)l *'s*: Reisigbündel
Reisinger: *kennst di aus, Reisinger, da Huat brennt!* (bekräftigende Redensart, wenn jemand noch immer nicht kapiert oder wenn man auf vorerst nicht durchschaubare Zusammenhänge hinweisen will)
reißn: 1. niesen; *zwoamål håt's mi grissn* (zweimal mußte ich niesen), 2. bei den Haaren ziehen, 3. einen Zahn ziehen; *Zåhnt reißn*, 4. *oane reißn* (eine Ohrfeige geben)
Reißn *d'*: *oan in da Reißn håm* (ihn aufs Korn genommen haben)
Reißteufl *da* = der Reißteufel: jemand, der seine Kleider nicht schont
reitern: sieben; *Sånd reitern*
Reitern *d'* = die Reiter: 1. geflochtenes, rundes Handsieb zum *Reitern* (Durchsieben) des Samens, 2. auf einer Stützstange schräg aufgestellte *Reitern* zum Sieben von Erde oder Sand
Reiternmåcha *da*: Siebmacher (Handwerker)
reitn: 1. auf dem Pferd reiten, 2. Wurzelstöcke roden (ausgraben)
Rem *d'*: 1. Leiter zum Aufhängen des geschlachteten Schweines; *hebts ån, toats d' Sau auf d' Rem*, 2. Wandstellage zum Aufhängen von Kochlöffeln, Schöpflöffeln und Topfdeckeln
renna = rennen: laufen
Renner *da*: Rempler, Stoß; *er håt mar an Renna ge(b)m*
Renoß *d'* = die Renonce: Fehlfarbe (Kartenspiel); *du håst Renoß gspü(l)t* (du hast eine falsche Karte zugegeben)
resch: 1. knusprig, frisch, 2. forsch;

a resche Wirtin
Reserl *'s*: Gänseblümchen
Rester *da* = der Röster: Fruchtbrei; *Holler-Rester*
Restln *d'* (Mz.): der Rest, das Übriggebliebene (Essen); *Restln essn* (das Übriggebliebene essen)
Retzn *d'*: Kartoffelkraut
Retznhaufa *da*: die auf einen Haufen geworfenen *Retzn* (die an dieser Stelle dann verrotten)
Reumatische *'s*: der Rheumatismus; *i hån 's Reumatische*
rewällisch: „rebellisch", aufgeregt; *dånn sand oille rewällisch worn* (dann haben sich alle fürchterlich aufgeregt)
rewantiern = rentieren; *es rewantiert si* (es zahlt sich aus)
rewatierli = reputierlich: 1. ordentlich, anständig, 2. stattlich; *a rawatierlicher Månn* (ein stattlicher Mann)
Riasta *da*: Haltegriff des Pfluges
Ribisl *d'* = die Ribisel: Johannisbeere
Ribislsåft *da* = der Ribiselsaft: Johannisbeersaft
richtn = richten; *richst das eh nu!* (laß dir Zeit, es eilt nicht!)
Riebeisn *'s* = das Reibeisen
Rieberl *'s* = der Reiber: ein drehbarer Riegel (Verschlußvorrichtung für Fenster)
Riedl *da*: 1. Riegel, Sperr-Riegel (Haustürriegel, den man abends von innen vorschob), 2. Geschwulst, Beule

Riegl *da*: ein großer, starker Mann
Riesl *da*: Hagel(körner)
riesln = rieseln: hageln
Rindtn *d'* = die Rinde: Brotrinde, Baumrinde
Ring *da*: 1. Fingerring, 2. Spielvariante beim Viererschnapsen (Kartenspiel)
Ringareia *'s*: ein Kinderspiel (händehaltend im Kreis gehen und singen); *ringa, ringa, reia, samma inser dreier, sitz mar ins auf d' Hollerstau(d)n, tamma fleißi Bö(d)li klau(b)m, d' Hollerstau(d)n bricht å(b), und mia fålln oille mitanånd en Båh*
Ringlgspü(l) *'s* = das Ringelspiel
Ringlnåda *d'* = die Ringelnatter
Ringlottn *d'* = die Ringlotte: eine Pflaumensorte
rinna = rinnen
rinna låssn: urinieren; *i muaß amål rinna låssn*
rinn-nåß: triefnaß, tropfnaß
Ripperl *d'* (Mz.): gebratene Schweinsrippen (Spareribs)
Rist *da*: Fußrücken; *er håt an hochn Rist*
roacha = reichen
Roaf *da*: Eisenreifen, Eisenring; *i werd da d' Roaf ånziagn* (ich werde etwas strenger werden)
Roafmesser *'s*: gebogenes Schnitzmesser (Reifen) mit zwei Handhaben, zum Schnitzen an der *Hoanzlbänk*
Roafziaga *da*: „Reifenzieher" (Binderwerkzeug, zum Befestigen

Roafzügl 154

bzw. Heruntergeben der Eisenringe des Fasses)
Roafzügl *'s*: Zugspindel (Binderwerkzeug)
Roan *da* (nasal) = der Rain: Ackerrain (Wiesenstreifen zwischen den Feldern)
Roanl *'s*: Ackerbeet; *Erdpflroanl* (Erdäpfelacker)
Roanpledera *da* (scherzhaft): 1. Plauderei am Gartenzaun oder am Feldweg, 2. Liebesspiel im Freien; *måch ma an Roanpledera!*
Roas *d'*: Reise, Wanderung; *auf d' Roas måcha* (Fertigmachen zum Weggehen, Nachhausegehen)
roasn: 1. sich auf den Heimweg machen, weggehen, 2. übersiedeln (von einem Bauern zum andern wechseln); *morgn wird's zan Roasn*
roazn = reizen
Rock *da*: Männersakko
Rocka *d'* = der Rocken: Spinnrad
Ro(d)l *d'* = die Rodel: Rassel (Babyspielzeug)
Ro(d)låpfl *da*: Apfelsorte, deren Kerne beim Schütteln ein Geräusch erzeugen wie eine *Ro(d)l*
Ro(d)ler *da*: Kartoffelerntemaschine; *Erdpflro(d)ler*
ro(d)ln: 1. mit der Rodel rasseln, 2. Kartoffel ernten; *Erdpfl ro(d)ln*
rogli, roglad: locker, lose; *a roglada Zåhnd* (ein loser Zahn)
Rohr *'s* (*Råhr* gesprochen): 1. Rohr, 2. Backrohr
Roller *da*: 1. Motorroller, 2. Trittroller

Roll di-Roll di: ein Kinderspiel
rolliern: 1. einen Rollschotter als Untergrund geben, 2. beim *Kråtzn* (Kartenspiel) eine neue Spielkartenfarbe aufschlagen
Rom: die Heilige Stadt; *auf Rom roasn* (ein Kind gebären)
Rosmari(n)åpfl *da*: Rosmareinapfel (rosarote Apfelsorte)
Rosn *d'*: 1. Rose (Gartenblume), 2. Brause der Gießkanne
Rosnkrånz *da*: 1. Rosenkranz, 2. das Rosenkranzgebet
Roß *'s*: das in der Mundart übliche Wort für Pferd; *auf oan einre(d)n wia auf a krånks Roß* (auf jemanden beharrlich einreden, um ihn innerlich wieder aufzurichten)
Roßbih *d'*: Heuboden über dem Pferdestall
Roßdeckn *d'*: Schutzdecke für die Pferde (es gab eine Wolldecke gegen Kälte und eine Planendecke gegen Regen)
Roßgschirr *'s*: Pferdegeschirr
Roßhåår *'s* = das Roßhaar: Roßhaarmatratze
Roßknecht *da*: Pferdeknecht (nach dem Hausknecht der zweite Knecht in der Rangfolge)
Roßknö(d)l *da*: Exkremente des Pferdes
Roßkur *d'*: eine Kur mit starken, außergewöhnlichen Mitteln
Roßmist *da*: Pferdemist (ein besonders guter Dünger)
roßn: die Paarungsbereitschaft anzeigen (Stute)

Roßståll *da*: Pferdestall
Roßstållkammerl *'s*: Unterkunft für die Knechte
Roßtäuscher *da*: betrügerischer (Pferde)händler, unredlicher Partner
Rote Fleck *d'* (Mz.): Masern (eine ansteckende Krankheit)
rotgsichtad: ein Mensch mit auffallend rotem Gesicht ist *rotgsichtad*
Rotmandl ånsetzn *'s*: Kartenspiel, bei dem als erste Karte der Herz-Unter „angelegt" wird
rots Oa *a*: ein Osterei (das nicht unbedingt rot sein muß, sondern auch eine andere Farbe haben kann)
rotschä(d)lad: rothaarig
Rotz *'s* = der Rotz: Nasenschleim; *Rotz und Wåsser rehrn* (stark heulen)
Rotzbua *da*: Lausbub
Rotzbremsn *d'* (scherzhaft): dasselbe wie *Rotzlecker*
Rotzdübl *da*: dasselbe wie *Rotzlöffl*
Rotzglockn *d'*: von der Nase herabhängender Nasenschleim
rotzi: nicht geschneuzt
Rotzlecker *d'* (scherzhaft): Schnurrbart
Rotzlöffl *da*: schlimmer Bub, Frechdachs
Rotzmensch *'s*: schlimmes Mädchen
Rotznåsn *d'* = Rotznase: freches Kind
Rotzpippm *d'*: unartiges Kind
Rotzramer(n) *d'*: eingetrockneter Nasenschleim
Rotztegl *da*: einer, der sich nicht schneuzt; *Rotztegl, kaf da um fünf Kreuzer Schuahnägl!* (mit diesem Spruch häkerlt man jemanden, der ständig rotzig ist)
Rua(b)m *d'*: 1. Rübe, Zuckerrübe, 2. Schimpfwort; *du bist a gscherte Rua(b)m!*
Rua(b)mgåbl *d'*: Gabel mit abgeflachten *Zuakn*
Rua(b)msuzler *da*: Schimpfwort (sollte eigentlich *Grua(b)msuzler* – Grubenausleerer – heißen)
ruachln: übertrieben viel arbeiten, habgierig sein, zusammenraufen
Ruada *'s* = das Ruder; *åns Ruada kemma* (an die Macht kommen)
Ruadaleiberl *'s* = das Ruderleiberl: blaues, kurzärmeliges Leibchen
Rua(d)n *d'* = die Rute: aus Reisig zusammengebundenes Gertenbündel (Krampusrute)
Rüaffl *da*: 1. Rüffel, grober Verweis, 2. Lümmel, rücksichtsloser Mensch
rüaffln, riaffln: rüffeln, tadeln
Ruah *d'* = die Ruhe; *a Ruah muaß sein!*
Rüapl, Riapl *da* = der Rüpel: grober Mensch, Lümmel
Ruaß *da* = der Ruß
Ruaßerl *'s*: schmutziges Kind
Ruaßkäfer *da*: unsauberer Mensch
Rüassl, Riassl *da*: 1. Rüssel (Schweinsrüssel), 2. (scherzhaft) Nase; *steck dein Rüassl net übaråll eini!*

rübln = rippeln: reiben
Ruck *da* = der Rauch
rucka = rücken: wegrücken; *ruck a weng!*
rückln, rickln: nach Rauch riechen
Rud *d'*: Gemeinschaft junger, lediger Bauernburschen
rühri = rührig
Rühr-mi-net-ån *'s*: Springkraut
rührn = rühren; *Buda rührn* (Butter rühren)
rührsäli = rührselig: übertrieben gefühlvoll
rumorn = rumoren: grollen im Bauch
Rumpl *d'* = die Rumpel: Waschrumpel
Rumpler *da*: polterndes oder grollendes Geräusch
Rumplkåmma *d'* = die Rumpelkammer: Abstellraum für Gerümpel
rumpln = rumpeln: 1. rütteln, 2. donnern
rund: 1. rund (kreisförmig), 2. lustig, fröhlich; *heint geht's rund*
Rundling *da*: eine Holzstange
rundumadum = rundherum
runslad = runzlig; *a runslads Gsicht* (ein runzeliges Gesicht)
Runsn *d'*: Rinne, kleiner Bach
Runsneisn *'s*: Werkzeug zum Ausputzen der Wassergräben
Runsnhobl *da*: Vorrichtung zum Säubern der Wassergräben (dasselbe wie *Runsneisn*)
rupfa: 1. ausreißen (Federn); *Gäns rupfa*, 2. jemanden *rupfa* (ihm das Geld abnehmen); *den håm s' gscheit grupft!*
rupfa(n): aus Leinen; *a rupfane Pfoad* (ein grobes Leinenhemd)
Rupfer *d'*: ein schlimmes Kind (Schimpfwort); *a so a Rupfer!*
russisch: nicht sehr genau, überhapps; *des is a weng russisch* (das ist ungenau, nicht exakt)
Russn *d'* (Mz.): 1. Angehörige des russischen Volkes, 2. Fileteringe, 3. Schaben (Käfer)
Russnkraut *'s*: Kraut mit grünen Tomaten
Rutschapeda *da* = der Rutschepeter: Kind, das nicht ruhig sitzen kann
Rutscher *da*: eine kurze Wegstrecke; *des is netta a Rutscher* (nicht weit weg)
rutschn = rutschen: gleiten
Rutschn *d'* = die Rutsche: Gleitbahn

- S -

s' = sie (persönliches Fürwort) unbetont
's: 1. das (bestimmter Artikel), 2. es (persönliches Fürwort) unbetont
sabln: schnell laufen; *der is gsablt, weida wia wås er hoam håt* (der ist so schnell gelaufen, daß er – bildlich gesprochen – zuhause

vorbeigelaufen ist)
Såch *d'*: Besitz, Hab und Gut
Såcha *'s* (Mz.): Feld- und Gartenfrüchte; *i hån hei a schens Såcha en Gar(t)l* (die Gartenfrüchte versprechen heuer einen guten Ernteertrag)
Sacherl *'s*: kleines landwirtschaftliches Anwesen
Sachs, Sachsl *'s*: Kleinmotorrad mit Sachsmotor
Såck *da*: 1. Sack (Kartoffelsack); *mit Såck und Påck* (mit Hab und Gut), 2. Tasche; *Hosnsåck* (Hosentasche); *Schampasåck* (Sakkotasche, Rocktasche); *Måntlsåck* (Manteltasche)
Sackl *'s*: kleiner Sack
Sacklpicker *da*: Schimpfwort (soll eigentlich „Häfenbruder" heißen)
Såcktuach, Såcktüachl *'s* = das Sacktuch: Taschentuch
Såftlå(d)n *da* (abwertend): Verkaufsladen, Greißler
saftln: durchsickern von Flüssigkeit; *då saftlt's a weng au(ß)a* (da sickert Flüssigkeit durch)
såftn: wieder in Saft kommen (zu Sebastian fängt der Baum zu saften an)
såft- und kråftlos: matsch, müde, ohne Kraft
Såg *d'*: 1. Säge (Zugsäge, Bogensäge, Spannsäge, Kreissäge, Stichsäge, Bandsäge); *Såg feu(l)n* (die Säge feilen), 2. Sägewerk; *er årbat in da Såg*
Sagl *'s*: kleine Säge

sagln: 1. sägen, 2. schnarchen; *du håst gscheit gsaglt in da Nåcht*
Sågn *'s*: das Sagen; *der håt 's Sågn* (der hat das Sagen, der bestimmt)
Sågschårtn *d'* (Mz.) = die Sagscharten: Sägespäne
Sågschårtnofa *da*: Ofen, der mit Sägespänen geheizt wird
sakra!, sakara!, sakradi!: Ausruf des Erstaunens oder des Ärgers
sakrament!: Fluchwort
Sä(l) *d'* = die Seele; *meiner Sä(l)!* (Ausruf der Beteuerung); *dånn håt wenigstns de årm Sä(l) a Ruah* (sagt man, wenn man den Kindern nach langem Betteln das letzte Stück Schokolade gibt)
Sålåthäupl *'s* = das Salathäuptel: Salatkopf
Sål(b)m *d'* = die Salbe
Sä(lch) *d'* = die Selche: Selchkammer
sä(l)cha: 1. selchen (räuchern), 2. (scherzhaft) mit Zigarettenrauch anqualmen; *sä(l)ch mi net!* (schränk das Rauchen ein!)
sä(l)ba, sä(lb)m = selber, selbst; *des hån i sä(l)ba gmåcht*
sä(ld)n = selten; *er geht gånz sä(ld)n ins Wirtshaus* (er geht ganz selten ins Gasthaus)
Salettl *'s*: Gartenhäuschen
säli = selig: glücklich; *wer's glaubt wird säli*
Sålßn *d'*: abfällige Bezeichnung für eine Frau; *de is jå do a gånze Sålßn!*
sä(l)tsåm = seltsam: ausgefallen,

Sålzåmt

besonders rar, wertvoll; *gånz wer Sä(l)tsåma* (eine Person, die man schon lange nicht getroffen hat)
Sålzåmt *'s*: „Salzamt"; *då kånnst zan Sålzåmt gehn!* (sagt man, wenn eine Beschwerde bei einer öffentlichen Stelle aussichtslos erscheint)
Sålztegl *da*: Gefäß zur Salzaufbewahrung
Sam *da* = der Saum; *einsama* (den Saum einnähen)
Såm *da* = der Samen
sama: den Rand („Saum") der Bretter mit der Kreissäge beschneiden
Såmarein: St. Marien (Ortsgemeinde im Ipftal mit rund 4300 Einwohnern)
Såmareinerbåh: „St. Marienerbach" (mündet in St. Florian in den Ipfbach)
samma: sind wir
Sämml *d'* = die Semmel
Sämmlkren *da* = der Semmelkren: beliebte Beilage zum gekochten Rindfleisch
såmmln = sammeln; *i geh såmmln* (ich führe eine Haussammlung durch)
Sämmltrenzer *da*: weinerlicher, jammernder Mann, der ständig über das selbe spricht
samsing *in*: als ob, sozusagen
Såmsta *da* = der Samstag
Såmtroad *'s*: Saatgut
sand = sind (neuer für *hand*)
Sånd *da* = der Sand; *i bi(n) gånz åm Sånd* (ich bin gesundheitlich oder wirtschaftlich am Ende)
Sandler *da*: Obdachloser
sång- und klånglos = sang- und klanglos: unbemerkt, ohne viel Aufhebens; ruhmlos
sappradi!, sappralot!: Ausruf des Ärgers
sapreuli: abhanden gekommen, gestohlen; *i find des net, i moan, des is sapreuli gånga*
Sårg *da* = der Sarg
Sårgnågl *da* = der Sargnagel: der ist mein Sargnagel (er bereitet mit Kummer)
satzn: laufen; *då hån i åber satzn müaßn!*
Sa-tua(ch) *'s*: Sätuch (in dem der Sämann wie in einer Schürze die Saatkörner getragen hat)
Sau *d'*: 1. (weibliches) Schwein, 2. Spielkarte (As), 3. alle Neune beim Kegeln, 4. Glück; *då håmma a Sau ghå(b)t*, 5. Schimpfwort
Sau å(b)stecha: Schweine schlachten
Saubär *da*: 1. Eber (das männliche Hausschwein), 2. unreiner Mensch (dasselbe wie *Saubartl*)
Saubartl *da*: 1. schmutziger Mensch, 2. Sittenstrolch
sauber: 1. rein, 2. hübsch; *a saubers Dirndl*, 3. sehr, stark; *es håt 'n sauber dawischt*
Saublådern *d'*: Urinblase des Schweines (diente früher als Tabaksbeutel)
saubled: ganz blöd, sehr dumm;

des is saubled!
saudeppad: sehr blöd
Saudirn *d'*: Magd zur Betreuung des Schweinestalls
saudrawi: sehr eilig; *i hån's heint schon saudrawi*
saudumm: sehr dumm
Sauerei *d'* = die Schweinerei: 1. arge Verschmutzung, 2. grobe Unkorrektheit, 3. Unanständigkeit
Sauerkraut *'s*: eingesäuertes Kraut; *a saurs Kraut*
säuerlad, säulad: säuerlich; *a säuerlada Åpfl*
saufa = saufen; *der sauft wiar a Bürschtnbinder*
Saufjågl *da*: Säufer (einer der übermäßig viel Alkohol konsumiert)
Saugerl *'s* (scherzhaft): Moped
Sauglockn *d'*: glockenartiges Gerät zum Enthaaren des gestochenen Schweines; *Sauglockn läutn* (ordinäre Witze erzählen)
saugrandi: sehr grantig
saugrob: ganz grob
sauhäuda(n): aus Schweinsleder
Sauhäuderne *da*: schlecht gebrannter Schnaps (Fusel)
Sauhaufa *da* = der Sauhaufen: arge Unordnung
Sauhund *da*: Schimpfwort
Saukåmmer *d'*: Raum, in dem die Trankschaffel (Trank wurde den Schweinen verfüttert) standen
Saukerl *da*: Schimpfwort
Saukessl *da*: Erdäpfeldämpfer (mit dem der Erdäpfelsterz als Schweinefutter zubereitet wurde)
Saukuchl *d'*: Raum, in dem das Schweinefutter zubereitet wurde (in diesem stand auch der große Erdäpfeldämpfer)
Sauigl *da*: „Schweinsigel" (bis heute kursiert die Mär, daß es zwei Arten von Igeln, nämlich einen Hundsigel und einen Schweinsigel, gäbe)
Saumågn *da*: 1. Magen, der alles verträgt, 2. scherzhaft für Aschenbecher
saunigln: schweinische, zweideutige Witze erzählen (dasselbe wie *Sauglockn läutn*)
Saupe(ch) *'s*: Pech, mit dem das geschlachtete Schwein eingerieben wird, damit es leichter enthaart werden kann
Saupu(d)l *da*: unreiner Mensch (dasselbe wie *Saubartl*)
saur = sauer; *da Most is saur!*
Sauråmpfer *da* = der Sauerampfer: 1. eine Wiesenpflanze, 2. (scherzhaft) saurer Most
saurs Kraut *a*: Sauerkraut
Sauruassl, Sauriassl *da* = der Schweinsrüssel
Saus *da*: 1. Wohlstand; *in Saus und Braus le(b)m* (in Wohlstand leben), 2. schnelles Tempo; *der kimmt in oan Saus daher* (mit hoher Geschwindigkeit)
Sauschädl *da*: 1. Schweinskopf (wird oft als Speise für lustige gesellschaftliche Anlässe zubereitet), 2. Schimpfwort

Sauschaffl *'s*: Schaff zur Aufbewahrung des Schweinefutters (Trank)

sauschlecht: sehr schlecht, miserabel

Sauschneider *da*: eine Art gewerbsmäßiger *Saubär*-Kastrierer (das Kastrieren der kleinen männlichen Schweine besorgten meist die Bauersleute selbst)

Sauschrågn *da*: Gestell mit Sprossen und schräg gestellten Beinen zum Auflegen des geschlachteten Schweines

Sauståll *da*: 1. Schweinestall, 2. große Unordnung

Sausteign *d'*: Steige zum Lebendtransport der ausgewachsenen Schweine

Sautor *'s*: das dem Gassentor gegenüberliegende Einfahrtstor der großen Bauernhöfe (heißt aber nur dann so, wenn der Schweinestall angrenzt)

Sautrånk *da*: die gesammelten Küchenabfälle als Schweinefutter

Sautrog *da*: längliches Holzgefäß zum Enthaaren des gestochenen Schweines (das Schwein wird mit siedendem Wasser übergossen)

Sau-ursch *da*: Freßtrog für Schweine

Sauweda *'s* = das Sauwetter: Schlechtwetter

Sauwirtschåft *d'*: 1. ganz schlechte Wirtschaft, 2. große Unordnung

Schab *da* = der Schaub: Bündel ausgedroschenes Stroh

Schabbih *d'*: Zwischenboden (meist über dem Pferdestall), auf dem mit dem *Fuadastock* (Häckselschneidmaschine) das Pferdefutter geschnitten und zubereitet wurde

schäbi, schebi = schäbig: 1. schäbige (abgetragene) Schuhe, 2. ein schäbiger (knauseriger; gemeiner) Mensch

Schå(b)m *d'* = der Schab: Kleidermotte

Schacherer *da*: abwertend für Händler

schachern: feilschen, handeln

Schåchtl *d'* = die Schachtel; *a ålte Schåchtl* (abwertend für alte Frau)

Schädl *da* = der Schädel; *der håt an Schädl!* (der ist eigensinnig!)

Schå(d)n *da*: 1. Schaden, 2. Schatten

Schå(d)nseitn *d'* = die Schattenseite: von der Sonne abgewandte Seite (Nordseite eines Berges)

Schåfblådern *d'* (Mz.) = die Schafblattern: eine Infektionskrankheit

Schåff *'s* = das Schaff: Holzschaff, Wasserschaff, Fleischschaff

schåffa: schaffen, anordnen, befehlen

Schaffl *'s* = das Schaffel: (kleineres) Schaff

Schafflmåcher *da*: Erzeuger der *Holzschaffln* (ein altes Handwerk)

schafflweis = schaffelweis: in großen Mengen

Schåfgår(b)m *d'* = die Schafgarbe: Teepflanze

Schäfl *'s* = das Schaf
Schäflhuastn *da*: starker Husten (der Hustenlaut klingt wie der Schrei eines Schafes)
schä(l) = scheel: 1. schief; *d' Mau(er) is gånz schä(l)*, 2. jemanden *schä(l)* (von der Seite, mißtrauisch) anschauen
schä(ld)n: schelten, fluchen; *der håt heint wieder gscheit gscho(l)nt*
Schä(ll)n *d'*: 1. Schelle (Glöckchen), 2. eine Spielkartenfarbe (Karo)
Schä(l)m *da* = der Schelm: Spaßvogel, Spitzbub
Schåln *d'* = die Schale
schåma *si* = sich schämen; *schåm di!*
Schåma *da* = die Scham: Schamgefühl, Schamhaftigkeit; *håst du koan Schåma?* (hast du kein Schamgefühl?)
Schamerl *'s*: kleiner Schemel
Schåml *da* = der Schemel
Schampa *da*: Männersakko, Rock
Schampasåck *da*: Rocktasche
Schånd *d'* = die Schande; *da Horcher ån da Wånd, hert sein eigene Schånd*
Schåndar *da* = der Gendarm
Schani *da*: Diener, Handlanger; *i bi(n) net dein Schani!*
Schånk *d'* = die Schank: Schanktisch
Schånkbursch *da*: Kellner
Schanti, Schantinger *da* (scherzhaft): Gendarm
Schånz *da*: 1. Schanze (Sprungschanze), 2. Geldeinsatz beim *Schanzln* (Kegelspiel)
Schanzln *'s*: eine Spielart beim Kegelscheiben (bei der um den ganzen Einsatz gespielt wird)
Schåpfa *da*: Schöpfgefäß mit Stiel
Schar *d'* = die Schere; *Schneider leich ma d' Schar* (Kinderspiel)
Schår *d'* = die Schar: 1. mehrere Menschen (eine Kinderschar), 2. Pflugschar
schåratzn: scharren, knarren, knirschen (mit den Zähnen)
Scharnschleifer *da* = der Scherenschleifer: die Scherenschleifer gingen früher auch wie die *Pfånnaflicker* oder *Rasslbinder* von Haus zu Haus um ihre Dienste anzubieten
Schårtn *d'*: 1. Späne; *Sågschårtn, Hoblschårtn*, 2. Kerbe, Scharte (z. B. bei der Sense durch unfachgerechtes Dengeln), 3. „Hasenscharte"
scharwärts: seitlich, quer, schräg; *i geh glei scharwärts über d' Wiesn* (quer drüber)
Schåß *d'* = der Schoß; *da Bua is auf da Schåß va da Muatta gsessn* (der Bub ist auf Mutters Schoß gesessen)
schatzn = schätzen: den Wert eines Hauses schätzen
Schauer *da*: 1. ein langsamer, trödelnder Mensch, 2. Gaffer
Schäuferl *d'*: kleine Schaufel; *a Schäuferl nåhlegn* (Öl ins Feuer gießen)

Schaufl *d'* = die Schaufel; *Spitzschaufl, Flåchschaufl, Kohlnschaufl, Troadschaufl, Holzschaufl*
Schauflhåcker *da*: Erzeuger von Holzschaufeln (ein altes Gewerbe)
Schäu(l) *da* = der Schal
Schaumschläger *da*: Prahler, Angeber
schaun (nasal) = schauen: *Hohzat schaun* (eine Hochzeit aus Neugierde beobachten)
Scheanknschuah *d'* (Mz.): schwere, genagelte Schuhe
Schebera *da*: 1. „Geschepper" (ein schallender Laut), 2. lautes Gelächter; *de håt an Schebera!* (sie lacht auffallend laut!)
Scheberl *'s*: Kinderrassel
schebern: 1. scheppern, schallen (nach Blechgeschirr), 2. laut und übermütig lachen
Schebern *d'*: Frau die viel und laut lacht; *a ålte Schebern* (eine „Lachwurzen")
Scheck *da* = der Schecke: geflecktes Rind
scheibln: mit der Scheibenegge das Feld bearbeiten
schei(b)m = scheiben: rollen, schieben (Kegel scheiben)
Schei(b)m-egn *d'*: Scheibenegge (Ackergerät)
Scheibtruah *d'* = die Scheibtruhe: Schubkarren
scheicha = scheuen: fürchten; *des scheich i a weng* (dem gehe ich aus dem Weg)
Scheida *d'* (Mz.): Scheiter (Holzscheiter)
Scheidahaufa *da* = der Scheiterhaufen: 1. Holzhaufen, 2. Mehlspeise aus Semmelschnitten
Scheidalegn *'s*: Kinderspiel
Schei(d)l *'s*: gehacktes Holzscheit (ofenfertig)
Schei(d)lknian *'s*: das strafweise Knien auf einem Holzscheit (war früher eine oft angewendete Züchtigungsstrafe)
scheißdrauf: egal
scheißdrawi: sehr eilig
Scheißdreck *da*: 1. Ausscheidungsprodukt, Kot, 2. wertloses Zeug
Scheiße *d'*: mißliche Lage
Scheißer *da*: 1. ein schwacher, nicht mehr leistungsfähiger Mensch; *a ålter Scheißer*, 2. Feigling
Scheißerl *'s*: Kosewort für kleines Kind
scheißfreindli = scheißfreundlich: übertrieben freundlich
Scheißhäusl *'s*: Abort (Plumpsklo)
Scheißkåchl *da*: 1. Schaff mit Deckel als Plumpsklo, 2. (scherzhaft) Mann, der ständig furzt
Scheißkerl *da*: Mann, dem alle Arbeit zu schwer ist
scheißn = scheißen: 1. die große Notdurft verrichten, 2. sich nichts *scheißn* (sich nichts antun)
Scheißn *d'*: Durchfall; *i hån heint d' Scheißn*
Scheit *'s*: großes Holzscheit
schen (nasal) = schön
schene Hånd *d'*: die rechte Hand;

gib's schene Handi her! (sagt man zu Kindern bei der Begrüßung)
schenga = schenken
Schenga *da*: *da Schenga is schon gstor(b)m, da Henker lebt nu* (sagt man, wenn man ständig um etwas angebettelt wird)
schen Gruaß *an*: schöne Grüße (schöne Grüße bestellen); *an schen Gruaß van Ofaruaß*
Schenierer *da* = der Genierer: Scheu, Scham; *der kennt koan Schenierer*
scheniern = genieren: sich schämen
Scher *da*: Maulwurf
Scherbänk *d'*: Bank oder Tisch, worauf die Schafe geschoren werden; *auf d' Scherbänk kemma* (drangsaliert werden, in die Zwickmühle kommen, einer unerwünschten Behandlung unterzogen werden)
Scher(b)m *da*: 1. Glasscherben, 2. Nachtgeschirr; *an Scher(b)m aufhå(b)m* (Pech haben)
Scher(b)mhaufa *da*: Müllhalde (für die früher mangels anderer Entsorgungsmöglichkeiten meist der angrenzende Wald mißbraucht wurde)
Scherer *da*: ein Schaber (ein Schabwerkzeug)
Schererei *d'*: Unannehmlichkeit
Scherfånger *da*: Maulwurfsfänger (früher gab es Leute, die dabei eine große Geschicklichkeit entwickelt hatten)

Schergreberl *d'* (Mz.): Füße des Maulwurfs
Scherhaufa *da*: Maulwurfshügel
schern: 1. scheren (Haare oder Wolle abschneiden), 2. sich kümmern, sorgen, 3. *scher di zan Teufl!* (schau, daß du fortkommst!), 4. scharren, kratzen
Scherzl *'s* = das Scherzel: Brotanschnitt, Brotrest
scherzn: spielen (der jungen Katzen)
schia: ängstlich; *mir is gånz schia ångånga* (ich habe es mit der Angst zu tun bekommen)
schiach: 1. häßlich, 2. wütend, zornig; *då kånn i åber schiach wern*
Schiaffl *'s*: Germfleckkuchen, der in schwimmendem Fett herausgebacken wird
schiagln = schielen
schiali, schiala: häßlich, furchterregend
schiaßn: 1. schießen, 2. beim Kartenspiel *schiaßn* (dasselbe wie *spritzn*)
Schichtln *'s*: Schichtarbeit
schicka = schicken: 1. ein Paket schicken (senden), 2. das schickt (gehört) sich nicht, 3. *des håt si gråd so gschickt* (es hat sich eine passende Gelegenheit angeboten)
schieder: schütter, dünn, abgenützt; *de Westn is schon gånz schieder* (sie ist vom vielen Waschen schon dünn geworden)
schiefern: häkerln, foppen
Schiefern *d'* = der Schiefer: Holz-

splitter
schiefri: rauh, ungehobelt; *a schiefrigs Bre(d)l* (ein ungehobeltes Brett)
schier: fast, beinahe; *es is si schier* (fast) *nimma dagånga*
Schiff *'s*: Warmwasserbehälter im Kachelofen oder im Herd
schiffm: urinieren
schikaniern = schikanieren: jemanden schikanieren (ihm böswillig Schwierigkeiten bereiten)
Schimml, Schümml *da* = der Schimmel: 1. weißes Pferd, 2. Schimmelpilz
schimmli, schümmli, schümbli = schimmlig
schimpfa = schimpfen
Schinakl *'s* = das Schinakel: kleines Boot
Schindboan *'s* = das Schienbein
Schindl *d'* = die Schindel: Holzschindel (Brettchen zum Dachdecken); *Schindl åm Dåh!* (sagt man zum Gesprächspartner, wenn Kinder in der Nähe sind, die das Gesprochene nicht hören sollen)
Schindluada *'s* = das Schindluder: mit jemandem Schindluder treiben (ihn verächtlich, schlecht behandeln)
Schindta *da* = der Schinder: 1. Tierkörperbeseitiger (der dem toten Vieh die Haut abzieht), 2. ein Vorgesetzter, der seine Untergebenen ausschindet oder schikaniert
Schindtarecha *da* (scherzhaft): großer Rechen (mit dem man sich schinden muß)
schindtn = schinden: plagen, abmühen
Schindtn *d'*: Schale der Äpfel und Kartoffeln
Schinkn *da*: 1. Schinken, 2. alter Film; *den åltn Schinkn schau i ma net ån*
Schiß *d'*: Angst; *då hån i gscheit Schiß ghå(b)t*
Schlåf *da*: 1. Schlaf; *an Schlåf dålåssn* (sich niedersetzen, Platz nehmen), 2. Schläfe
schlåfa = schlafen
schlafari = schläfrig
schlåfgrandi: schlaftrunken, unausgeschlafen, grantig, schlecht gelaunt
Schlåfhau(b)m *d'* = die Schlafhaube: Langschläfer, Schlafmütze
Schlåg *da* = der Schlag: 1. Hieb, 2. Schlaganfall; *eahm håt da Schlåg troffa*, 3. Menschenschlag; *er is va an guadn Schlåg*
Schlåger *da* = der Schlager: erfolgreiches Lied
Schlagl *'s*: leichter Schlaganfall
schlågn = schlagen: 1. einen Schlag versetzen, 2. aus der Art schlagen
Schlamassl *'s* = das Schlamassel: mißliche, verworrene Lage; *der håt a Schlamassl banånd*
Schlåmp *da*: unordentliche Person
schlåmpad: schlampig
Schlåmpatatsch *da*: schlampiger Mensch
Schlåmphåns *da*: unordentlicher

Mensch, der seine Sachen nicht zusammenhält (dasselbe wie *Schlåmpatatsch*)
Schlåmpm *d'* = der Schlampen: liederliche Frau
Schlangl *da*: Schlingel, Schelm
schlankln, schlangln: baumeln
Schlapfa *da*: Pantoffel, Hausschuh
schlåpp = schlapp: müde, abgespannt
Schlåppschwånz *da* = der Schlappschwanz: willensschwacher, energieloser Mensch
Schlatz *da*: Schleim, Brei
schlatzi: schlitzig, schleimig, schlüpfrig
Schläuch *d'* (Mz., scherzhaft): Beine; *heb deine Schläuch a weng!*
Schlaucherl *da*: listiger Mensch, Schlaumeier
Schlauh *da*: 1. Fahrradschlauch, 2. Bachverrohrung (unter der Straße), 3. enger Durchgang
schlaun, schlauna: schnell vonstatten gehen; *de Årbat håt gschlaunt* (ist schnell vonstatten gegangen)
Schlawiner *da*: gerissener Mensch, Nichtsnutz
Schlawittchen = Schlafittchen: jemanden am Schlafittchen (Kragen) packen
schlecka: 1. schlecken, 2. bei einer Frau orale Liebe machen
Schlecker *da*: 1. Lutscher (Schleckwerk am Stiel), 2. (scherzhaft) Zunge
Schledera *da*: Regenguß
schledern: 1. stark regnen, 2. Flüssigkeit unabsichtlich verschütten, 3. jemanden verhauen; *den håmma sauber gschledert*
Schledern *d'*: schlechter Kaffee, schlechtes Getränk, dünne Suppe
schledernåß: durch und durch naß
Schlegl *da* = der Schlegel: ein Werkzeug zum Schlagen (Holzschlegel, Fleischschlegel)
schleicha = schleichen; *schleich di!* (verschwinde!)
schleifa = schleifen: 1. ein Messer schleifen (schärfen), 2. Soldaten schleifen (schinden)
Schleifa *d'*: Bremse beim Leiterwagen
Schleifera *da*: Scherenschleifer (dasselbe wie *Scharnschleifa*); *der redt wiar a Schleifera* (der hat ein loses Mundwerk)
Schleifstoan *da* = der Schleifstein
Schleim *da*: Nasenschleim
schleima: sich ärgern; *då håt er gscheit gschleimt*
Schleimscheißer *da*: Kriecher, Einschmeichler
schleini = schleunig: eilig
schleißi = schleißig: 1. zerschlissen; *a schleißigs Kloa(d)l* (ein abgetragenes, altes Kleid), 2. nichtsnutzig; *a schleißiger Kerl* (ein nichtsnutziger Mann)
schleißln = schleißen; *Federn schleißln* (Geflügelfedern von den Kielen abziehen)
schliafa, schloifa: schlüpfen, durchschlüpfen; *ban Zaun durischliafa*

Schliafa *da*: Kopfsprung ins Wasser
Schliaferl *'s*: „Hörnchen" (Teigware)
schlicka = schlucken
Schli(d)n *da* = der Schlitten
Schli(d)n fåhrn = Schlitten fahren; *mit den sand s' Schli(d)n gfåhrn* (mit dem hatten sie leichtes Spiel)
Schlier *da*: Mergel
schlifatzn, schlifitzn: auf dem Eis mit den Schuhen dahingleiten
Schligawitz *da* = der Slibowitz: Zwetschkenbranntwein
Schlingl *da* = der Schlingel: Spitzbub
schlitzi = schlitzig: der schlitzige (glitschige) Fisch
Schloapfa *da*: Pantoffel (älter für *Schlapfa*)
Schlögl *da* = der Schlögel: Hinterschenkel (z. B. des Kalbs); *Kålbsschlögl*
Schluaf *da*: ein enger Durchgang
schlumpern: schlottern, plätschern, hohl glucksen (einer Flüssigkeit in einem geschlossenen Gefäß); *a schlechts Oa* (Ei) *schlumpert*
Schlupfa *d'*: Schlaufe, Schlinge
Schlurf *da*: ein auffällig modisch gekleideter, arbeitsscheuer Bursche
Schmafu *da*: Unsinn
Schmäh *da*: Witz, Unwahrheit
schmähstad: witzlos, paff, verblüfft
Schmähtandler *da*: jemand, der (harmlose) Lügengeschichten auftischt
Schmålgoaß *d'*: ganz schlanke Person

Schmålhåns *da* = der Schmalhans: bei einer geizigen Hausfrau sagt man, da sei der *Schmålhåns* Küchenmeister
Schmålz *'s*: 1. Schmalz (Schweineschmalz), 2. Kraft; *der håt a Schmålz!*
Schmålzbäurin *d'* (scherzhaft): dickes weibliches Wesen
Schmålzbleaml *'s*: Sumpfdotterblume
Schmålztegl *da*: Tongefäß zur Schmalzaufbewahrung
Schmankerl *'s*: Leckerbissen
Schmårrn *da* = der Schmarren: 1. Grießschmarren, 2. Kitsch, wertloses Zeug, unbedeutende Sache; *wegn so an Schmårrn reg i mi går net auf*
schmecka: 1. schmecken, 2. riechen; *schmeck amål!* (riech einmal!), 3. jemanden nicht *schmecka* (nicht leiden) können
Schmeichlkatzl *'s* = das Schmeichelkätzchen
schmeißn = schmeißen: werfen
schmettern: lügen, aufschneiden
Schmidtn *d'* = die Schmiede
Schmiedl *da*: jemand, der wenig zu bestimmen hat; *i geh glei zan Schmied und net zan Schmiedl* (ich wende mich gleich an jemand kompetenten)
Schmier *d'* = die Schmiere: 1. Fett zum Schmieren; *Wågnschmier*, 2. Salbe, Creme; *schmier da 's Gsicht guat ein!*, 3. *Schmier stehn* (bei bösen Streichen oder Verbre-

chen Aufpasserdienste leisten)
Schmierasch *d'*: Gekleckse, schlampige Schrift
Schmierfink *da*: Schmutzfink (ein unsauberer Mensch)
schmiern = schmieren: 1. einfetten, 2. bestechen, 3. ohrfeigen; *i schmier da oane!*
schmirgln = schmirgeln: ranzig riechen
Schmirglpåpier *'s* = das Schmirgelpapier: Schleifpapier
Schmolln *d'* = die Schmolle: Krume (das weiche Innere des Brotes)
Schmunza *da*: verschmitztes Lächeln; *es is eahm koan Schmunza auskemma*
schmusn = schmusen: 1. schmeicheln, kosen, 2. küssen
Schnåbl *da* = der Schnabel: 1. Schnabel des Vogels, 2. (scherzhaft) Mund des Menschen; *hålt dein Schnåbl!*, 3. ein vorlauter Mensch; *des is a recht a Schnåbl!*
Schnåblheferl *'s*: Heferl mit einem „Schnabel" (dient dem leichteren Herausleeren der Flüssigkeit)
schnåbln: frech aufbegehren, keck werden; *zruckschnåbln* (frech widersprechen)
Schnåblschuah *da*: spitz zulaufender Schuh
schnådern: „schnattern", viel reden
Schnådern *d'*: eine Frau, die gerne redet
Schnagerl *da* = der Schnackerl: Schluckauf

Schnagerlfirma *d'*: kleines, unbedeutendes Unternehmen
Schnagerlsteßn *'s*: Schnackerl, Schluckauf (dasselbe wie *Schnagerl*)
Schnä(ll)feuerhosn *d'*: Hemdhose, die am Rücken zum Zuknöpfen und bei der der Gesäßteil offen war
Schnålln *d'* = die Schnalle: 1. Türschnalle (Klinke), 2. Gürtelschnalle
Schnållndrucker *da*: Spitzname für einen Hausierer oder Vertreter
Schnålzerl *'s*: Aufgeblasenes Leimkraut (Wiesenblume)
schnålzn = schnalzen: mit der Peitsche oder der Zunge schnalzen
Schnåpper *da*: 1. Taschenmesser, 2. ein federnder Verschluß
schnåppm = schnappen: 1. nach Luft schnappen, 2. beißen; *d' Roß schnåppm*, 3. fangen, festnehmen (einen Einbrecher schnappen)
Schnåps *da* = der Schnaps: Branntwein
Schnåpser *da*: eine Spielvariante beim *Schnåpsn* (Kartenspiel)
Schnåpsidee *d'* = die Schnapsidee: verrückter Einfall
schnapsln = schnapseln: Schnaps trinken
schnåpsn = schnapsen: das Kartenspiel „Schnapsen" spielen
Schnåpsn *'s* = das Schnapsen: ein Kartenspiel
Schnåpsnåsn *d'*: „Schnapsnase" (scherzhaft für eine „rote Nase"

schnau(d)n

infolge von Rosacea)
schnau(d)n: schnaufen, schwer atmen, keuchen
schnaufa = schnaufen: schwer atmen
Schnauferl 's: kleines Auto
Schnauftza, Schnaufatza *da* = der Schnaufer: lauter, tiefer Atemzug
Schnauzer *da*: Schnauzbart (Schnurrbart)
Schnauzn *d'* = die Schnauze: Hundeschnauze
Schneck *da* = die Schnecke
Schneckerl 's: Ringellocke (Haarlocke)
Schneebålln *da* = der Schneeball
Schneeberl 's: kleine Menge Schnee; *a nirds Schneeberl bringt sein Kö(lt)n* (nach jedem Schneefall wird es meist kalt)
schneeberln: leicht schneien
Schneeglöckerl 's: 1. Schneeglöckchen, 2. üblicherweise wird im Dialekt auch zur Frühlingsknotenblume *Schneeglöckerl* gesagt
Schneegwa(d)n *d'* = die Schneewächte: zusammengewehter Schnee
Schneekaderl 's: älter für *Schneeglöckerl*
schneeweiß: leuchtend weiß
schnei(b)m = schneien
Schneid *d'*: 1. Schneide des Messers oder der Sense; *a guate Schneid hå(b)m*, 2. (Wage)mut; *geh her, wånnsd' a Schneid håst!*

Schneider *da*: 1. Schneider (Kleidermacher), 2. sieben hintereinander verlorene Kartenspiele beim *Schnåpsn*, 3. kleiner, schmächtiger Mann, 4. *Schneider leich ma d' Schar* (Kinderspiel)
Schneidersitz *da*: Sitzart der Schneider (mit verschränkten Beinen sitzen)
Schnei(d)goaß *d'*: Holzgestell zum Brennholzschneiden
schnei(d)n = schneiden: 1. mit dem Messer oder der Schere schneiden, 2. (ein männliches Tier) kastrieren, 3. sich schneiden (sich täuschen, eine Abfuhr erleben)
schneizn = schneuzen
Schneiztüachl, Schneiztiachl 's = das Schneuztuch: Taschentuch
Schniatza *da* = der Schnitzer: 1. Holzschnitzer, 2. Fehler; *an Schniatza måcha*
Schnid *da* = der Schnitt: Getreideernte
Schni(d)l 's: kleine Schnitte; *a Schni(d)l Brot*
Schni(d)lsuppm *d'*: Rindsuppe mit Brotschnitten
Schnidla *da* = der Schnittlauch
Schnipferl, Schnüpfl 's: kleine Menge; *a Schnipferl Wein* (ein Schluck Wein)
Schnitzl 's = das Schnitzel: 1. Wiener Schnitzel (Fleischspeise), 2. Papierschnitzel, 3. Rübenschnitzel
Schnitzlpracka *da*: Fleischschlegel
schnoatn: (Klauen) schneiden;

Küah schnoatn (den Kühen die Klauen schneiden)
schnofatzn: riechen (die Luft stark durch die Nase aufziehen)
Schnoferl *'s*: *a Schnoferl* (ein beleidigtes Gesicht) *måcha*
schnofln = schnofeln: schnüffeln, schnuppern
Schnorrer *da*: Schmarotzer, Geizhals
schnorrn = schnorren: betteln, schmarotzen
schnurgråd = schnurgerade: ganz gerade
Schnürlsåmthosn *d'*: Kordhose
schnurstracks: geradewegs; *i bi(n) schnurstracks über d' Acker gånga*
Schoadl *da* = der Scheitel: das Haar gescheitelt tragen
schoana: Gedärme des geschlachteten Schweines säubern (mit einem Holzspan); *Blunzn schoana*
Schoaß *da*: 1. Furz; *an Schoaß låssn*, 2. etwas Schlechtes; *a Schoaß mit Quastln* (etwas ganz Blödsinniges)
Schoaßreitern *d'*: liebevolle Bezeichnung für ein Kleinkind, dem Darmwinde abgehen
Schoatn *d'*: Holzspan (Hobelspan)
Schober *da*: 1. Heuschober, 2. Kuchen, Gugelhupf; *a Bö(d)lschober* (ein Rosinenkuchen)
Schöberl *'s*: eine Suppeneinlage
Schöberlsuppm *d'*: eine mit *Schöberl* zubereitete Suppe
Schobermodl *da*: Kuchenbackform

schöbern, schiwern = schobern: das Heu zu Haufen zusammentun
Schoda *da* = der Schotter: 1. Kies, 2. Kleingeld
Schodagrua(b)m *d'* = die Schottergrube: Kiesgrube
schodern: schnell laufen; *der is å(b)gschodert!*
Schof *d'* (Mz.): Schafe
schofli = schofel: neidig
Schokalad *da* = die Schokolade
Schöla *d'* = die Schale: Eierschale, Apfelschale
Scholln *da* = die Scholle: Erdbrocken
Schollnschlegl *da*: Holzschlegel zum Zerkleinern größerer Erdbrocken nach dem Eggen
schö(l)n: 1. schälen (Kartoffel schälen), 2. zu jemandem unehrlich sein; *er håt mi gschö(l)t* (er hat mich zum Narren gehalten)
scholna: schelten, fluchen
schon glei: fast, beinahe; *mia warn schon glei zsåmmgfåhrn*
Schöpfa *da*: Schöpfgefäß, Schöpflöffel
Schöpflöffl *da* = der Schöpflöffel
schoppm = schoppen: 1. überfüttern, mästen, 2. bauschen; *es schoppt si ban Åckern* (Mist oder Getreidestoppeln bauschen sich zusammen)
Schöpsas *a*: ein Schaffleisch
Schörgerl *'s*: einer, der andere verschuftet
schörgln, schörgerln: verschuften, verraten (dem Lehrer oder den El-

Schoß

tern über einen Kameraden Mitteilung machen)
Schoß *d'*: Damenrock
Schråcka *da* = der Schrecken; *der håt mar an Schråcka eingjågt* (er hat mich erschreckt)
Schrågn *da* = der Schragen: 1. Holzgestell mit Sprossen (zum Auflegen des geschlachteten Schweines), 2. Totenbahre, 3. dürre, alte Frau; *a so a Schrågn!*
Schråmman *d'* = die Schramme: Kratzer, Riß in der Haut
schränga = schränken: die Sägezähne abwechselnd nach rechts und nach links wegbiegen
schraufm: sich vor etwas drücken; *er håt si va da Årbat schon wieder gschrauft* (er hat sich vor der Arbeit gedrückt)
Schraufm *da* = die Schraube; *an Schraufm kriagn* (ein Fußballspiel hoch verlieren)
Schraufmziaga *da* = der Schraubenzieher: ein Werkzeug
Schreamsn *d'*: Kurve; *umi um d' Schreamsn*
schrecka = schrecken: sich schrekken (fürchten)
schrein (nasal) = schreien
Schriatt *da* = der Schritt
Schroa *da* = der Schrei
schröpfa = schröpfen: 1. einschneiden (z. B. die Schwarte eines Stückes Fleisch vor dem Braten), 2. jemanden schröpfen (ihm Geld abgewinnen); *heint håm s' mi gscheit gschröpft*

Schrot *da* (*Schråt* gesprochen): grob gemahlenes Getreide
Schrothåcka *d'*: großes Beil (zum Bäume fällen)
Schuah *da* = der Schuh
Schuahfetzn *d'* (Mz.): Tücher, die anstatt der Socken verwendet wurden
Schuasta *da* = der Schuster: 1. Handwerker, 2. ungeschickter Mensch; *a so a Schuasta!*, 3. *da gehad Schuasta* (ein unruhiger, rastloser Wanderer)
Schuastabua *da* = der Schusterbub: 1. Schusterlehrling, 2. *es regnt Schuastabuam* (es regnet sehr stark)
Schuastaloaberl *'s*: eine schwarze Semmel
schuastern: 1. stümperhaft arbeiten, 2. coitieren
Schuastastuhl *da*: 1. dreibeiniger Hocker, auf dem sitzend der Schuster sein Handwerk verrichtet, 2. Figur beim Kegeln
Schuastasunnda *da*: St.-Nimmerleins-Tag; *åm Schuastasunnda, wånn da blau Wind geht und de grean Sunn scheint*
Schub *da*: beim Kegeln einen Schub machen
Schuber *da*: eine Absperrvorrichtung (Schieber)
Schubgårm *da* = der Schubkarren: zweirädriger Schiebekarren
Schüberl, Schiberl *'s*: kleines Büschel; *a Schüberl Håbernstroh*

Schübl *da* = der Schüppel: Büschel, Haufen; *a Schübl Hei* (ein Büschel Heu)
Schublådkåstn *da* = der Schubladkasten
schübln: bei den Haaren reißen; *i werd di glei schübln*
schüblweis: schüppelweise, gruppenweise
schüchti, schichti: scheu, ängstlich, schüchtern; *a schüchtige Kåtz* (eine scheue Katze)
schufti = schuftig: 1. neidig, 2. schäbig, gemein
Schulabua *da*: Schüler
Schulamensch *'s*: Schülerin
Schulapåck *da*: Schulranzen, Schultasche
schummln = schummeln: schwindeln
schundi: schäbig, neidig
schupfa = schupfen: werfen (Ball schupfen, Ziegel schupfen)
Schupfa *d'*: Schwelle, Erhöhung der Fahrbahn
Schupfer *da*: kleiner Stoß; *er håt mar an Schupfer ge(b)m*
Schürhågn *da* = der Schürhaken
schurln, schorln: schnell laufen; *der is gscheit gschurlt*
Schurz *da* = der Schurz: Lederschurz (Arbeitskleidung des Schmieds)
Schürzn *d'* = die Schürze (neuer für *Fürta*)
Schürznjager *da* = der Schürzenjäger: einer, der hinter den Frauen her ist

Schusler *da*: Person, die überhastet arbeitet
schusln = schusseln: überhastet arbeiten
Schuß *da*: 1. einen Schuß abfeuern, 2. *der is koan Schuß Pulver wert* (der verdient keine Achtung), 3. der *Schuß* beim Kartenspielen (dasselbe wie *spritzn*)
Schütter, Schitter *da*: starker Regenguß
schüttn, schittn = schütten: 1. stark regnen, 2. Flüssigkeit verschütten
Schwå(b)m *da*: 1. Gras- oder Heuzeile, 2. Gebund ausgedroschenen Strohs
Schwå(b)mkäfer *da*: Küchenkäfer, Stubenschabe
Schwå(b)mrecha *da*: traktorgezogener Heurechen (Universalgerät zum Heuwenden und Zeilenrechen)
Schwåchmatiker *da* = der Schwachmatiker: Schwächling, schlechter Schüler
Schwachohne *da*: Schwächling (dasselbe wie *Schwåchmatiker*)
schwafln = schwafeln: viel und gedankenlos reden
Schwål(b)mschwånz *da*: 1. Schwalbenschwanz (Schwanz der Schwalbe), 2. ein Schmetterling, 3. runde Aushöhlung am Ende eines Balkens, 4. Frisurmode für die Herren Ende der 50er-, Anfang der 60er Jahre
Schwåmma *da* = der Schwamm: Pilz

Schwammerl *'s*: (kleiner) Schwamm, Pilz; *Schwammerl brocka*
Schwanera *da*: Schwadroneur, Schwätzer, Aufschneider
schwanern: aufschneiden, faseln
Schwånz *da*: 1. Schwanz, 2. Penis
schwanzln = schwänzeln: mit dem Schwanz wedeln
schwanzn = schwänzen: die Schule schwänzen
schwa(r): 1. schwer, 2. reich; *a schwarer Baur* (ein Großbauer)
Schwår(d)n *d'* = die Schwarte: Speckschwarte
Schwårm *da* = der Schwarm: ein Bienenschwarm
schwa(r)mächti: sehr schwer
Schwa(r)n *d'*: 1. Gewicht (Gegenstand zum Beschweren), 2. Müdigkeit, Rausch; *a Bettschwa(r)n*
Schwar(t)l *'s*: kleine Schwarte
Schwartling *da*: nicht entrindetes, äußerstes Brett eines Baumstammes
schwar(t)ln: schnell laufen
schwårz = schwarz: eine Farbe; *a Schwårze legn* (den Eisstock ganz knapp zur *Tau(b)m* schießen
schwårzårbatn = schwarzarbeiten: im Pfusch arbeiten
Schwårzbeer *d'* = die Schwarzbeere: Heidelbeere
schwårzbrenna = schwarzbrennen: ohne Genehmigung Schnaps herstellen
Schwårzbrot *'s* = das Schwarzbrot

schwårze Kuchl *d'*: ein fensterloser, rußgeschwärzter Raum unter dem Kamin
Schwärzer, Schwörzer *da*: Schmuggler; *fåhrn wiar a Schwärzer* (dahinbrausen)
Schwårzfåhrer *da* = der Schwarzfahrer: Fahrzeuglenker ohne Führerschein
schwårzpederln: „Schwarzer Peter" spielen (Kartenspiel)
schwebatzn: überschwappen, aus einem Traggefäß Flüssigkeit verschütten
Schweina(ne) *'s* = das Schweinerne: Schweinefleisch
Schweinsbrå(t)n *da* = der Schweinsbraten
Schweizer *da*: Melker
Schwibogn *da* = der Schwibbogen: bekränzter und geschmückter Holzbogen (der in der Nacht vor der Hochzeit an der Haustüre der Braut aufgestellt wird)
schwiern = schwären: eitern; *da Finger schwiert*
Schwing *d'* = die Schwinge: aus Holzspänen geflochtener Korb
Schwingerl *'s*: kleinerer Holzkorb
Schwips *da*: ein leichter Rausch
Schwitz *da*: Schweiß; *mir is da Schwitz nåhgrunna* (ich mußte stark schwitzen)
Schwitzwåsser *'s*: Kondenswasser
schwoa(b)m = schwemmen; *Wäsch schwoa(b)m* (Wäsche schwemmen)
Schwoaf *da*: 1. Schweif, 2. Penis

schwoafln: 1. mit dem Schwanz um sich schlagen (Rinder), 2. schwanken, hin und her bewegen (z. B. ein verbogenes Rad)
Schwoafråschpl *d'* (scherzhaft): sex-aktive Frau
Schwoaß *da* (Jägersprache): Blut des Wildes
schwoaßn = schweißen
Schwö(ll) *d'*: Balkenvorrichtung zum Aufstauen eines Baches (kleiner Staudamm), 2. Regenableitungsrinne auf Bergstraßen
Schwölla *d'* = die Schwelle: 1. Türstaffel, 2. Eisenbahnschwelle
schwö(ll)n = schwellen: stauen
schwü(l) = schwül: ein schwüler Tag
Schwü(l)n *d'* = die Schwiele: harte Hautstelle (an der Hand)
schwummali = schwummerlich; *mir wird gånz schwummerli* (ich bekomme es mit der Angst zu tun)
schwurfln: durcheinander reden; *ba den Gschwurflad vasteht ma koan Wort*
se = sie (Mehrzahl); *se håmma des gschenkt* (sie haben mir das geschenkt)
Seampera *da*: Nörgler
seampern = sempern: dauernd nörgeln, langweilig belästigend reden
Se(ch)eisn *'s*: Pflugmesser (das vor der Pflugschar die Erde aufschneidet)
Sechserl *'s*: kleine Scheidemünze
sechsrößigs Haus *a*: Zehent- oder Meierhof mit sechs Ackerpferden (Näheres siehe *Haus*)
Sechta *da*: 1. Eimer, (Holz)gefäß; *Goaßsechta* (Holzeimer für das Ziegenfutter), *Mälasechta* (Melkeimer), 2. Scheltwort für einen langweiligen Menschen
segant: lästig, aufdringlich, ärgerlich, rechthaberisch
segiern = sekkieren: belästigen, quälen
Segl *da*: großer Rausch; *der håt an gscheitn Segl!*
segn = sehen
Segn *da*: die Segenandacht (Nachmittags-Gottesdienst)
Segnbam *da*: Sadebaum (die Zweige werden als Weihwedel verwendet)
Segn's God!, Segn da's God!: „Segne es Gott!", „Segne es dir Gott!" (Anwort auf *Vagä(l)t's God*)
seh!: sieh da!; *seh, då håst as!* (bitte, nimm es!)
Sei *d'*: saure Rahmsuppe
seicha, sei(h)a = seihen: durchseihen
Seicherl *da*: unentschlossener, wehleidiger, ängstlicher Mensch
seicht, seift: untief, wenig tief
Seidl *'s* = das Seidel: ein Seidel Bier
seinågln: nörgeln (dasselbe wie *seiratzn*)
Seiratza *da*: Nörgler, Jammerer
seiratzn: jammern, nörgeln, raunzen

Seisuppm *d'*: saure Rahmsuppe (dasselbe wie *Sei*)
Seiterl *'s*: neuer für *Seidl*
Se(l)wi *da*: derjenige, jener
se(l)wigsmål: selbigesmal, damals
Senf *da*: eine Speisewürze; *sein Senf dazuage(b)m* (ungebeten seine Meinung äußern)
Sengst *d'* = die Sense
Sengstholz *'s*: Sensenstiel
Sequesta *da*: unruhiges, lästiges Kind, Wichtigtuer
sequestern: herummeistern, sich in den Mittelpunkt stellen
servas! = servus!: ein vertraulicher Gruß
Setzmaschin *d'*: Kartoffelsetzmaschine
Setzholz *'s*: Gartengerät zum Pflanzensetzen
setzn = setzen: 1. Pflanzen setzen, 2. sich dagegenstemmen
Seu(l) *'s* = das Seil
si = sich; *er håt si d' Hosn ånpåtzt* (er hat sich die Hose beschmutzt)
sia(d)n = sieden; *a Fleisch sia(d)n* (Fleisch kochen)
Siassn *d'* (Mz.): kurze Haare neben dem Ohr; *en Buam ba de Siassn nehma*
Sichl *d'* = die Sichel (damit wurde ganz früher Getreide geerntet)
sichti = sichtig; *a sichtigs Katzl* (eine gesund aussehende junge Katze)
Sieb *'s*: ein Seier (Küchengerät)
Sieberl *'s*: kleines Sieb
Siebmåcher *da*: Siebmacher, Sieberzeuger (Handwerker)
sie(b)meckat: unregelmäßig, nicht rund
sie(b)mgscheit: „siebenmalgescheit", übergescheit; *oana, der d' Gscheitheit mitn Löffl gfressn håt*
sie(b)mseida(n): schmeichlerisch, heuchlerisch; *a siebmseidana Kunt* (ein Mann, mit dem man eigentlich nichts zu tun haben möchte)
Sieglinde *d'*: Kartoffelsorte
sieri: heftig, begierig, erregt, aufgebracht (Frauen können einen Mann *sieri* machen)
Silo *'s*: Gärfutterbehälter
Simandl *da*: Pantoffelheld
Simandlball *da*: Kostümball (bei dem die Männer Frauenkleider und die Frauen Männerkleider tragen)
Simmentåler *d'*: Rinderrasse
Simonitåg *da*: Tag der Apostel Simon und Judas (28. Oktober), Lostag; *der schaut wia da Bock za Simoni* (verschreckt schauen)
Singerl *'s*: Kücken
sinniern = sinnieren: grübeln, nachdenken
Sippschåft *d'* = die Sippschaft: 1. Verwandtschaft, 2. Gesindel
sitzade Henn *a*: Bruthenne
Sitzfleisch *'s*: kein Sitzfleisch haben (unruhig sein, keine Ausdauer haben, langes Sitzen nicht aushalten)
sitzn = sitzen; *oan sitzn håm* (einen Rausch haben)
soacha, soaha: urinieren; *du rennst*

umanånd wiar a soachade Goaß! (sagt man, wenn jemand nicht still halten kann)
soachln: nach Urin riechen
Soahgrua(b)m *d'*: Grube im Pferdestall, in die der Urin der Pferde abfließen konnte
soahwårm: lauwarm (so warm wie der Urin)
Soafa *d'* = die Seife
Söckl, Seckl *da*: 1. Socken, 2. Schimpfwort für einen unsympathischen Mann; *des is a Söckl!*
soda!, sodama!: Ausdruck der Zufriedenheit (nach getaner Arbeit); *soda, des håmma wieder gschåfft!*
Soff *d'* = das Sofa (ein gepolstertes Liegemöbel)
Soiferling, Suiferling *da*: Speichel, Spucke; *eahm rinnt schon wieder da Soiferling åba*
soiferln, suiferln: den Speichel rinnen lassen (Kleinkinder *soiferln*)
solcha, solchana: solcher, solch einer; *a solchana bist du!*
Sö(ld)n *d'*: Sölde, Kleinbauerngut (früher ein Achtelhof)
Sö(ld)ner *da*: Besitzer einer Sölde
soll, soi = soll
Sorg *d'* = die Sorge
Soß *d'* = die Sauce
Spåchtl *d'* = die Spachtel
Spån *da* (nasal) = der Span: Kienspan (längliches Stück Föhrenholz, das früher als Lichtspan diente)
Spånfa(d)l *'s* = das Spanferkel: junges Schwein, das am Spieß gebraten wird
spanisch: unbekannt, unverständlich, verdächtig; *des kimmt ma spanisch vor* (das verstehe ich nicht)
Spånn *d'*: Handspanne (Maß zwischen Daumen und kleinem Finger einer gestreckten Hand); *spånnenlånger Hansl, nu(d)ldicke Dirn*
spånna: 1. spannen (eine Schnur spannen), 2. ahnen, vorhersehen; *des hån i schon lång gspånnt*
spannln: aufspannen eines Felles mit kleinen Holzspänen
Spånnsåg *d'* = die Spannsäge
Spårrn *da* = der Sparren: Dachsparren
Spassettln *d'* (Mz.): Witze, Scherze, Unfug
Spåtz *da*: 1. Sperling, 2. (scherzhaft) Penis eines Buben; *schau, daß da dein Spåtz net davonfliegt* (sagt man, wenn bei einem Buben das Hosentürl offensteht)
Spazi *da*: kleiner Zwischenraum, Spielraum; *a weng an Spazi håst nu* (z. B. beim Einparken)
speanzln: liebäugeln, kokettieren, verstohlen blicken
Specht *da*: 1. Grünspecht, Buntspecht, 2. Voyeur
spechtln: neugierig schauen
spei(b)m: speien, erbrechen, sich übergeben; *ausschaun wiar a gspie(b)ms Öpflkoh* (ganz blaß aussehen)
Speigl *'s*: Spalte; *Åpflspeigl* (Apfelspalte)

Speis *d'*: 1. Speise, Nahrung; *bedånga für Speis und Trånk* (bedanken für das Essen und Trinken), 2. Speisekammer
Speisgådern *da*: „Speisgitter" (Kirchengitter, an dem früher die Kommunion empfangen wurde)
Speiskastl *'s*: kleiner Kasten zur Aufbewahrung von Lebensmitteln
Spekaliereisn *'s* (scherzhaft): Brille
spekaliern = spekulieren: nachsinnen, grübeln, planen, berechnen
spen, spena: das Jungtier vom Muttertier entwöhnen
spendiern = spendieren: er hat uns ein Abendessen spendiert (er hat es uns bezahlt)
Spenkäubl *'s*: Kalb, das der Muttermilch entwöhnt wurde und großgezogen werden soll
Spenling *da*: von der Mutterbrust entwöhntes Tier
spenln: mit einer *Spennå(d)l* befestigen
Spennå(d)l *d'*: Stecknadel
sper: trocken (ausgetrocknet); *a ausgsperts Brot* (ein hart gewordenes Brot)
sperrånglweit = sperrangelweit: sperrangelweit (ganz weit) offen
Spezl, Spezi *da*: ein besonders guter Freund
Spiagl *da* = der Spiegel: 1. der Spiegel im Bad, 2. das weiße Hinterteil des Rotwildes
spiaglglått = spiegelglatt: ganz glatt (glatt wie ein Spiegel)

Spieß *da*: 1. Stichwaffe, 2. Eisen zum Fleischbraten; *der schreit wiar åm Spieß* (er schreit ganz laut), 3. der dienstführende Unteroffizier (der Kompanie)
Spießer *da*: 1. Spießbürger, 2. Rehbock mit einem einzinkigen Krückel
spießn = spießen: 1. die Tischlade spießt sich (sie läßt sich nicht auf- und zumachen), 2. eine Sache spießt sich (sie geht nicht gut weiter)
Spindl *d'* = die Spindel: Spindel der Mostpresse
spindldürr = spindeldürr: ganz dünn
spinna = spinnen: 1. Garn spinnen, 2. jemand spinnt (er ist nicht ganz richtig im Kopf); *spinnad wern* (verrückt werden), 3. trutzen, schmollen; *wegn wås spinnst denn schon wieder?*, 4. nicht funktionieren; *mein Auto spinnt* (es funktioniert nicht)
Spinnamåntl *da* = die Spinnwebe
Spinner *da*: leicht angerührter oder spleeniger Mann
Spinnerin *d'*: 1. Spinne, 2. leicht angerührte oder spleenige Frau
Spinnrocka *d'*: eine Person, die leicht schmollt
Spirzerling *da*: Spucke, Speichel
spirzn: spucken
Spitz *da*: 1. Spitze (Bleistiftspitze), 2. Zigarettenspitz, 3. Schaumspitz (Süßspeise), 4. schmal zusammenlaufender Acker, 5. Schwips,

6. Fußtritt ins Gesäß, 7. eine Hunderasse
Spitzbua *da* = der Spitzbub: Lausbub
Splen *da* = der Spleen: verrückte Eigenheit, fixe Idee, Marotte
splendit = splendid: freigiebig
spoacha: weit ausschreiten, mit langen Schritten einhergehen
Spoacha *d'* = die Speiche: Speiche des Rades
spö(d)ln, spe(d)ln = spötteln: ausspotten, leichthin spotten; witzeln
Spoln *da*: 1. Spule (Zwirnspule), 2. (spitzer) Mund; *mâch da net schon wieder a so an Spoln ân!* (schau nicht schon wieder so trutzig!)
spolna: schnurren (der Katze)
Spompana(d)ln *d'* (Mz.) = die Spompanadeln: Dummheiten, Streiche, Albernheiten
Spreißl *d'* (Mz.): 1. gehackte Späne (*Spreißl* dienten zum Unterzünden beim Einheizen), 2. scherzhaft für dünne Beine
spreizn = spreizen: 1. die Arme spreizen, 2. sich spreizen (sich zieren, sträuben, Umstände machen)
Spreizn *d'*: 1. Spreize, eine Stange als Stütze (Ast-Stütze), 2. (scherzhaft) eine verläßliche Freundin, auf die man sich in allen Lebenslagen „stützen" kann
Sprießl *da* = der Sprießel: kleine Sprosse; *Kleehüflsprießl*
Springinkerl *da*: lebhaftes, übermütiges Kind
springlebendi: gesund und munter
Sprit *da*: Treibstoff
Spritzkruag *da*: Gießkanne
spritzn: 1. spritzen (den Garten spritzen), 2. mit Spritzmittel Unkraut vernichten, 3. etwas streichen, weglassen, 4. beim Kartenspielen *spritzn* (dasselbe wie *schiaßn*)
Sprungstånder *da*: Holzgestell, in welches die brünstige Kuh getrieben wird, wenn sie vom Stier besamt werden soll
Spuckerl *'s* (scherzhaft): kleines Auto
Spuckla(d)l *da*: Spucknapf
spü(l)n = spielen
spurn = spuren: tüchtig arbeiten; gehorchen
Staberl *'s*: Stäbchen, Stöckchen (war früher in der Schule Züchtigungsstock für die Kinder)
Ståchl *da* = der Stachel: 1. Bienenstachel, 2. Eisenkern des „Stachelbügeleisens"
Ståchleisn *'s*: altes Bügeleisen (mit Eisenkern, der im Ofen heiß gemacht wurde)
Ståchlwålzn *d'*: Stachelwalze (ein igelartiges Ackergerät)
stad: still; *sei stad!*
Stådl *da* = der Stadel: Scheune
Stådltor *'s*: Scheunentor
stadschauad: geistlos dreinschauend; *a stadschauada Kundt*
Staffl *da* = der Staffel: Türstaffel
Ståll *da* = der Stall: Pferdestall

Stållårbat *d'*: Stallarbeit (die Betreuung des Viehs)
Stållbua *da*: jüngster und dem Range nach letzter Knecht (Gehilfe des *Roßknechts*)
Stålldirn *d'*: Magd zur Betreuung des Kuhstalls
Stä(l)zn *d'* = die Stelze: Schweinsstelze
Stamperl *'s*: Schnapsglas
stampern: verscheuchen, wegjagen
ståmpfa = stampfen: mit dem Fuß stampfen
Ståmpfa *da* = der Stampfer: 1. Erdäpfelstampfer, 2. scherzhaft für dicke Beine
Stånd *da* = der Stand: 1. Verkaufsstand, 2. beim Preiskegeln einen Stand „kaufen", 3. Gesellschaftsschicht
Standl *'s*: kleiner Verkaufsstand (Wüstelstandl)
Stangl *'s*: dünne Stange; *Besnstangl*
Stanitzl *'s* = das Stanitzel: spitze Papiertüte
stänkern: provozieren, Streit suchen
stantapeda = stante pede: sofort („stehenden Fußes")
stanzn: entlassen; *mi håm s' gstanzt in da Firma*
Starl *'s* = der Star: ein Singvogel
Starlhäusl *'s*: Nistkästchen (das für die Stare auf Bäumen angebracht wird)
Staßl *'s*: kleiner Stoß (Holz, Geld)
stassln: aufschlichten (z. B. Geld)
Statur *d'*: Gestalt; *du mit deiner Statur kånnst a niads Gwånd ånziagn*
stau(b)m = stauben: 1. Staub aufwirbeln, 2. jagen, überholen, wegscheuchen; *da Hund staubt d' Heahn*, 3. mit Mehl eine Soße stauben (Mehl dazugeben), 4. die Paarungsbereitschaft anzeigen (Schaf)
Staubmåntl *da*: ein leichter Frühlingsmantel
Stau(d)na *d'* (Mz.): Stauden, Sträucher; *'s luckade Hefa unter d' Stau(d)na haun* (früher wurde mangels anderer Entsorgungsmöglichkeiten der angrenzende Wald als Müllhalde mißbraucht)
Stau(d)nhocka *da*: ein Traumichnicht (z. B. beim Kartenspielen)
Stau(d)nrauscherl *'s*: Liebesspiel im Wald
Staufferfett *'s*: Schmierfett für Maschinen
Stecka *da* = der Stecken: Stock
Stefanitåg *da* = der Stefanitag: der zweite Weihnachtsfeiertag (26. Dezember) war früher jener Tag, an dem die Häuselleute *He(r)ber(g) be(d)ln* mußten (sie mußten den Bauern bitten, ein weiteres Jahr im Häusel verbleiben zu dürfen)
Stehaufmanderl *'s*: 1. Kinderspielzeug (Puppe mit einer Bleikugel statt der Beine, die sich immer wieder aufrichtet), 2. jemand, der jegliches Mißgeschick rasch überwindet und sehr bald wieder

obenauf ist
Steher *da*: 1. Stützpfosten. 2. jemand, mit großem Stehvermögen
Stehkåstn *da*: Stehkasten
steh um!: geh zur Seite!
steign = steigen; *der steigt wia da Håhn åm Mist*
Steign *d'* = die Steige: 1. Käfig, Verschlag, Stall für Kleinvieh; *Heahnsteign*, 2. Lattenkiste (Gemüse-, Obststeige)
Steir *d'* = die Steuer
Steirerånzug *da* = der Steireranzug: Trachtenanzug, der früher häufig auch von Oberösterreichern getragen wurde
Steirerwagl *'s*: Sonntagskutsche
Stemmeisn *'s* = das Stemmeisen: ein meißelähnliches Werkzeug
Stempm *da*: 1. aus dem Boden ragendes Pfostenstück, 2. abgebrochener Baum (Baumstumpf), 3. abgeschnittene Strohhalme (Stoppelfeld), 4. scherzhaft für Bartstoppeln
ster(b)mskrånk = sterbenskrank: sehr krank
Sterbtåg *da* = der Sterbetag: Todestag
Stern *da*: 1. Stern (Abendstern), 2. weißer, sternförmiger Fleck auf der Stirn des Pferdes, 3. *an Stern reißn* (mit dem Fahrrad, dem Motorrad oder den Skiern stürzen)
Sternrådrecha *da*: traktorgezogener Heurechen (Wicking)
sternhåglvoll = sternhagelvoll: völlig betrunken

Sternsinger *d'* (Mz.): die „Heiligen Drei Könige" (die am 6. Jänner von Haus zu Haus gehen, um für einen karitativen Zweck Spenden zu sammeln)
Sterz *da*: 1. Erdäpfelsterz, 2. Handgriff am Pflug
Steßa *da*: Stoß; *er håt mar an Steßa ge(b)m*
Steßeisn *'s*: S-förmiges Eisen mit Stiel (das für das Zubereiten des Erdäpfelsterzes als Schweinefutter gedient hat)
Steßl *da* = der Stößel
steßn: 1. stoßen; *mi håt da Goaßbock gsteßn*, 2. mahnen; *er håt mi gsteßn, daß i eahm nu a Geld schuldi bi(n)* (er hat mich wegen meiner Schulden ermahnt), 3. einen Weinkrampf haben; *en Buam håt's gsteßn, so blärt håt er*
steu(l) = steil; *då geht's gånz schen steu(l) auffi*
Stiagn *d'* = die Stiege
Stiagnglanda *'s* = das Stiegengeländer
stibitzn, stiwitzn = stibitzen: eine Kleinigkeit mitgehen lassen (z. B. der Mutter in der Küche den Zukker stibitzen)
stichln = sticheln: mit boshaften Bemerkungen reizen
Stichsåg *d'*: Stichsäge
Stiefmütterchen *'s*: eine Blume
Stieg *da*: Stufe, Abstufung; *då geht a Stieg auffi*
stier: ohne Geld sein, abgebrannt
Stier *da*: männliches Rind

stiergnackad = stiernackig: mit kräftigem Genick
Stierkäubl 's: männliches Kalb
stierln: stöbern, suchen
stiern: 1. herumstöbern, nach etwas suchen; *wås stierst denn schon wieder um!*, 2. sich ärgern; *des stiert ma's*, 3. die Paarungsbereitschaft anzeigen (Kuh); *d' Kuah stiert*
stiftn gehn: davonlaufen, das Weite suchen
stigatzn: stottern, stammeln
Stih *da* = der Stich: 1. es gab mir einen Stich (es schmerzte mich tief), 2. im Kartenspiel einen Stich machen, 3. die Milch hat bereits einen Stich (sie beginnt sauer zu werden)
stinga = stinken
stinkfäu(l) = stinkfaul: sehr faul
stinksaur: sehr verärgert sein
Stinkwut *d'*: eine Stinkwut (großen Zorn) haben
Stingl *da* = der Stengel: Blumenstengel; *mit Butz und Stingl* (mit Haut und Haar, zur Gänze, völlig)
Stoan *da* = der Stein; *Stoan klau(b)m* (früher wurden auf den steinigen Feldern nach dem Eggen und vor dem Säen die größeren Steine entfernt); *Stoan warma* (statt dem Thermophor wurde früher im Winter ein gewärmter Stein ins Bett gelegt)
stoanålt = steinalt: uralt
Stoangoaß *d'* (scherzhaft): eng gebaute Jungfrau

stoanhört = steinhart: ganz hart
stoankrånk: sehr krank; *ziag di besser ån, sinst wirst stoankrånk*
Stoannagerl *'s*: Steinnelke
stoanreich = steinreich: ein steinreicher (sehr reicher) Mann
Stoanschleidern *d'* = die Steinschleuder
Stock *da*: 1. Baumstock (Wurzelstock), 2. Gehstock, 3. Eisstock
stockbsoffa: völlig betrunken
Stockerl *'s*: Stuhl ohne Lehne
stockfinster: ganz dunkel
Stockfisch *da*: 1. kleiner Fisch, der in heimischen Bächen vorkommt, 2. jemand, der kaum spricht; *der is stumm wiar a Stockfisch*
Stöckl *'s* = das Stöckel: kleines, meist einstöckiges Wohnhaus als Nebengebäude eines Schlosses
Stöcklkas *da*: Käse in Dreieckform
Stöcklschuah *da* = der Stöckelschuh: Schuh mit hohem Absatz
stocknarrisch: ganz dumm, blödsinnig
stockterisch: ganz schwerhörig
Stöck reitn: Baumstöcke roden (Wurzelstöcke ausgraben)
stö(ll)n = stellen; *i stö(ll) da des då hin*
Stö(ll)wågn *da*: Stellwagen (war früher ein öffentliches Verkehrsmittel)
Stoppl *da* = der Stoppel: 1. Flaschenverschluß, 2. kleiner Bub
Stopplgeld *'s*: „Korkengeld", das man zu entrichten hat, wenn man mitgebrachten Wein im Gasthaus

trinken möchte
Stopplglåtzn *d'* (scherzhaft): Stehfrisur (Kurzhaarschnitt der Männer)
stoppln: nach Kork riechen und schmecken (vom Wein gesagt)
Stopplziaga *da* = der Stoppelzieher: Korkenzieher
Stör *d'*: tageweise Arbeit des Handwerkers (Schneider, Sattler, Schuster) beim Bauern um Lohn und Verköstigung (ohne Kost heißt das *Derr*)
Störbrot *'s*: weißes Feiertagsbrot
Stoß *da* (*Ståß* gesprochen): die Stelle, wo zwei Dinge zusammenstoßen (z. B. Tapeten)
Stra *d'* = die Streu: das dem Vieh im Stall untergelegte Stroh
Stramplhosn *d'* = die Strampelhose: Kleidungsstück für Babys
stran (nasal): streuen (Mist mit dem Miststreuer streuen)
Stråmg *da* = der Strang: (dünnes) Seil, Strick
Strauka *d'*: Schnupfen, Katarrh; *håst leicht d' Strauka?*
Strawanzer *da*: 1. Herumtreiber, 2. Hund oder Katze, die tagelang nicht heimkommen
strawanzn: herumtreiben, umherstrolchen
Stream *da* = der Striemen: blutunterlaufener Streifen auf der Haut
Strebera *da* = der Streber: übertrieben ehrgeiziger Mensch

Streithansl *da*: streitsüchtiger Mensch
Stren *da* = der Strähn: ein Strähn Wolle
Streu *d'* (Mz.): Rund- oder Kanthölzer als Stallboden
Strich *da*: auf den Strich gehen (der Prostitution nachgehen)
Stricha *d'*: Zitze am Euter der Kuh, der Ziege und des Schafes
Strick *da*: 1. dünnes Seil, 2. Lausbub; *des is a kloana Strick*
stricka = stricken
Strickerei *d'*: das Strickzeug
Strickstangl *'s* = die Stricknadel
Striegl *da* = der Striegel: Gerät zum Reinigen der Stalltiere
striegln = striegeln: mit dem Striegel putzen, bürsten
Striezl *da* = der Striezel: (geflochtenes) Gebäck (Osterstriezel)
strittn: 1. strotten, durchstrotten, 2. strampeln
Strizzi *da*: Strolch, Zuhälter
stroafa: 1. längs den Furchen eggen, 2. Bloch ziehen
stro(d)ln: schwer und heiser atmen, röcheln
Stroh *'s*: gedroschenes Getreide
Strohdåh *'s* = das Strohdach
Strohhålm *da* = der Strohhalm
Strohhuat *da* = der Strohhut
Strohpinkl *da*: Strohballen
Strohpreß *d'*: Strohpresse
Strohsåck *da* = der Strohsack: wurde mit Haferstroh befüllt (Matratzen wurden am Land erst in den 50er Jahren des gerade zu

Strohwidin

Ende gegangenen Jahrhunderts angeschafft)
Strohwidin *d'* (scherzhaft) = die Strohwitwe: Ehefrau, deren Mann vorübergehend abwesend ist
Strolch *da*: Gauner
Strudl *da* = der Strudel: 1. eine Mehlspeise, 2. Schimpfwort für eine Frau
Struwlpeda *da* = der Struwwelpeter: Struwwelkopf
Stuadn *d'*: 1. Stute (weibliches Pferd), 2. große, korpulente Frau
Stu(b)m *d'* = die Stube: Bauernstube
Stu(b)mbrunza *da*: junger Hund, der noch nicht zimmerrein ist
Stu(b)mhocka *da* = der Stubenhocker: jemand, der am liebsten zuhause sitzt
Stu(b)mkåtz *d'* (verächtlich): Katze, die fast immer in der Stube liegt und nicht ins Freie will
Stübl *'s*: 1. Schlafzimmer; 2. *'s Besser Stübl* (der Repräsentationsraum im 1. Stock des Bauernhauses)
Stübltür *d'*: Schlafzimmertür; *in d' Stübltür springa* (den Bauern um einen Vorschuß bitten, was eigentlich verpönt war)
stucka (Studentensprache) = stukken: angestrengt lernen, büffeln
Stückl, Stickl *'s* = das Stück; *da Nåchbaur håt 20 Stückl Vieh*
studiern: 1. ein Studium absolvieren, 2. nachdenken, grübeln

Stü(d)l, Sti(d)l *da*: Pflock, Zaunstecken
Stüfl *da* = der Stiefel: 1. ein Paar Stiefel, 2. einen Stiefel (Unsinn) reden, 3. ein dummer Mensch; *des is a richtiger Stüfl*
Stüflknecht *da* = der Stiefelknecht: ein Behelf zum Stiefelausziehen
Stuhl *da*: 1. Hocker ohne Lehne; *Målastuhl* (Melkschemel), 2. Kot, Stuhlgang; *i hån an hårtn Stuhl*
Stukkatur *'s*: Schilfrohr (Schilfrohrmatten werden zum Verputzen einer Holzdecke benötigt)
Stü(l) *da* = der Stiel: Besenstiel, Rechenstiel
Stü(l)augn *d'* (Mz.) = die Stielaugen: Stielaugen machen (begierig oder verblüfft schauen)
Stummerl *'s*: 1. stummer Mensch, 2. einer, der nichts sagt
stumpf: 1. ein stumpfer Bleistift, 2. *a stumpfs Fä(ll)* (ein struppiges, nicht glänzendes Fell eines Hundes oder einer Katze); *da Kåder håt a gånz a stumpfs Fä(ll)*
Stümpfl *'s*: Stumpf, Stummel; *a Stümpfl Woaz* (ein Sack, in dem nur noch eine kleine Menge Weizen drinnen ist)
stupfa = stupfen: leicht anstoßen oder stechen
Stupfer *da*: leichter Stoß
Stupp *'s*: Hautpuder
Sturm *da*: 1. starker Wind, 2. gärender Most
sturmfreie Bude *a* (Studentensprache): Untermietzimmer, in das

man Damen mitnehmen darf
Sturschädl *da*: ein sturer Mensch
Sturz *da*: glockenförmiger Fliegenschutz aus Drahtgeflecht (wurde für die Lebensmittellagerung benötigt)
Stuß *da*: Unsinn
Stutzn *d'* (Mz.): 1. Kniestrümpfe, 2. Abfall beim Maschindreschen, 3. kurzes Stück
suacha = suchen
süaß, siaß = süß; *a Süaße* (eine Frau, die unnatürlich freundlich ist)
süaßlad, siaßlad = süßlich
Sucht *d'*: Krankheit, bei der man erbrechen muß und den Durchfall hat
Suderant *da*: Nörgler
Suderer *da*: ein langweiliger Schwätzer (dasselbe wie *Suderant*)
sudern: viel und unbedeutendes Zeug reden, nörgeln
Suhn *da* = der Sohn
Suhnbua *da*: anderer Ausdruck für Sohn
Sulz *'s*: aus zerkleinertem Fleisch und Schwarten hergestellte Gallerte
Sumper *da*: Mensch ohne höhere Interessen
Sumpernälli *da*: dasselbe wie *Sumper*
Sümpl *da*: einfältiger Bursch oder Mann
Sümplhuaba *da*: Schimpfwort
Sünd *d'* = die Sünde

sündtei(e)r = sündteuer: übermäßig teuer
Sunn *d'* = die Sonne
Sunnawendfeir *'s*: Sonnwendfeuer (altes Brauchtum)
Sunnawendhansl *da*: Strohpuppe, die im Sonnenwendfeuer verbrannt wird
Sunnawendkäferl *'s*: Glühwürmchen (Leuchtkäfer)
Sunnawendtn *d'* = die Sonnenwende
Sunnbänk *d'*: Hausbank an der Sonnseite des Hauses
Sunnda *da* = der Sonntag
Sunndawagl *'s*: Sonntagskutsche
Sunnseitn *d'* = die Sonnseite: von der Sonne beschienene Seite (Ostseite bis Südseite) eines Hauses oder Berges
sunst, sinst = sonst
Suppm *d'*: 1. Suppe, 2. ganz leichter Kaffee (der in einem Heferl oder einer Schale serviert wurde)
Suppmflaschl *'s*: Milchflasche für Babys
Suppmhenn *d'*: altes Huhn, das nur mehr als Suppeneinlage geeignet ist
Suppmlöffl *da*: Suppenlöffel
Sur *d'*: Salzbrühe, in der Fleisch eingepökelt wird
Surfleisch *s'*: in eine *Sur* eingelegtes Fleisch
Surm *da*: Einfaltspinsel
surma: summen, surren
Surschaffl *s'*: „Surschaff" (Schaff zum Fleischeinsuren)

Suzl, Suzler *da*: selbstgefertigter Schnuller für Kleinkinder (zusammengebundenes Leinenfleckchen mit Staub- oder Kandiszucker)
suzln: lutschen, saugen

- T -

Tabschä(d)l *da*: einfältiger Mensch
Tacher *da*: Dohle; *der stüh(l)t wiar a Tacher* (der stiehlt wie eine Dohle)
Tachinierer *da*: Drückeberger
tachiniern = tachinieren: faulenzen
Tåchtl *d'*: leichter Schlag auf den Kopf
Tackn *d'*: 1. (geflochtener) Fußabstreifer, Fußmatte, 2. *auf da Tackn liegn* (krank sein oder finanziell am Ende sein)
Tådera *da*: Schrecken; *er håt an Tådera kriagt*
tådern: zittern; *Kniatådern* (Kniezittern)
Taferlklaßler *da* (scherzhaft): Schulanfänger (dasselbe wie *Tåflkråtzer*)
Tåfl *d'*: 1. Schultafel, 2. flaches Holzkästchen an einer langen Stange zum Absammeln des Opfergeldes (wurde anstelle oder zusätzlich zum Klingelbeutel verwendet)
Tåflkråtzer *da* (scherzhaft): Schulanfänger (Erstklassler); *erste Klass' Tåflkråtzer, zweite Klass' Tintnpåtzer, dritte Klass' feine Herrn, vierte Klass' ålte Scher(b)m*
Tågdiab, Tåchdiab *da* = der Tagedieb: Nichtstuer
Tå(g)wera *da*: Tagwerker, Taglöhner
Tå(g)werahäusl *'s*: Taglöhnerhäusel
tak = takt: vital, tüchtig; *a taker Bursch*
tålå(b) = talab: bergab
Täller, Teuler *'s* = der Teller: Suppenteller
Talon *da*: die (beim „Geben") übriggebliebenen Spielkarten
tama: nach Feuchtigkeit riechen; *in der Kåmmer tamt's*
tami: feucht, muffig, schimmelig; *d' Mau(er) in da Speis is schon tami*
tamisch: 1. benommen, 2. närrisch, 3. sehr, überaus; *des tuat tamisch weh* (sehr weh)
tamische Boanl *'s*: schmerzempfindliche Stelle am Ellbogen
tamma: tun wir
Tamtam *da*: großes Getue, großes Aufsehen
tån (nasal): getan; *wås håst denn tån?* (was hast du denn getan?)
Tåndara *da*: Spielmann
Tåndalohn *da*: Lohn für den Spielmann (Trinkgeld)
Tandler *da*: Trödler (Altwarenhändler); *a Schmähtandler* (ein Lügner)

tandln: tauschen, (mit Altwaren) handeln
Tän(d)lwer *'s*: Plunder, Spielerei, unnützes Zeug (Sachen, die keinen praktischen Nutzen haben)
Tånna *d'* = die Tanne
Tånnabam *da* = der Tannenbaum
tänna(n): aus Tannenholz; *a tännas Holz*
Tånnawipflsåft *da*: „Tannenwipfelsaft" (Heilsaft gegen Husten, der aus den jungen Trieben der Tannenzweige zubereitet wird)
Tånnazäpfa *da* = der Tannenzapfen (auch der Fichtenzapfen wird allgemein *Tånnazäpfa* genannt)
Tanz *d'* (Mz.): ungute Angewohnheiten; *wås sand denn des für Tanz!* (was soll das, bitte!)
Tånzbo(d)n *da* = der Tanzboden: Tanzfläche
Tanzlmusi *d'*: Musikanten in bestimmter Instrumentalbesetzung, wie sie zum Volkstanz gebräuchlich ist
tanzln = tänzeln; *'s Roß tanzlt*
Tapperl *'s*: leichter Schlag, Klaps
Tapperlge(b)m *'s*: Kinderspiel
tåppm = tappen: im Dunkeln tastend umhergehen
tarogiern: Tarock spielen (Kartenspiel)
Tåschat *'s*: Blätter des Gemüses und der Rüben
Taschl *'s*: kleine Tasche; *Leibltaschl* (Westentasche)
taschln: 1. plätschern, 2. geräuschvoll regnen; *es taschlt schon* (es hat zu regnen begonnen)
Tåschnfei(t)l *da*: einfaches Taschenmesser
tat: täte; *i tat gern mitårbatn* (ich täte gerne mitarbeiten)
Tatl *da*: Greis; *a ålter Tatl*
Tåtscha *d'* (Mz., scherzhaft): (große) Füße
tatschln = tätscheln: jemandem liebevoll die Wangen *tatschln*
tåtschn: 1. in etwas plump, blind hineintreten; *bist schon wieder in d' Låcka einitåtscht!*, 2. schwerfällig gehen
Tåtzn *d'* = die Tatze: 1. Pranke, 2. (scherzhaft) große Hand
Tau *da*: Feuchtigkeit in der Früh
Tauber *da*: männliche Taube
Tau(b)m *d'* = die Taube: 1. ein Vogel, 2. Holzklötzchen, das beim Eisschießen als Ziel dient
Tau(b)mkobl *da* = der Taubenkobel: der Taubenschlag
Taubnessl *d'* = die Taubnessel: ist als Tee blutreinigend und harntreibend
taucha = tauchen: 1. schieben, drängen, 2. unter Wasser schwimmen
Tausendguldnkraut *'s* = das Tausendguldnkraut: die Blüten sind heilkräftig bei Magen-, Leber-, Gallenleiden und bei Blutarmut
Tazzerl *'s*: Täßchen, Untersätzchen
Techtlmechtl *'s* = das Techtlmechtel: Liebschaft; geheimes Einverständnis
Tegl *da*: 1. Tiegel, Topf, 2. einge-

bildetes Mannsbild
Teich *da*: kleines, stehendes Gewässer
tei(e)r = teuer; *des is schen tei(e)r gwen*
Teixl *da*: Teufel
Templ, Tämpl *da* (scherzhaft): Wohnung, Haus; *d' Kåtz is ausburrt ban Templ* (sie ist aus dem Haus gelaufen)
Templhupfa *'s*: Kinderspiel (in am Boden gezeichnete Quadrate springen)
Tenn *da* = die Tenne: Dreschboden in der Scheune
tentiern = tentieren: unternehmen, wirtschaften; *der kånn net tentiern*
terisch = törisch: schwerhörig, taub; *a terische Kapä(ll)n* (jemand der nicht hört oder nicht hören will)
Term *d'*: Ohrfeige
Teschek *da*: einer, der immer das „Bummerl" hat (ein Benachteiligter)
teufln: 1. schimpfen; *der håt heint wieder teuflt*, 2. schnell fahren; *übern Berg åbiteufln*
Teuflshäuderne *d'*: Hose aus steifem Leder
Teuflwer *'s*: 1. Schwierigkeiten; *des is a Teuflwer!* (es gibt Probleme!), 2. unbrauchbares Zeug
teu(l)såm = teilsam: 1. sich leicht teilen lassen, 2. ausgiebig
Thomasnåcht *d'*: Nacht zum Thomastag (erste Rauhnacht am 21. Dezember, in der unter anderem der Brauch des *Bettstaffltre(t)n* gepflogen wurde)
Thomerl *da* (*Tåmerl* gesprochen): Bezeichnung für einen dummen Mann
Thron *da* (scherzhaft): Klosett; *er sitzt åm Thron!*
tiaf, toif = tief
tiafe Furh *d'*: Doppelfurche (die beim Ackern mit einem Nicht-Wendepflug entsteht)
Tiftler *da* = der Tüftler: Grübler (jemand, der schwierige Aufgaben löst)
tiftln = tüfteln: grübeln, scharf nachdenken
Tintinga *da*: Pechvogel (einer, der „in der Tinte sitzt")
Tintnfaßl *'s*: Tintenbehälter in den früheren Schulbänken
Tintnpåtzer *da* (scherzhaft): Volksschüler
tippm: Totto spielen
Toag *da* = der Teig
Toagscherer *da*: Gerät zum Portionieren des Brotteiges
toan = tun
Tobåkbei(d)l *da* = der Tabakbeutel: war meist aus einer getrockneten Schweinsblase
Toifl *da*: Teufel
Toiflsgroiß *da*: Maulwurfsgrille (die wurde als derart schädlich angesehen, daß man meinte, es müßte sogar ein Reiter vom Pferd steigen, um sie zu zertreten)
Tolpåtsch *da* = der Tolpatsch: ein ungeschickter Mensch

tolpåtschad = tolpatschig: ungeschickt
Topferl *'s*: Nachttopf für Kleinkinder
Topfmneger *da* (scherzhaft): ein sehr hellhäutiger Mensch (einer, der nicht in die Sonne geht)
töpm, tepm: schmerzen (einen pulsierenden Schmerz einer Eiterung verspüren)
Tor *'s*: das Einfahrtstor des Bauernhofes oder das Scheunentor
totäu = total: gänzlich, völlig
Totnbred *'s*: Brett, auf dem der Tote zuhause aufgebahrt wurde
Totnbü(d)l *'s*: Totenbild
Totngråber *da* = der Totengräber
Totnsämml *d'*: große Semmel, die es bei der *Zehrung* (Totenmahl) gibt
Totntruah *d'*: Sarg
totschlachti = totschlachtig: erschöpft, todmüde
träbln, träwin: die Henne durch den Hahn begatten (dasselbe wie *bucka*)
Trächt *d'* = die Tracht: 1. Volkstracht, 2. eine Tracht Prügel
Trächta *da* = der Trichter
trächtn = trachten: sich bemühen; *i muaß trächtn, daß i in d' Meß zrecht kimm*
Trächtnånzug *da* = der Trachtenanzug
Trå(d)n *d'*: umzäunte Weide für das Vieh
trågad = trächtig; *a trågade Goaß*
Trågesl *da*: einer, der viel schleppen muß
trågn: 1. tragen, 2. trächtig sein; *d' Kuah trågt schon sie(b)m Monat*
Tram *da* = der Traum
trama = träumen
tramhapad: schlaftrunken, verträumt
Träml *da*: Knüppel
Tråmpl *da* = der Trampel: ein Schimpfwort (für eine dumme weibliche Person)
tråmpln = trampeln: wiederholt schwer auftreten, mit den Füßen stampfen
tramt: geträumt; *i hån wås Schens tramt!*
Tramway *d'*: Straßenbahn
tränga: ertränken; *fünf Katzln håmma tränkt* (früher wurden die kleinen Kätzchen oft in einem Tümpel ertränkt)
Trangl *'s*: (schlechtes) Getränk; *wås is denn des für Trangl?*
Trånk, Trång *'s* = der Trank: die gesammelten Abfälle aus der Küche als Schweinefutter
Trånkschaffl *'s*: Abfallschaff für Speisereste
Trånl *da*: Kreisel (Kinderspielzeug)
Trånsch *da*: dumme Frau
transchiern = tranchieren: das geschlachtete Tier fachgerecht zerlegen
traschtn: Flüssigkeit verschütten; *i muaß aufpassn, daß i net trascht*
Tråtsch *da* = der Tratsch: Gerede, Klatsch
Tråtscherei *d'* = die Tratscherei

tråtschn = tratschen: viel und Unwahres reden, Gerüchte weitersagen

Tråtschn *d'*: ein Tratschweib

Trauminet *da*: „Traumichnicht", Feigling, schüchterner Mensch

treama: weinerlich reden, belästigend auf jemanden einreden

Treamvei(t)l *da*: unzufriedener, stets klagender Mensch, Nörgler

Treanschn *d'*: 1. herabhängender Teil der Unterlippe des Hundes, 2. (abwertend) Mund; *måch da koan solche Treanschn ån!*

Trebern *d'*: Preßrückstand beim Obstpressen

Treff *d'*: 1. eine Spielkartenfarbe; *Treff is Trumpf*, 2. Schläge; *glei wirst Treff kriagn!*

Trenzer *da*: weinerlicher Mann; *Sämmltrenzer*

Trenzerei *d'*: unablässiges Jammern oder Weinen; *her amål mit deiner Trenzerei auf!*

Trenzerling *da*: Speichel

trenzn = trenzen: 1. weinen, 2. klagen, anjammern; *trenz mi net schon wieder ån?*

Trenzn *d'*: weinerliche Frau

Tretåcker *da*: Ackerrand, wo beim Ackern umgekehrt wird (dasselbe wie *Åniwåndta*)

Treter *d'* (Mz. scherzhaft): große Schuhe

trickern = trocknen

Tridling *d'* (Mz.): Holzschlapfen

Trimmprügl *da*: Holzstange, mit der die eingespannten Pferde daran gehindert werden, einander zu beißen (wird nur beim Ackern oder Eggen, demnach wenn ohne Deichsel eingespannt wird, benötigt)

tringa = trinken

Trippsdrü(ll): ein erfundener Ort, wohin man unliebsame Zeitgenossen wünscht; *i geh auf Trippsdrü(ll) um an dreckign Stecka, und wånn i hoam kimm, låß i di schmecka*

Troad *'s* = das Getreide

Troadkåstn *da*: Getreidespeicher (meist ein trockener Raum im 1. Stock des Bauernhofes)

Troadputzer *da*: Getreideputzmaschine, Getreidesortiermaschine (dasselbe wie *Windmühl*)

Troad putzn: Getreide von der Spreu reinigen

Troadschaufl *d'*: Holzschaufel zum Getreideumschaufeln

Trog *da*: hölzernes wannenförmiges Gefäß; *Wåschtrog, Sautrog*

Trogscherrn *d'*: eisernes Gerät zum Reinigen des Backtroges

Trottoar *'s* = das Trottoir: Gehsteig

Trottl *da* = der Trottel: Dummkopf (Schimpfwort)

trüab, triab = trüb

trüabsäli = trübselig: sehr traurig, bekümmert, trostlos

trucka = trocken

Truckan *d'* = die Trockenheit; *ba dera Truckan war's guat, wånn's amål regnat*

Truah, Truacha *d'* = die Truhe:

länglicher Schrank
Trumm '*s*: 1. ein großes Stück; *a Trumm Fleisch*, 2. abgebrochenes Stück eines Ganzen, 3. *in oan Trumm* (in einem fort, ohne Unterbrechung)
Trumpf *da*: Trumpf im Kartenspiel (Farbe, die „sticht")
Trumpferl '*s*: kindisches, unreifes Mädchen
trumpfm: mit einem Trumpf stechen (Kartenspiel)
Trunk, Trung *da*: die Getränke; *da Trunk is gratis* (die Getränke sind nicht zu bezahlen)
Truthåhn *da* = der Truthahn: Indian
Truthenn *d'* = die Truthenne
Trutscherl '*s*: einfältiges Mädchen
Trutschn *d'*: abfällige Bezeichnung für eine Frau
Tschako *da* (scherzhaft): Hut; *da Weanabazi mitn Tschako, fållt en Källa* (Keller) *åbi, und bricht si's Gnack å(b)*
Tschåpperl '*s* = das Tschapperl: 1. Kind, 2. unbeholfener, schutzbedürftiger Mensch
Tschåpperlwåsser, Tschåwerlwåsser '*s*: abwertend für ein alkoholfreies Getränk (Kracherl) oder ein Getränk mit wenig Alkoholgehalt; *wås saufst denn du für a Tschåwerlwåsser?*
tschari gehn: verlustig gehen, verlieren; *mein letzts Geld is tschari gånga* (es ist weg)

Tschäsn *d'*: altes, klappriges Auto oder Motorrad
Tschecherl '*s*: ein kleines Gasthaus
Tschecherant *da*: Trinker, Alkoholiker
tschechern: 1. abplagen, schwer arbeiten, 2. viel Alkohol trinken, sich betrinken
Tschibok *da* = der Tschibuk: Tabakspfeife
Tschick *da*: 1. Zigarettenstummel, 2. (städtischer Jargon) Zigarette
Tschinala *da*: Arbeiter, Hilfsarbeiter
Tschinä(ll)n *d'* = die Tschinelle: 1. Musikinstrument, 2. Ohrfeige; *kriagst glei a Tschinä(ll)n!*
tschinaln, tschineu(l)n: (schwer) arbeiten
Tschoch, Tschåch *d'*: große Mühe, Anstrengung, schwere Arbeit
Tschumpas *da*: Arrest, Gefängnis
Tschusch *da* (verächtlich): Gastarbeiter aus Südosteuropa
Tuchat *d'* = die Tuchent
Tüachl, Tiachl '*s* = das Tuch: Kopftuch
tüd: „tillt" (benommen, schwindlig); *i bi(n) gånz tüd!*
tummln *si* = sich tummeln: sich beeilen
tümmln: unbeherrscht klopfen (an der Tür)
tümmlhört: ganz hart, steinhart; *des Brot is schon tümmlhört*
Tümpfl *da* = der Tümpel: kleines, stehendes Gewässer
tümpfln: unter das Wasser tauchen

tunga = tunken: tauchen; *'s Kipferl en Kaffee eintunga*
tupfa, tupfm: coitieren
Tur *d'* = die Tour; *in oana Tur* (ununterbrochen)
Türhåmmer *da*: Türklopfer (der früher anstelle einer Klingel an der Haustüre angebracht war)
Tuscher *da*: 1. lauter Schlag, 2. starker Regenguß
tuschln = tuscheln: heimlich reden, flüstern
tuschn: 1. schlagen, ohrfeigen; *tusch eahm oane!*, 2. stark regnen; *gestern håt's gscheit tuscht*
tuschnåß: triefnaß, tropfnaß
tuttad: vollbrüstig
Tutter *da*: unreifer Bursch; *a junger Tutter*
Tuttl *'s*: Brust, Busen
Tuttnflaschl *'s* = die Tuttelflasche: Milchfläschchen für Babys

- U -

Uasch *da*: Freßbarren (für die Schweine)
Übableibsl *'s* = das Überbleibsel: Rest, Übriggebliebenes
Übaboan *'s* = das Überbein: eine verhärtete Geschwulst
übadrüaßi, übadriaßi = überdrüssig: einer Sache, einer Person überdrüssig sein
üba-ecks: quer, quer durch, über die Ecke
übafressn: zuviel auf einmal fressen (was nicht nur bei Tieren vorkommen soll)
Übafuhr *d'* = die Überfuhr; *d' Übafuhr vapassn* (den richtigen Zeitpunkt der Heirat übersehen)
Übagangl *'s*: kurzer, starker Regen
übage(b)m: vererben; *er håt schon übage(b)m* (er hat den Hof schon vererbt)
übagehn: 1. übergehen, nicht beachten, nichts dagegen tun; *i hån d' Gripp übagånga*, 2. überlaufen; *d' Mü(lch) is übagånga*
übahaps = überhapps: 1. überstürzt, 2. ungefähr, oberflächlich; *wås übahaps nehma* (etwas oberflächlich tun)
übakemma: überstehen; *i hån d' Krångat guat übakemma* (ich habe die Krankheit gut überstanden)
Übaländt *d'*: Nebenhaus eines Bauernhofes (zweite, kleinere Wirtschaft)
übamåcha *si*: sich überanstrengen
üba meiner: über mir
übanachti = übernächtig: unausgeschlafen
übanåsern: „überreißen", verstehen, begreifen
übaort, übaoart: am Ende eines Stückes (z. B. am Ende eines Feldes)
übaråll = überall; *der wü übaråll mitredn* (der will überall mitreden)
übarumpln = überrumpeln: überraschen

übaschlågn = überschlagen: 1. mit dem Auto überschlagen, 2. lauwarm machen; *a übaschlågns Wåsser*
übaschnåppm = überschnappen: verrückt werden
Übaschwa(r)n *d'*: Kopflastigkeit
übasi: 1. oberhalb; *übasi schlåfan d' Dea(n)stbotn* (im 1. Stock), 2. *oan übasi kemma* (jemandem überlegen sein)
übas Kreiz kemma: „übers Kreuz kommen" (sich zerstreiten)
übastandi = überständig: 1. überreif; *'s Troad is schon übastandi*, 2. übriggeblieben, keinen Partner gefunden; *a übastandigs Mensch* (eine alte Jungfer), 3. überdrüssig; *d' Flecksuppm wird ma schon übastandi* (wenn es sie jeden zweiten Tag gibt)
übataucht: übergangen; *er håt d' Gripp übataucht* (er hat sie nicht behandelt, er hat sie übergangen)
Üba-und-üba, Üwa-und-Üwa *da*: übermütiger, zügelloser Bub (ein Ausbund an Übermut)
übawärts: quer über; *er liegt übawärts in Bett* (er liegt quer über das Bett)
Übawurf *da* = der Überwurf: 1. jener Teil des Pferdegeschirrs, der dem Roß über den Rücken gelegt wird, 2. ein Schonbezug
übawuzlt: nicht mehr ganz jung; *d' Braut is schon a weng übawuzlt* (die Braut hat auch schon einige Jährchen am Buckel)

übl = übel: schlecht; *mir is übl*
übri = übrig: überzählig
Uhrzoaga *da* = der Uhrzeiger
Ui *'s*: Sauerteig zum Brotbacken
uma: herüber
umadum: 1. überall, 2. rundherum; *i bi(n) umadum gånga* (ich bin rundherum gegangen)
Umageher *da*: Hausierer
umaleanschn: umherlehnen, herumlungern
umalosn: herumhorchen
umanånd: umher, herum; *wo rennst denn oiweu umanånd?* (wo läufst du denn herum?)
umanånddoktern: herumdoktern, herumprobieren
umanåndfuchtln: herumfuchteln, wild gestikulieren; *fuchtl net umanånd mitn Messer*
umanåndfummln: herumfummeln
umanåndgeistern: „herumgeistern" (im Dunkeln nach etwas suchen)
umanåndgräbln: herumgreifen
umanåndheign: herumtollen (im Bett)
umanåndkårpln: (in der Dunkelheit) herumstolpern
umanåndklankln: ziellos mit dem Auto oder dem Motorrad herumfahren
umanåndkråma: in Laden herumsuchen
umanåndleischn: umherstreunen, umherstrawanzen
umanåndloan: herumlehnen, nichtstun

umanåndpledern: mit dem Motorrad herumfahren
umanåndsä(l)cha: herumlungern, lustlos herumstehen
umanåndschurln: herumlaufen
umanåndstehn: herumstehen
umanåndtoan: herumtun; *tua net so lång umanånd*
umanåndto(ll)na: herumtollen
umanåndwålzn låssn: herumliegen lassen; *låß dein Gwånd net oiweu umanåndwålzn* (laß dein Gewand nicht herumliegen)
umanåndzigeunern: herumstreunen, ständig unterwegs sein
umara: beiläufig, zirka; *umara fünfi kimm i hoam* (um ca. 5 Uhr werde ich heimkommen)
umasinst = umsonst: 1. etwas umsonst (unentgeltlich) tun, 2. sich umsonst (vergebens) plagen, 3. nicht umsonst (ohne Grund) besorgt sein
umbåsdln: scharren der Hühner in der Erde (wenn sie nach Futter suchen)
umbåstln: kleinere Arbeiten im Haushalt ohne große Eile verrichten
umbladln = umblättern
umböckln: den Fuß überknöchern
umbringa = umbringen: töten
umbuserln: dasselbe wie *umbåstln*
um d' Erd haun: etwas mit der Absicht auf den Boden schleudern, daß es kaputt geht
umdrahn = umdrehen
umfü(l)zn: „umfilzen", umstöbern

Umgång *da* = der Umgang: 1. einen schlechten Umgang haben, 2. Fronleichnamsprozession
umgehn: 1. herumgehen; *da Plumpsåck geht um*, 2. lärmen; *wia's då wieder umgånga is*, 3. geistern; *i hån wås ghert, geht leicht wer um?* (es scheint zu geistern), 4. rumoren; *in mein Bauh geht's um* (es rumort in meinem Bauch)
umgehn kinna: umgehen können, beherrschen; *der kånn mit dera Maschin guat umgehn* (er kennt sich aus)
Umgehståll *da*: Stall, in dem das Jungvieh (oder die Stute mit dem Fohlen) frei herumlaufen kann
um Gods wü(ll)n! = um Gottes willen!: Ausruf des Erschreckens
umgwehna: sich mit etwas anderem vertraut machen; *i hån umgwehna müassn*
Umhång *da* = der Umhang: ein Kleidungsstück
Umhångtuach *'s*: großes, gestricktes Tuch zum Umhängen (Frauentracht)
umhaun: 1. umhauen, umwerfen, 2. herumschlagen; *hau net so um!*
umgrüstn: das Gerüst verstellen
umi: 1. hinüber, 2. vorbei; *da Summa is umi*
umihe(b)m: betrügen
umirei(b)m: vorhalten; *des hån i ihr umigrie(b)m*
umirübln: in ironischer Weise Vor-

haltungen oder Mitteilungen machen
umischwanzln: sich immer ganz in der Nähe einer Person aufhalten (um sich einzuschmeicheln)
umistehn: sterben
umkehrn: wenden (Heu, den Pflug, den Wagen)
umkehrt: umgekehrt; *umkehrt is a guat gfåhrn*
umla(r)n: umleeren (eine Flüssigkeit von einem Gefäß in ein anderes leeren)
umleischn: herumstreunen
umpåtzn: beim Essen das Tischtuch beklecksen
umrenna: 1. herumlaufen, 2. niederstoßen; *paß auf, daßd' en Sessl net umrennst!*
umrüahrn, umriahrn = umrühren
umså(tt)ln = umsatteln: einen anderen Beruf ergreifen
umschaun: 1. zurückschauen, 2. aufpassen, die Aufsicht ausüben; *muaßt di schon um deine Kin(d)a besser umschaun!*
umschmeißn = umschmeißen: 1. etwas umwerfen, 2. stürzen; *i hån mitn Radl umgschmissn* (ich bin mit dem Fahrrad gestürzt)
umschnei(d)n: umschneiden, umsägen
ums Kenna: ein Alzerl
umstecha = umstechen: umgraben
umstehn: zur Seite treten; *steh um!* (sagt die Magd zur Kuh, um die richtige Stellung beim Melken zu erreichen)

umstiern: herumsuchen, umstöbern
umtaschln: mit Wasser hantieren
umteufln: herumtollen
umtrei(b)m = herumtreiben
Umtrunk *da*: einen Umtrunk halten (in geselliger Runde trinken)
Um und auf *'s*: das Wichtigste
um und ån: durchwegs, um und um, voll und ganz
Umurkn *d'*: Gurke
umwedern: herumfuchteln
umziagn = umziehen: 1. übersiedeln, 2. umkleiden
Unårt *d'* = die Unart: ein schlechtes Benehmen
u(n)bloacht: ungebleicht; *a u(n)bloachte Lei(n)wat*
u(n)boascht: ungezogen
u(n)busalad: unordentlich, schmuddelig
u(n)dånks: unverhofft (ohne daß man denkt)
u(n)dumm: nicht dumm, ganz passabel; *des is net u(n)dumm* (das ist ansprechend)
U(n)glück *'s* = das Unglück; *a U(n)glück kimmt sä(ld)n alloan* (ein Unglück kommt selten allein)
u(n)gschaut: unbesehen; *des hån i ålsa u(n)gschaute kaft* (ohne es gesehen zu haben)
u(n)gschlåcht = ungeschlacht: roh, derb, grob, plump; *a u(n)gschlåchta Lackl*
unguat: ungut; *des is a unguater Kerl*
Ungustl *da*: ein allseits unbeliebter Mensch

Unkraut 's: die Beseitigung des Unkrauts hat früher den Bauern viel Arbeit abverlangt (da es noch keine Spritzmittel gab)
u(n)migli = unmöglich
unnedi = unnötig
U(n)schuldige Kindltåg *da*: Unschuldige Kinder-Tag (28. Dezember)
U(n)stern *da* = der Unstern: Mißgeschick, Schicksal
unt, int = unten; *da unt hån i's gfundn*
Untagstö(ll) 's: 1. Untergestell eines Wagens, 2. der untere Teil des menschlichen Körpers (vom Nabel abwärts)
untahål = unterhalb
untahåltli, untahäutli = unterhaltsam
untahoazn: jemandem unterheizen (ihm Beine machen)
untakemma = unterkommen: 1. wir sind in diesem Gasthaus gut untergekommen (gut untergebracht worden), 2. bei einer Firma untergekommen sein (Arbeit bekommen haben), 3. es kommt einem allerhand unter (es widerfährt einem allerhand)
Untaki(d)l, Intaki(d)l *da* = das Unterkleid
untakriagn = unterkriegen: er hat sich nicht unterkriegen lassen (er hat sich behauptet)
Untalåg *d'*: Grundlage; *a Untalåg håm* (vor dem Trinken etwas gegessen haben)

unta meiner: unter mir
untaranånd, untaranånder = untereinander
Untasatzl 's: Untertasse, Untersatz einer Kaffeetasse
untasi, intasi: unterhalb, darunter; *i nimm ma de untasiige Kårtn* (ich nehme mir die untere Spielkarte)
untaspickt, intaspickt = unterspickt: mit Fett durchzogen; *a untaspickts Fleisch*
untaspreizn: unterspreizen, einen Stützpfeiler errichten
untastehn = unterstehen: 1. während des Regens sind wir untergestanden, 2. einem Vorgesetzten unterstehen (untergeordnet sein), 3. sich unterstehen (trauen); *untasteh di!*
untastö(ll)n = unterstellen
untataucha = untertauchen: verschwinden
Unter *da*: „Unter" (Spielkarte)
untern: 1. unter den, unter dem, 2. während; *untern Essn is's ma eingfålln*
u(n)vaschamt = unverschämt
U(n)zeit *d'* = die Unzeit: schlecht gewählter Zeitpunkt; *za da U(n)zeit kemma*
U(n)ziffer 's = das Ungeziefer
Uraß 's: übriggelassene Futterreste (das von den Pferden übriggelassene oder aus dem Barren herausgestreute Heu wurde den Kühen verfüttert)
urassn: 1. nur das beste Futter heraussuchen und das andere liegen

lassen oder aus dem Futterbarren herausstreuen, 2. verschwenden, vergeuden; *tua net so urassn!* **Urschl** *d'*: eine dumme Gans **Urvieh** *'s* (scherzhaft): komischer, urwüchsiger Kerl

- V -

va = von; *des hån i va dahoam mitgnumma*
va-årschn: „verarschen", jemanden lächerlich machen
vabandlt = verbandelt: die beiden sind miteinander verbandelt (eng verbunden)
vabånkatiern: vertun, verschwenden, vergeuden
vabitzlt: dünn, schlank; *der is net vabitzlt* (der ist vollschlank)
vablåsn: der Wind hat das Papier *vablåsn* (weggeblasen)
vablüatn, vabliatn = verbluten: 1. an einer Wunde verbluten, 2. bei diesem Geschäft hat er sich verblutet (hat er alles verloren)
vaboant: 1. verflucht, verdammt, verflixt; *a vaboande Gschicht*, 2. verstockt; *der Kunt is vaboant* (verstockt, ohne Gefühlsregung)
vabrå(t)n: zu lange gebraten; *des Schnitzl is gånz vabrå(t)n*
vabrenna = verbrennen: sich den Mund verbrannt haben (sich durch unbedachtes Reden geschadet haben)

vabrodln = verbrodeln: die Zeit verbrodeln (vertun)
Våda *da* (altmundartlich): Vater
vadångln: die Sense durch unsachgemäßes Dengeln kaputtmachen; *de Sengst is gånz vadånglt*
Vadea(n)st *da*: Verdienst
vadenga: übel nehmen; *des kånn ma eahm net vadenga, daß er då a Wut kriagt håt* (man kann ihm das nachfühlen)
vadenln: 1. verhätscheln, verzärteln, 2. vertun, Geld sinnlos ausgeben; *er håt schon wieder sein gånz Geld vadenlt*
vadepschn: verbeulen, verdrücken; *a vadepschta Huat*
vadrahn: verkaufen
vadrucka: 1. zerknittern; *i hån ma en Ånzug gånz vadruckt*, 2. einen Ort unauffällig verlassen, 3. viel essen; *der kånn wås vadrucka!* (der kann viel essen!)
vaduftn = verduften: verschwinden, flüchten
vaflixt: 1. eine verflixte (ärgerliche) Geschichte, 2. ein verflixter (verwegener, schlauer, tüchtiger) Bursch
vafressn (derb) = verfressen: gefräßig
vagacha: verwechseln, vertun; *i hån mi vagacht* (ich habe mich vertan)
vagåffa = vergaffen: verschauen
vagågln: irren; *er hat si vagåglt* (er hat etwas Falsches gemacht)
vagaloppiern = vergaloppieren:

sich (in der Eile) irren
Vagä(l)t's God = „Vergelt's Gott!": Dankeswort
vagehn = vergehen: vorbeigehen, vorübergehen; *mir is da Durscht wieder vagånga*
vage(b)m = vergeben: sich beim Kartenspiel *vage(b)m* (beim Austeilen der Karten irren)
vagessn = vergessen: 1. den Hut vergessen (ihn liegen lassen), 2. *des is zan vagessn* (eine ungute oder unbedeutende Angelegenheit)
vagrå(d)n: mißraten, mißlingen; *a vagrå(d)ns Kind*
vagunna = vergönnen: erlauben, gönnen
vahaschpln = verhaspeln: verwirren, hängenbleiben
vahätscherln = verhätscheln: verzärteln
vahatschn = verhatschen: verhatschte (ausgetretene) Schuhe
vahedern: verfangen
vahunzn = verhunzen: verpfuschen, entstellen, verderben
vajubln = verjubeln: sein Geld verjubeln (es leichtsinnig für Vergnügungen ausgeben)
vajuxn = verjuxen: vergeuden, verwirtschaften
Våk *da*: verschnittener (kastrierter) *Saubär*
vaklampfln: verschörgeln, verpetzen, verraten
vaklankln: verwirren, in Unordnung bringen; *d' Woll is gånz vaklanklt*

vaklopfa = verklopfen: verkaufen
vaknacksn = verknacksen: ein verknackster (verstauchter) Fuß
vakündtn = verkünden: öffentlich (von der Kanzel) verlautbaren
vakutzn *si* = sich verkutzen: sich (beim Essen, Husten) verschlukken
valabariern, valawariern: verlieren, verwursteln, verlegen; *i hån mein Geldtaschl valabariert*
Valaub *da* = der Verlaub: mit Verlaub (mit deiner, Ihrer Erlaubnis)
valau(b)m: erlauben; *i hån eahm 's Fortgehn valaubt*
Valentinståg *da*: Valentinstag (14. Februar)
valeppern: ausgeben, vertun
valiabt = verliebt
valiasn, valoisn = verlieren
valisatiern: versteigern
valuadern = verludern: er läßt seinen Hof veludern (verkommen, verwahrlosen)
Valur *da*: Verlust; *mein Geldtaschl is in Valur gånga* (ich habe es verloren)
vamåcha = vermachen: 1. das zerbrochene Fenster mit Pappendeckel vermachen, 2. vererben
vamå(d)ln: 1. Geld für unnütze Dinge ausgeben, 2. verwöhnen, verzärteln; *tua dein Kind net a so vamå(d)ln*
vamåledeit: verflixt noch einmal
vamanklt: verfilzt, durcheinandergekommen; *'s Gårn is vamanklt*
vamantschn = vermantschen: ver-

mischen, durcheinanderbringen
vamassln = vermasseln: verderben, durchkreuzen, verhindern
vamoana = vermeinen: vergönnen, willig sein; *i hätt' da des besser Stückl vamoant*
vamu(d)ln: zerknittern; *da Ki(d)l is gånz vamu(d)lt*
vamurksn = vermurksen: (durch Ungeschicklichkeit) verpfuschen, verderben
van = vom; *er is van Ståll einakemma* (er ist vom Stall hereingekommen)
vanadern: verraten, anzeigen, denuzieren
vanåglt = vernagelt: 1. begriffsstützig, beschränkt; *der is gånz vanåglt*, 2. rückständig; *då is d' Welt nu mit Breda* (Brettern) *vanåglt* (eine rückständige Gegend)
vananånd = voneinander; *ma kånn vananånd wås lerna*
vanånd: auseinander
vanåndkenna: voneinander unterscheiden; *de zwoa Gschwister kånn ma frei net vanåndkenna*
vanu(d)ln: verdrücken, zerknittern (dasselbe wie vamudln)
vaoansln: „vereinzeln"; *Rua(b)m vaoansln* (da früher die Zuckerrüben nicht auf Abstand angebaut werden konnten, mußten sie mit der Haue *vaoanslt* werden)
vapassn: 1. verpassen, übersehen, 2. ohrfeigen; *i werd da glei oane vapassn!*
vapåtzn = verpatzen: verderben, etwas ungeschickt machen
vapetzn: verpetzen, verraten, verschuften
vapledern: verjuxen, verschwenden; *er håt sein gånz Geld vapledert*
vaplempern = verplempern: vertun, vergeuden (Zeit und Geld)
vaputzn = verputzen: 1. eine Wand verputzen, 2. sein Geld verputzen (vergeuden), 3. jemanden nicht verputzen (leiden) können
varammln = verrammeln: durch Hindernisse versperren; *d' Tür varammln*
Vareckerl 's: mißratenes, junges Tier (das möglicherweise wirklich bald verrecken wird)
vareißn = verreißen: 1. öffentlich kritisieren; *paß auf, daß di net vareißn!*, 2. das Lenkrad verreißen
varichtn = verrichten: eine Arbeit verrichten (ausführen, erledigen)
varolln: verrollen (sich still und leise davonmachen)
vasabln: verlieren; *wo håst denn des schon wieder vasablt?*
vasålzn: 1. die Suppe versalzen, 2. jemandem etwas versalzen (verderben), 3. ein Kind versalzen (es schlagen)
vasama = versäumen
vasaun = versauen: beschmutzen, ruinieren
vaschålna = verschalen: mit Holz verkleiden
vaschandln = verschandeln: verunstalten, häßlich machen

vaschaun *si* (nasal) = sich verschauen: 1. sich verschaut (geirrt) haben, 2. sich in jemanden verschauen (verlieben)
vascheicha = verscheuchen
vascheißn: 1. die Hühner haben das Vorhaus *vaschißn* (überall liegt Hühnerdreck), 2. verzärteln; *a so a vaschißns Kind!*
vaschebern: „verscheppern", verkaufen
vaschlåfa = verschlafen
vaschlåmpm = verschlampen: 1. vergeuden, durch Nachlässigkeit verlieren, 2. eine verschlampte (verlotterte) Wirschaft
vaschliafa *si* = sich verkriechen; *d' Kåtz hat si vaschloffa*
vaschlungatzn: verschlucken
vaschmaha, vaschmahn = verschmähen: ablehnen, zurückweisen
vaschnaufa = verschnaufen
vaschörgln: verpetzen, verraten
vaschrein (nasal) = verschreien: etwas verschreien (darüber „unvorsichtig" reden und vermeintlich Unglück herbeireden; *vaschrei's net!*
vaschuastern: verlieren, nicht mehr finden; *wo håst denn des wieder vaschuastert?*
vaschwitzn = verschwitzen: 1. das verschwitzte Hemd, 2. etwas verschwitzen (vergessen)
vasegn = versehen: den Schwerkranken versehen (ihm die Krankenölung spenden); *da Pfårrer is vasegn gånga*
vaso(d)n: „versotten" (zu lange gekocht); *'s Fleisch håt si gånz vaso(d)n*
Vasorgungshaus *'s*: Altenheim
vasprecha = versprechen: geloben; *ins Vasprecha gehn* (beim Pfarrer das kirchliche Aufgebot bestellen)
vaspießn: verklemmen
vastau(b)m: verjagen, verscheuchen
vastaucha = verstauchen: verrenken
vastrat = verstreut
vastudiern: sinnieren, in Depression verfallen
vasü(l)bern: „versilbern" (verkaufen)
vasumpfa: im Gasthaus *vasumpfa* (sehr lange sitzen bleiben)
vatän(d)ln = vertändeln: vertun; *de kånn net spårn, de vetän(d)lt ois*
Våter *da* = der Vater
vateufln = verteufeln: jemanden verteufeln (ihn schlecht machen)
vatoan = vertun: 1. vergeuden; *er håt sein gånz Geld vatån*, 2. *i hån mi vatån* (geirrt), 3. *si vatoan* (sich erkälten), 4. verwöhnen, verzärteln; *des Kind is gånz vatån*
vatrackt = vertrackt: eine vertrackte (verwickelte, verworrene, verzwickte) Angelegenheit
vatü(l)gn = vertilgen: 1. Ungeziefer vertilgen (vernichten, ausrotten), 2. *der kånn wås vatü(l)gn!* (er kann viel essen)
va-übln = verübeln: übel nehmen

vawehrn = verwehren: jemandem etwas verwehren (es ihm nicht erlauben, nicht geben)
vawichsn: Geld ausgeben; *håst schon wieder ois vawichst!*
vawoandagln: verunstalten, entstellen, aus der Form bringen
vawüastn: vergeuden, vertun, verschwenden; *tua net so vawüastn!*
vawurschtln = verwursteln: etwas verwursteln (in Unordnung bringen)
vawurschtn: zu einer Wurst verarbeiten; *den kunnt i vawurschtn* (sagt man, wenn man auf jemanden nicht gut zu sprechen ist)
vazågt = verzagt
vazahn: verschleppen, verführen; *ins Wirtshaus vazahn*
vazapfa: etwas Unsinniges weitererzählen; *wås håt denn der für an Bledsinn vazapft?*
vazettn: verlieren, verwerfen
vazöh(l)n: 1. erzählen, 2. verzählen (sich beim Zählen irren)
vazupfa: still und heimlich verschwinden; *er håt si vazupft*
vazwicka: viel essen; *der kånn wås vazwicka!* (der kann viel essen!)
vazwickt = verzwickt: 1. eine verzwickte (schwierige, verwickelte, knifflige) Angelegenheit, 2. *vazwickt* (unentschlossen, griesgrämig) *schaun*, 3. *a vazwickte Kuchl* (eine Küche, deren Raumanordnung ungünstig ist, sodaß man kaum etwas stellen kann)
vazwirnt: *vazwirnt dreinschaun* (unsicher, unfreundlich dreinblicken)
Veda *da* = der Vetter: 1. Onkel, 2. entfernter männlicher Verwandter oder vertrauter Freund der Familie
Veigerl *'s* = das Veilchen
Viech *'s*: Stück Vieh, einzelnes Tier (Mz.: Viecha); *des blede Viech wü net außa ausn Ståll*
Viecharei *d'*: Blödsinn, Gaudee
Vieh *'s*: Viehbestand des Bauern (wobei das Großvieh, nicht aber das *Gvickat* gemeint ist)
Viehstånd *da*: das gesamte Vieh (auf einem Bauernhof)
Vieraschnåpsn *'s*: „Viererschnapsen" (dasselbe wie *Baurnschnåpsn*)
vieri: vier Uhr; *es is schon vieri*
Vierkanter *da*: Vierkanthof (typische Bauernhofform im Zentralraum Oberösterreichs)
vierrößigs Haus *a*: großer Bauernhof mit vier Ackerpferden (Näheres siehe *Haus*)
Vierscharer *da*: ein Vierschar-Pflug
Vierzger *da*: 1. Hautkrankheit (Ekzem), 2. *ban Schnåpsn an Vierzger ånsågn* (beim Schnapsen vierzig ansagen)
vierzuakade Gåbl *d'*: Gabel mit vier Zinken (Mistgabel)
vogerlat: *vogerlat schaun* (spitzbübisch oder unschlüßig blicken); *schau net so vogerlat!*

Vogerlsålåt *da* = der Vogerlsalat: Feldsalat
Voglbeer *d'* = die Vogelbeere: Frucht der Eberesche
Voglhäusl *'s*: Futterhäuschen für Vögel
vögln: coitieren
Voglscheucha *d'* = die Vogelscheuche
voi(ll) = voll
Völkerbåll *'s* = das Völkerball (ein Ballspiel); *Völkerbåll spü(l)n*
Volksempfänger *da*: kleines Transistorradio aus der Kriegszeit
vorån = voran; *vorångehn*
vordahål: vorderhalb, vorne
Vorfåhrn *d'* (Mz.) = die Vorfahren; *unsane Vorfåhrn ham vü(l) gleist*
vorglühn: „vorglühen" (bei Dieselmotoren mußte man früher beim Kaltstart *vorglühn*)
vorhå(b)m = vorhaben: etwas vorhaben (tun wollen)
Vorhaus *'s*: Hausflur, Diele
Vorlauf *da*: das erste Produkt beim Schnapsbrennen
vormåcha = vormachen: 1. zeigen, wie etwas gemacht wird, 2. vortäuschen, vorspiegeln; *i låß ma nix vormåcha!*
vor meiner, vorder meiner: vor mir
vü(l) = viel

- W -

Wååg *d'*: 1. Waage (Gerät zur Gewichtsbestimmung), 2. Zugbalken des Leiterwagens (dasselbe wie *Wåågprügl*)
Wåågprügl *da*: Zugbalken des Leiterwagens, an dem die *Oanspannl* befestigt sind
waar: wäre; *i waar gestern ba dir gwen* (ich wäre gestern bei dir gewesen)
wachln: 1. wehen; *da Wind wachlt*, 2. mit dem Schwanz umherschlagen; *d' Kuah wachlt mitn Schwoaf*, 3. (mit einem Tuch) winken, 4. fächeln
Wåchter *da*: eine schlecht angezogene, geistig nicht sehr hochstehende Person
Wa(d)l *'s* = die Wade: jemandem *d' Wa(d)l füririchtn* (ihn gefügig machen, ihm Manieren beibringen)
Wa(d)lbeißer *da*: 1. kleiner (bissiger) Hund, 2. jemand, der anderen auf kleinliche Art und Weise Schaden zufügt
wå(d)n = waten: durch den Bach oder im Schnee waten
Wafferl *'s* = die Waffel: feines, süßes Gebäck aus mehreren Schichten
Wåffmradl *'s*: „Waffenrad" (sehr stabiles Fahrrad aus der Kriegszeit)

wåglad = wackelig: ein wackeliger Tisch
wågln = wackeln: 1. der Tisch *wåglt* (steht nicht fest), 2. der Zahn *wåglt* (ist locker)
Wågn *da* = der Wagen: 1. (früher) Leiterwagen, 2. (heute) Auto
Wågner *da* = der Wagner: ein Handwerker (Wagenbauer)
Wågnerei *d'* = die Wagnerei: Wagnerwerkstätte
Wågnhüttn *d'*: Depot für die Leiterwagen und Pferdeschlitten
Wågnra(d)l *'s* = das Wagenrad
Wågnschmier *d'* = die Wagenschmiere: Fett zum Schmieren der Wagenachsen
Wågnschupfa *d'*: Wagenschuppen im Bauernhof (meist neben dem Einfahrtstor)
Wågnstång *d'*: Deichsel
wahn (nasal) = wehen; *da Wind waht*
wålgerln = walken
Wäli *da*: 1. Welli (Spielkarte), 2. Tölpel (Schimpfwort)
wä(lk) = welk; *d' Bla(d)l sand schon gånz wä(lk)* (die Blätter sind schon ganz welk)
Wållåch *da* = der Wallach: verschnittener (kastrierter) Hengst
wållfåhr(t)n = wallfahrten: eine Wallfahrt machen
Wålm *da* = der Walm: abgeschrägter Dachgiebel; *'s Wålmdåh* (das Walmdach)
Wålz *d'* = die Walz: 1. auf die Walz gehen (als Handwerksbursch auf die Wanderschaft gehen), 2. den ganzen Tag auf der Walz (unterwegs) sein
Wålzl *da*: Vorrichtung zum Mostmachen
wålzn = walzen: 1. ein Feld walzen (ebnen), 2. eine Straße walzen, 3. Eisen walzen
Wålzn *d'* = die Walze: 1. Ackerwalze zum Zerkleinern der Erdbrokken, 2. Straßenwalze, 3. Schallplatte; *hiatzt kånnst amål a åndane Wålzn auflegn!* (wiederhol dich nicht ständig, rede einmal von etwas anderem!)
wåmma: 1. wenn wir; *i woaß net, wåmma hoamkema sand*, 2. wenn man; *wåmma eh nix recht måcha kånn, is gscheida, ma låßt's blei(b)m*
wåmpad: sehr dick; *schlåmpad måcht wåmpad, gårschti måcht foast*
Wåmpm *d'* = die Wampe: dicker Bauch
wåmpmduschn: 1. im Spaß mit den Bäuchen zusammenstoßen, 2. (scherzhaft) coitieren
Wamst *da*: dicke Bekleidung um die Körpermitte
Wamsterling *da*: Mensch mit einem dicken Bauch
wån: warm (älter für *wårm*); *heint is gscheit wån*
wana: wärmen (älter für *warma*); *i muaß mi wana* (ich muß mich wärmen)
Wänd *d'* = die Wand; *Lårwänd*

Wandl

(Umlaut auch in der Einzahl wie bei *Bänk*)
Wandl *'s*: 1. kleine Wanne, 2. Autodelle, 3. ausgefahrene Skipiste
wandln: beim Kegeln die Randbegrenzung der Kegelbahn berühren (wodurch der Schub als ungültig gewertet wird)
wånn: 1. wann; *wånn kimmt er denn?* (wann kommt er?), 2. wenn; *wånn i Zeit hån* (wenn ich Zeit habe)
wånndawö(ll): wann immer, egal wann
wårm = warm (neuer für *wån*)
warma = wärmen (neuer für *wana*)
Wårma *a*: ein „Warmer" (Homosexueller)
wår̩tn = warten; *i hån lång gwårt* (ich habe lange gewartet)
Warzn *d'* = die Warze
Warznkraut *'s*: verschiedene Kräuter, mit denen man früher versucht hat, die Warzen zu vertreiben
Wåscha *da*: dasselbe wie *Waschl*
Wåschbodin(g) *d'*: Waschbottich
Wåschglockn *d'*: Saugglocke mit Stiel zum Wäschewaschen
Waschl *da*: großer Mensch oder großes Tier; *der Bua is a Waschl worn!*
waschln: in Strömen regnen
waschlnåß = waschelnaß: durch und durch naß
wåschn: 1. waschen (Wäsche waschen), 2. verhauen, verprügeln; *den håmma gscheit gwåschn!*,

3. auszahlen; *des håt si gwåschn* (das hat sich ausgezahlt)
Wåschpledern *d'*: Waschbrett (Vorläufer der Waschrumpel)
Wåschrumpl *d'* = die Waschrumpel: geripptes Blech zum Wäschewaschen
Wåschtrog *da* = der Waschtrog: hölzerne Wäschewanne
Wåschweib *'s*: eine geschwätzige Frauensperson
wåsdawö(ll): was immer, egal was
Wåsn *da* = der Wasen: Rasen
Wåsnmoasta *da* = der Wasenmeister: Tierkörperbeseitiger
Wåsseradern *d'* (Mz.): die vom Wünschelrutengänger aufgespürten unterirdischen Wasserläufe
Wåsserbirn *d'*: eine Birnensorte
Wåsserblådern *d'*: 1. Wasserblase an Händen oder Füßen, 2. Harnblase
Wåsserbodin(g) *d'*: Wasserbottich
Wåsserfurh *d'*: Furche, die bei Feldern in Hanglage zur raschen Ableitung des Regenwassers gezogen wurde
Wåsserkoh *'s*: fettloses *Koh* (Armeleutespeise)
wåsserlåssn: urinieren
wassern: verhauen, schlagen; *den håm s' gscheit gwassert*
Wåsserra(d)l *'s*: 1. Mühlrad, 2. kleines Wasserrad, das früher von Kindern oft an Bächen angebracht wurde
Wåsserschaffl *'s* = das Wasserschaff

Wåssersteckan *d'* (Mz.): zwei gleich lange Stangen, die zum Tragen eines schweren Schaffes verwendet wurden
Wåssersucht *d'* = die Wassersucht: 1. eine Krankheit, 2. scherzhaft für großes Verlangen nach Wasser; *håst leicht d' Wåssersucht?* (scherzhafte Frage, wenn jemand viel Wasser trinkt)
Wåssertrieb *da*: Austrieb einer Pflanze, die eingewässert ist
Wåsserwälln *d'* = die Wasserwelle: eine künstliche Haarwelle (die im Unterschied zur Dauerwelle nicht lange hält)
watschln = watscheln: eine watschelnde Ente
Watschn *d'* = die Watsche: Ohrfeige
Waukerl *'s*: 1. kleines Wesen (z. B. Kind oder Hund), 2. Faser; *da Måntl is voller Waukerl*
Wäu(l) *d'* = die Weile; *i hån nu a Wäu(l) gwårt* (ich habe noch eine Weile gewartet)
Wauwau *da*: 1. ein Schreckgespenst, 2. den Wauwau (bösen) spielen, 3. (Kindersprache) Hund
weaglbama: schwankend, nicht stabil, im schlechten Zustand; *a weaglbamane Loata* (Leiter)
weagln: hin- und herbewegen (um etwas zu lockern)
Weana *da* = der Wiener; *da Weanabazi* (abfällige Bezeichnung für Wiener)
Weckerl *'s*: ein längliches Gebäck

Weckn *da* = der Wecken: längliches Brot (Brotwecken)
Wecknzipf *da*: das Ende eines Weckens
Weda *'s*: 1. Wetter; *måch koan Weda!* (mach kein Aufsehen!), 2. Gewitter; *hitzt kimmt a Weda uma* (ein Gewitter ist im Anzug)
Wedafleg *da* = der Wetterfleck: Lodenumhang mit Kopföffnung als Regenmantel
wedaleichtn = wetterleuchten: das Leuchten der Blitze aus weiter Ferne
Weda måcha *a*: ein „Wetter machen" (ein großes Geschrei machen)
Wedaseitn *d'*: West- bzw. Nordwestseite des Hauses
wedern = wettern: 1. es wedert (ein Gewitter geht nieder), 2. er wedert (schimpft heftig)
weg: 1. geh weg!, 2. ganz weg (völlig überrascht, überwältigt) sein; *i bi(n) gånz weg!*
wegga: hinweg; *geh wegga!*
Wegmåcher *da*: „Wegmacher" (Straßenwärter)
wegn den: deswegen; *wegn den brauchst net jammern!*
wegn meiner: meinetwegen (von mir aus, es ist mir egal); *wegn meiner kånnst da's schon toan* (meinetwegen kannst du es schon tun)
wegn wås: warum, weshalb; *wegn wås bist denn gestern net kemma?*
weg sein: 1. sprachlos sein; *i bi(n)*

Wegzehrung

gånz weg!, 2. tot sein; *der is schon weg*
Wegzehrung *d'*: Proviant für eine Wanderung
Wegzoaga *da* = der Wegweiser
Weh *'s*: ein blöder Kerl (Schimpfwort); *du bist a richtigs Weh!*
Wehikl *'s* = das Vehikel: (schlechtes, veraltetes) Fahrzeug
wehleidi = wehleidig
wehrhåft = wehrhaft: ein wehrhaftes (widerspenstiges, quirliges) Kind
wehtoan = wehtun; *er håt si wehtån*
Weh-Weh *'s* (Kindersprache): Schmerz, schmerzende Stelle, Wunde; *wo håst denn dein Weh-Weh?*
Weib *'s*: Frau, Ehefrau
Weiberleit *'s*: „Weiberleut" (weibliche Person); *d' Weiberleit* (mehrere Frauen)
Weibera, Weiberla *da*: Frauenheld
Weiberseitn *d'*: 1. linke innere Kirchenseite (in der Kirche saßen die Frauen in den Bankreihen links des Mittelganges), 2. die untere Seite des Brotlaibes
Weiberts *a*: eine Frauensperson (dasselbe wie *Weiberleit*); *a Weiberts is nix wert* (einer Frau fehlt die körperliche Kraft)
Weibl, Weiwi *'s*: 1. (kosend) Frau, Ehefrau, auch Mädchen, 2. Taschenmesser, aus Trattenbach stammend, das neben der Klinge keinen Stahlstift zum Ausputzen der Pfeife hat

Weibsbü(l)d *'s* = das Weibsbild: dasselbe wie *Weiberleit*; *a feschs Weibsbü(l)d*
Weichsl *d'* = die Weichsel: Sauerkirsche
weida = weiter; geh weida!
Weidling *da* = der Weitling: weites, schüsselartiges Küchengeschirr
Weidn *d'* = die Weite: Ferne, Entfernung; *in d' Weidn siag i nu guat* (weitsichtig sein)
weiha, weicha = weihen: segnen; *a gweichts Oa* (ein geweihtes Ei)
Weihbrunn *da* = das Weihwasser
Weihbrunntegl *da*: Weihwasserkessel, Weihwasserschale
Weihnåchtn = Weihnachten: Weihnachtsfest
Weinbeißer *da*: ein Lebkuchen
Weinbö(d)l, Wei(n)berl *'s*: Rosine
Weinbö(d)lschober *da*: Rosinenkuchen
Weinling *da*: eine Apfelsorte
Weis *d'*: *aus da Weis* (ohne Maß und Ziel, nicht mehr auszuhalten, ungewöhnlich); *du bist jå do gånz aus da Weis!*
Weisat *'s*: Geschenk zur Geburt eines Kindes; *a Weisat bringa*
Weisl *da* = Weisel: jemandem den Weisel geben (ihn wegschicken, entlassen)
weismåcha = weismachen: er hat ihm etwas weisgemacht (vorgaukelt, eingeredet)
weisn = weisen: 1. an der Hand führen; *a Kind weisn*, 2. Zugtiere führen; *d' Roß weisn*

Weiße Sunnda *da*: erster Sonntag nach Ostern (auch *Ahnltåg* genannt)
weißna, weißn = weißen: die Küche weißen (weiß streichen)
Weißwurzn *d'*: Unkraut auf Feldern
weißschä(d)lad: 1. hellblond, 2. weiß- bzw. grauhaarig
weit: 1. weit, 2. viel; *weit länger* (viel länger)
weitmächti: sehr weit; *weitmächti samma gfåhrn*
weitschichti = weitschichtig: *weitschichti vawåndt sein*
weitsichti = weitsichtig: weitsichtig sein
we(l)cha, we(l)che, we(l)chas = welcher, welche, welches; *we(l)chas Kind is des gwen?*
Wender *da*: Kurzbezeichnung für Wendepflug
weng = wenig
Werda *da*: Werktag
Werdagwånd *'s*: Wochentagskleidung, Arbeitskleidung
werdawö(ll): wer auch immer, jedermann („wer da will")
Werfl *da*: Kurbel, Winde (wurde unter anderem beim Brunnengraben verwendet)
werka = werken: (hart) arbeiten; *då håmma gscheit werka kinna*
werma: werden wir; *werma heint nu drånkemma?* (werden wir heute noch drankommen?)
Wermat *da* = der Wermut: eine Heilpflanze; *an Wermat-Tee tringa*
wern = werden

Wern *d'*: eitrige Entzündung einer Drüse am Augenlid
wert: nichts wert sein (sich in einem körperlich schlechten Zustand befinden); *i bi(n) heint går nix wert!*
Wespm, Wepsn *d'* = die Wespe; *a Wespmnest* (das Wespennest)
Wetschi *da*: Schimpfwort für einen Mann; *a so a Wetschi!*
Wetschina *d'* = die Virginia: Zigarrensorte
Wetzkumpf *da*: Behälter für den Wetzstein (aus Holz oder abgesägtem Rinderhorn)
wetzn = wetzen: 1. die Sense mit dem Wetzstein schärfen, 2. beim Sitzen hin- und herwetzen, 3. beim Gehen mit den Knien wetzen (x-beinig sein), 4. scheuern des Schuhes an der Ferse; *mi wetzt da Schuah*, 5. schnell laufen; *ums Haus umiwetzn*, 6. coitieren
Wetzn *d'*: ein unruhiges Kind
Wetzstoan *da* = der Wetzstein
weu(l) oan *a*: viele; *då wårn a weu(l) a Leit då* (da waren viele Leute da)
wia: 1. wie, 2. je, desto; *wia gschwinda, daßd' gehst, umso eahnta bist dort*
wiadawö(ll): 1. wie auch immer, ist egal, 2. gar sehr; *des Haus is wiadawö(ll) schen*
Wiagn *d'* = die Wiege: Kinderbett zum Hutschen
Wiarn *d'* = die Wärme; *da Kachlofa gibt a besserne Wiarn*

wiaso = wieso
wiavü(l) = wieviel
wichsn = wichsen: 1. glänzen, glätten, 2. schlagen; *i wichs da glei oane*, 3. *a gwichster Kerl* (ein gefinkelter, schlauer Mensch), 4. onanieren
Wichti(g)kus *da*: Wichtigtuer, Gschaftlhuber
Wicking *da*: Sternradrechen (traktorgezogener Heurechen)
Wickl *da* = der Wickel: 1. ein feuchtes Tuch, 2. Schwierigkeiten; *mit den håmma oiweu Wickl*
wickln: viel essen; *der kånn wickln!*
Wider *da* = der Widder: 1. männliches Schaf (Schafbock), 2. hydraulischer Wasserheber (wurde anstelle eines Brunnens verwendet)
widerspensti = widerspenstig
Widin *d'* = die Witwe
Widiwa *da* = der Witwer
Wiederkehr *a*: Zweiseithof (bei den ganz kleinen Bauernhöfen [Sölden] hat das Haus auch im Ipftal oft nur zwei oder drei Seiten)
Wiesbam *da* = der Wiesbaum: Stange zum Niederbinden einer Heufuhre
wieslflink = wieselflink: ganz flink (flink wie ein Wiesel)
Wiesn *d'*: 1. Wiese, 2. schlechte Frisur; *der håt a Wiesn!*
Wiesnegn *d'*: Wiesenegge (leichte Egge zum Planieren der *Scherhaufan*)
wiff = vif: lebhaft, aufgeweckt

Wiffzack *da*: ein Mensch, der sehr gescheit ist und alles sehr schnell begreift
Wigl-Wågl *'s*: Hin und Her, Schwanken, Unsicherheit, Zweifelsfall; *in Wigl-Wågl sein* (unentschlossen sein)
Wimmerl *'s*: 1. Eiterbläschen, Hautpickel, 2. (Soldatensprache) Rucksack
Wind *da*: 1. Wind (Ostwind, Westwind), 2. Geschwindigkeit; *der kimmt mit an Wind daher!*
windlwoa(ch) = windelweich
Windmüh(l) *d'*: Getreidereinigungsmaschine
Windtn *d'* = die Winde: Vorrichtung zum Heben von Lasten
Windradl *'s* = das Windrad: 1. Antriebsvorrichtung (für den Hausbrunnen), 2. Kinderspielzeug
windschief: ganz schief, verdreht
winga = winken
Wingl *da* = der Winkel
Winker *da*: früher hatten die Autos Winker statt Blinker
winni = winnig: liebestoll; *gånz winni is er gwen, wiar a des schene Mensch gsegn håt*
winsln = winseln: ein winselnder Hund
Wintergerschtn *d'*: Wintergerste (Gerste, die bereits im Herbst gesät wird)
winzi = winzig: sehr klein
Wirfl, Würfl *da*: 1. Drehkrankheit, 2. scherzhaft für großes Verlangen, großen Appetit; *håst leicht*

heint en Brotwirfl? (scherzhafte Frage, wenn jemand auf einen Sitz viel Brot ißt)
wirfli, wirflad: schwindlig
wirfln: torkeln, herumirren
Wirtschåft *d'* = die Wirtschaft: 1. jemandem die Wirtschaft (den Haushalt) führen, 2. eine schöne Wirtschaft (Unordnung) machen
Wisch *da*: 1. Fichten- oder Tannenwedel zum Backofenreinigen, 2. unbedeutendes Schriftstück
Wischiwaschi *'s*: dummes Gerede, Unsinn
wischln, wischerln: urinieren
wischn: 1. wischen (den Boden aufwischen), 2. ohrfeigen; *i werd da glei oane wischn!*
wischpern = wispern: undeutlich (leise) reden, flüstern
woach, woah = weich; *de Birn is schon gånz woach*
Woache *a*: ungültiger Schub beim Kegeln, weil die Kugel erst hinter der Begrenzungslinie aufgelegt wurde
Woad *d'* = die Weide
woaka = weichen: einwässern; *låß d' Wäsch nu a weng woaka!*
Woan *d'* (nasal): Delle; *i hån a Woan in Auto*
woana = weinen (meist wird dafür aber das Wort *blärn* verwendet
Woaserl *'s*: Schwächling, feiger Mensch
Woasl *da* = der Weisel: 1. Bienenkönigin, 2. jemandem den *Woasl* geben (ihn wegschicken)

Woaz *da* = der Weizen
Woazmandl *'s*: aufgestellte Weizengarben auf dem Feld
Wocha *d'* = die Woche; *unter da Wocha* (wochentags)
Wochagwånd *'s*: Arbeitskleidung (Kleidung, die an einem Wochentag getragen wird)
Wochatåg *da* = der Wochentag: Werktag (kein Feiertag)
wodawö(ll): wo auch immer, egal wo
Woi(ll) *d'*: 1. Wolle, 2. (scherzhaft) Schamhaare
Wolf *da*: 1. ein Raubtier, 2. wundgewetzte Stelle am After
Wolferl *da*: 1. Kreisel (Kinderspielzeug), 2. ein zur Hilflosigkeit neigender Mensch
Wolfshund *da*: Schäferhund
worn = geworden
Wörtl *'s* = das Wörtchen; *a Wörtl mitz' redn hå(b)m* (etwas mitbestimmen können)
wü = will
wüa!: Fuhrmannsruf, damit die Pferde losgehen bzw. schneller gehen; *wüa Schimml, hottah Braun, heint tamma Håban baun*
wüastn: verschwenden
Wuchtl *d'*: 1. Germspeise (Buchtel), 2. dicke Frauensperson; *a dicke Wuchtl*, 3. ein (schlechter) Lederball (Fußball)
Wuckerl *'s*: 1. Haarlocken, 2. Wollflankerl
wü(l)d: wild, ungestüm, 2. zornig; *i bi(n) wü(l)d auf eahm*

Wü(l)d 's = das Wild
Wü(l)de Weinling *da*: Brünnerling (Apfelsorte)
Wü(l)dfång *da* = der Wildfang: 1. lebhaftes, ungebärdiges Kind, 2. rücksichtsloser Kerl
Wü(l)dsau *d'*: 1. Wildschwein, 2. Raser, Schnellfahrer, rücksichtsloser Mensch
Wühr, Wihr *d'*: „Wehr" (Staumauer zum Wasseraufstauen für den Mühlenbetrieb)
wümmln: wimmeln
Wun(d)a 's = das Wunder: *des is jå direkt a Wun(d)a, daßd' hei auf mein' Geburtståg net vagessn håst*
wun(d)ali: sonderbar, eigenartig; *der wird schon gånz wun(d)ali*
wun(d)ern = wundern: sich wundern
Wundn *d'*: 1. Wunde, 2. (vulgär) Scheide
Wüns *da*: Sinn, Vorhaben; *in Wüns hå(b)m* (im Sinn haben, vorhaben)
Wünschlrua(d)n *d'* = die Wünschelrute: Gerät zum Aufsuchen von Wasseradern
Wüpfl *da* = der Wipfel
Wurf *da*: 1. ein Wurf junger Hunde, 2. jemandem in den Wurf kommen (ihm über dem Weg laufen, mit ihm zusammentreffen)
würgn, wirgn = würgen: 1. jemanden würgen, 2. es würgt mich im Hals (an einem großen Bissen würgen)
wurlad: kribbelig
wurln: 1. wimmeln; *es wurlt va lauter Åmoaßn*, 2. kribbeln; *d' Füaß wurln*
Wurm, Wurn *da* = der Wurm
wurma = wurmen: ärgern; *des håt mi gwurmt*
wurscht: egal, gleichgültig
Würschtl *d'* (Mz.): 1. Würstchen; *a Paarl Würschtl*, 2. Schimpfname für eine Frau oder ein Mädchen; *du bist ja dert a Würschtl!*, 3. Blüten der Haselnußstaude
wurschtln = wursteln: sich ohne Plan und Überlegung abmühen
Wurzn *d'*: 1. Wurzel, 2. Person, die über die Maßen arbeitet und ausgenutzt wird
Wuserl 's: Kücken
wüsta!, wüstaho! (*wüstaha* gesprochen): Fuhrmannsruf, damit die Pferde nach links gehen
Wuzl *da*: „Wuzel" (eine dicke Person)
wuzldick = wuzerldick: so dick wie ein *Wuzl*
wuzln: 1. etwas zwischen den Fingern drehen; *a Zigarettn wuzln*, 2. sich am Boden wälzen; *d' Sau wuzlt si in Dreg*

- Z -

za = zu; *geh her za mir!* (geh her zu mir!)
zagliedern = zergliedern: genau erklären

zah, zach = zäh: 1. nur langsam, mühsam; *des geht a weng zach*, 2. ausdauernd; *der is zach*, 3. feucht; *a zachs Holz*, 4. noch nicht gar gekocht; *'s Fleisch is nu zah*
zah ån!: mach schneller!
zåhna, zauna: verkniffen schauen; *wås zåhnst denn a so?*
Zåhnd *da* = der Zahn; *er håt si an Zåhnd ausbissn*
Zahnderl *'s*: kleiner Zahn
Zåhndlucka *d'*: Zahnlücke
zåhndluckad: eine Zahnlücke haben
Zähnt *d'* (Mz.) = die Zähne
Zähntbrecher *da*: Kurpfuscher auf dem Gebiet der Zahnheilkunde; *der schreit wiar a Zähntbrecher* (der *Zähntbrecher* bot auf Jahrmärkten und Kirtagen lauthals seine Dienste an)
Zähntweh *'s* = das Zahnweh
zahn, za(rr)n: ziehen, schleppen, zerren; *i muaß de schware Tåschn zahn!*
zah(r)n: weinen, plärren
Zah(r)n *d'*: ein Kind, das ständig weint
Zä(ld)l *'s*: „Zeltl", Zuckerl
Zä(ld)n *da* = der Zelten: 1. flacher Kuchen; *Lebzä(ld)n* (Lebkuchen), *Preßzä(ld)n* (Rückstand beim Mostpressen), 2. Schimpfwort für eine einfältige, träge, feige Person
Zällera *da* = die Sellerie (eine Gemüsepflanze)
Zamzeig *'s* = das Zaumzeug: Teil des Pferdegeschirrs

zan = zum; *zan Essn und Betn soll ma neamd nettn*
Zång *d'* = die Zange: ein Werkzeug
Zäpfa *da* = der Zapfen: Eiszapfen, Tannenzapfen
Zåpfm *da*: große Kälte; *heint håt's an gscheitn Zåpfm*
Zapfwä(ll)n *d'*: Zapfwelle (Traktorvorrichtung)
Zargn *d'* = die Zarge: eiserner Türstock
Zaschn *d'*: schlampiges, liederliches Weibsbild (Schimpfwort)
Zasta *da*: das Geld; *außa mitn Zasta!*
Zauck *d'*: 1. (läufige) Hündin, 2. hinterlistige Frau, 3. allgemeines Schimpfwort für Mensch und Tier
Zauckerl *'s*: 1. abfällige Bezeichnung für einen kleinen Hund, 2. Taschenmesser aus Trattenbach; *a Trattenböcker Zauckerl*
zaundürr: sehr mager
Zaunstüdl, Zaunstidl *da*: Pflock des Holzzaunes
zaußi: zausig, schwächlich, kränklich; *d' Henn is zaußi* (sie sieht nicht gesund aus)
z'bål: zu bald
z'Berg: zu Berge; *mir stehngan d' Håår z' Berg* (mir stehen die Haare zu Berge)
zbreslt: „zerbröselt" (mit dem Fahrrad oder Motorrad gestürzt); *mi håt's gscheit zbreslt*
z'deppad: zu dumm

zdepschn: zerdrücken; *a zdepschter Huat*
zeberln: 1. mit kleinen Schritten gehen, 2. Spiel, bei dem sich zwei Kinder mit kreuzweise verschränkten Armen im Kreise drehen
Zech *d'* = die Zeche: Wirtshausrechnung
Zecka *da*: 1. Zecke (ein blutsaugendes Spinnentier), 2. lästiger, anhänglicher Mensch
zeckafoast, zeckfoast: sehr fett (so dick und feist wie eine angesogene Zecke)
Zeger *da*: Tragkorb (ein *zäunana Zeger* ist ein Drahtkorb mit Henkel zum Erdäpfelklauben)
Ze(h)a, Ze(h)an, Zechan *d'*: 1. Zehe, 2. *a wü(l)de Zechan* (eine sich als Mann gebärdende Frau)
Ze(h)ankas *da*: Talgabsonderung zwischen den Zehen
Ze(h)ankappl *'s*: Zehenkuppe
Zehetner *da*: 1. Zehenthof (war früher im kirchlichen Besitz), 2. Inhaber eines Zehenthofes
Zehrung *d'*: Totenmahl
zeidi = zeitig: 1. frühzeitig; *zeidi aufstehn*, 2. reif; *a zeidige Birn*
Zei(d)l *'s*: kleine Zeitspanne; *a Zeidl schau i schon zua*
zeidlång: langweilig; *mir is zeidlång* (mir ist langweilig)
zeidla (altmundartlich): frühzeitig
zeidli = zeitlich: zeitig, frühzeitig
Zeidung *d'* = die Zeitung
zeidnweis = zeitweise: ab und zu

Zeig *'s* = das Zeug: 1. Werkzeug, Arbeitsgeräte, 2. Zaumzeug der Zugtiere
Zeigkåmma *d'*: Zeugkammer (Raum neben dem Pferdestall, in dem das Zaumzeug aufbewahrt wurde)
zena, zenn: 1. necken, zum Narren halten, quälen; *'s Zenn håt da Hund net gern*, 2. nicht gelingen wollen einer Arbeit; *heint håt's mi gscheit zennt*
Zenterlin(g) *da*: ein Renken Fleisch (ein Stück Geselchtes oder ein Stück Fleisch, das zum Selchen vorbereitet ist)
zerscht = zuerst: vorhin, gerade erst
zettn: unabsichtlich verlieren, verstreuen; *paß auf, du zettst schon wieder!*
Zetzn *d'*: schwache, nichtssagende Person
Zeu(l) *d'* = die Zeile: 1. *a Zeu(l) Hei* (eine „Zeile" Heu), 2. *in da Zeu(l) gehn* (in der Reihe gehen), 3. *si ba da Zeu(l) auskenna* (schlau und erfahren sein)
z'fäu(l): zu faul; *er is z'fäu(l) za da Årbat*
zfetzt: zerrissen; *eahm håm s' Gwånd zfetzt*
zfleddert = zerfledert: zerzaust, abgenützt, zerlesen
zfleiß = zufleiß: jemandem etwas zufleiß tun (es mit der Absicht tun, ihn zu ärgern oder zu schädigen)

z'foast: zu fett
zfrånzn: „zerfransen", sich zerspragen
z'gach, z'gah: zu schnell, zu jählings; *des is ma z'gach gånga*
zgehn (nasal): zergehen; *da Schokalad (die Schokolade) is in da Sunn zgånga*
zglei, zgleich = zugleich: gleichzeitig
zgrundrichtn = zugrunderichten: etwas ruinieren
zguadaletzt = zuguterletzt: schließlich
z'guat = zu gut; *i bi(n) vü(l) z'guat za de Kin(d)a*
zhechst = zuhöchst: ganz hoch oben; *er is zhechst o(b)m*
zheign: zerwühlen, in Unordnung bringen; *des Lausmensch håt nåchn Aufbettn wieder 's Bett zheigt*
Ziadara *da*: Zitterflechte (eine Hautkrankheit)
ziag å(b)!: hau ab!, verschwinde!
Ziagl *da*: 1. Ziegel, 2. Rausch; *der håt an gscheitn Ziagl ghå(b)t*
Ziaglschlågn *'s*: die händische Herstellung von Ziegeln
ziagn = ziehen
zidern = zittern
Zigeina *da* = der Zigeuner: 1. Roma oder Sinti, 2. eher liebevoll gebrauchtes Schimpfwort für einen umtriebigen Menschen oder einen streunenden Hund bzw. Kater; *du bist jå do a Zigeina!*

Zigori *da* = der Zichorie: die Frucht diente früher als Kaffee-Ersatz
zima = ziemen: es ziemt (gehört, schickt) sich nicht
Zimmerer *da* = der Zimmermann: Handwerker
Zipf *da*: 1. Zipfel (spitzes Ende); *Wecknzipf*, 2. langweiliger Mensch; *a fada Zipf*
zipfm: ein Kleidungsstück minderer Qualität zipft (es geht aus der Fasson und macht „Zipfel")
zischn: 1. zischen (die Dampflok zischt), 2. ohrfeigen; *i zisch da glei oane!*
Zißdn *d'* = die Zyste: mit Flüssigkeit gefüllte Geschwulst
Zistl *d'*: rundlicher, tiefer, auf einen Spitz zulaufender Tragkorb
Zizerl *'s*: Winzigkeit; *a Zizerl* (ein klein wenig, ein bißchen)
zizerlweis: kleinweis, nach und nach
zkåtzn: sich zerstreiten
zknerscht: zerdrückt
zkråcha: sich sehr zerstreiten
zkriagn = zerkriegen: zerstreiten
zkugln: „zerkugeln"; über etwas sehr lachen können
z'leicha, z'leiha: zu leihen; *gibt's des z'leicha?* (kann man das ausborgen?)
zlexnt: ausgetrocknet, spröde geworden; *'s Faßl is zlexnt* (es ist undicht)
z'Linz: „zu" Linz (in Linz)

zlumpt = zerlumpt: abgerissen daherkommen

zmanschn: zerquetschen, zerdrükken

zmatschgat, zmerscht: zerdrückt, zerschmettert, zerquetscht; *de åbagfållna Birn sand gånz zmatschgat*

zmudln: zerknittern; *i håmmas Kloadl gånz zmudlt*

zmü(ll)n: zermalmen, zerstoßen, spalten

znachst, znagst: zunächst, kürzlich, unlängst; *znachst bi(n) i tånzn gwen*

znepft: betrübt, verdrossen, traurig

Zniachterl '*s*: schwächliches Kind oder Wesen

znudln: dasselbe wie *zmudln*

Zoacha '*s* = das Zeichen; *er håt ma a Zoacha ge(b)m*

Zoaga *da* = der Zeiger

zoagn = zeigen; *kånnst ma des zoagn?*

zodat: langhaarig

Zo(d)lbock *da*: zerraufte, unordentliche Person; *du kimmst daher wiar a Zo(d)lbock!*

Zo(d)n *d'* (Mz.): lange, ungepflegte Haare

Zöh(l)n '*s*: Kartenspiel „Siebzehn und vier"

Zoipl *da*: großes Kind, das sich noch wie ein Kleinkind benimmt (das zum Beispiel noch von der Mutter getragen werden möchte)

Zollståb *da* (*Zåiståb* gesprochen) = der Zollstab: zusammenlegbarer Maßstab (die Bezeichnung ist noch heute gebräuchlich, auch wenn die Einteilung längst nur noch in Zentimetern erfolgt)

Zornpinkl *da* = der Zornbinkel: aufbrausender, jähzorniger Mensch

zrechtkemma = zurechtkommen: 1. zum Zug noch zurechtkommen, 2. mit einer Arbeit zurechtkommen

zreißn = zerreißen: eine zerrissene Hose

zrittn: „zerrütten", jemanden ärgern und erzürnen; *er hat d' Muada zritt!*

zrübln: zerreiben

zruck = zurück

zruckhaun: zurückschlagen

zruckschnåbln: frech und ungebührlich antworten, das letzte Wort haben müssen

zruckschia(b)m: „zurückschieben" (rückwärts fahren, mit dem Rückgang fahren)

zrucktaufa: „zurücktaufen" (dem Kind einen Namen geben, der im Kalender zurückliegt)

zrupft: zerzaust, ungekämmt; *a z'rupfta Uhu* (eine Person, der die Haare kreuz und quer stehen)

zsåmm = zusammen

zsåmmbegln: zusammenschimpfen, schelten

zsåmmburrn: zusammenstoßen; *i bi(n) mit eahm zsåmmburrt*

zsåmmdepscht: zusammengedrückt; *a zsåmmdepschta Huat*

zsåmmduschn: 1. zusammenstoßen, aneinanderprallen, 2. kaputt machen; *er håt en Kruag zsåmmduscht*

zsåmmfliagn = zusammenfallen

zsåmmführn: überfahren; *mir håm s' a Henn zsåmmgführt*

zsåmmge(b)m: verheiraten; *da Pfårrer tuats zsåmmge(b)m* (trauen)

zsåmmgehn: zeitlich möglich sein; *mir geht's heint nimma zsåmm*

zsåmmghern = zusammengehören; *gherts ös zwoa zsåmm?* (gehört ihr beide zusammen?)

Zsåmmgredat *s'*: ein Gerede, das nicht Hand und Fuß hat, ein Tratsch

Zsåmmgscherad *'s* (scherzhaft): letztes Kind eines älteren Ehepaares

zsåmmgschoppt: zusammengebauscht; *es håt si zsåmmgschoppt*

zsåmmgståndn: eine Lebensgemeinschaft ohne Trauring wurde als *zsåmmgståndn* bezeichnet

zsåmmgsunga: 1. zusammengesunken; *er is zsåmmgsunga,* 2. „zusammengesungen", im Singen abgestimmt

zsåmmhål(t)n = zusammenhalten

zsåmmheign: das Bett durch Herumtollen in Unordnung bringen

zsåmmkemma: 1. zusammenkommen (sich treffen), 2. sich in einem schlechten Gesundheitszustand befinden; *der is gånz zsåmmkemma*

zsåmmklau(b)m = zusammenklauben: aufklauben, auflesen

zsåmmkråcha: 1. mit jemandem in Steit kommen, 2. zusammenstürzen (z. B. ein Gerüst)

zsåmmkråtzn = zusammenkratzen: sein letztes Geld zusammenkratzen

zsåmmkräu(l)n: langsam fertigwerden; *is eh nimma zbål, daßd' amål zsåmmkräu(l)st*

zsåmmläutn: „zusammenläuten" (das Läuten der Glocken zu Beginn des Gottesdienstes)

zsåmmleppern = zusammenläppern: es läppert sich zusammen (es sammelt sich an)

zsåmmpassn: 1. zusammenpassen; *ös zwoa paßts guat zsåmm!,* 2. „zusammenwarten" (warten, bis alle beisammen sind)

zsåmmpatzn: 1. kochen, eine Speise vorbereiten; *wås patzt denn heint zsåmm?,* 2. eng beieinandersitzen; *tats enk net so zsåmmpatzn*

zsåmmpicka = zusammenpicken: 1. ein zerrissenenes Blatt zusammenkleben, 2. die beiden Freundinnen picken immer zusammen (sie sind unzertrennlich)

zsåmmpledat: das Getreide durch einen Sturm „flachgelegt"; *en Woaz håt's gscheit zsåmmpledat*

zsåmmpråtschn: zusammentreten, niedertreten; *er håt ban Umstecha in Går(t)l den gånzn Pedasü(l) zsåmmpråtscht*

zsåmmputzn: 1. reinigen, Ordnung machen, 2. alles aufessen; *er håt ois zsåmmputzt,* 3. jemanden maßregeln, ihn zurechtweisen

zsåmmraffa: 1. niederringen beim Raufen, beim Raufen obsiegen, 2. „zusammenraufen", miteinander auskommen

zsåmmrama = zusammenräumen: aufräumen, Ordnung machen

zsåmmråmpfa: zusammenraffen, alles sich aneignen

zsåmmrecha: zusammenrechen; *Hei zsåmmrecha* (Heu zusammenrechen)

zsåmmreißn = zusammenreißen: 1. sich zusammennehmen, sich aufraffen, 2. alles auf einmal tun wollen; *er wü ois auf oanmål zsåmmreißn*

zsåmmrichtn: 1. fertig machen; *richt di zsåmm!,* 2. sich kleiden; *du håst di heint wieder bled zsåmmgricht* (du bist nicht passend angezogen)

zsåmmsåmstern: den Wochenendputz machen

zsåmmschampern: schön anziehen, zurechtmachen fürs Ausgehen

zsåmmschaun: schauen, daß man wirtschaftlich über die Runden kommt; *i muaß ma's zsåmmschaun, daß i mit mein' Geld auskimm*

zsåmmscheißn = jemanden grob tadeln, beschimpfen

zsåmmschimpfa: „zusammenschimpfen", zurechtweisen

zsåmmschleifa: stark abbremsen

zsåmmschleppm: mühsam zusammentragen

zsåmmschuastern: schlecht zusammenbauen, unprofessionell arbeiten

zsåmmschwanzln: dasselbe wie *zsåmmschampern*

zsåmmstaucha: jemanden tadeln, zurechtweisen

zsåmmstehn: zusammenleben (ohne verheiratet zu sein); *de zwoa sand zsåmmgståndn*

zsåmmstessn = zusammenstoßen

zsåmmstroafa: geschlägerte Bäume auf einen Haufen zusammenziehen

zsåmmteufln: jemanden zurechtweisen, ihn tadeln

zsåmmtoan: das Heu schöbern oder auf Zeilen rechen

zsåmmtre(t)n: etwas niedertreten; *i hån an Käfer zsåmmtre(t)n*

Zsåmmwurf *da*: die mit einem Nicht-Wendepflug geackerten ersten zwei Ackerfurchen

zsåmmwurschtln: sich mühsam etwas schaffen

zsåmmzwicka: zusammenzwicken

zsåmtdem: „samtdem", trotzdem; *zsåmtdem Fähla* (Fehler) *håt er nu gwunga*

z'Scha(d)na kemma: „zu Schaden kommen"; *wirst schon net z'Scha(d)na kemma!* (wirst schon nicht zu kurz kommen!)

zschlågn: „zerschlagen", zerkleinern; *Scholln zschlågn* (Erd-

brocken mit dem *Schollnschlegl* zerkleinern)
zschmadern: zerschmettern
zschmeißn kemma: 1. zurechtkommen, rechtzeitig fertig werden, 2. sich einig werden
zschundn = zerschunden: zerschundene (abgeschürfte) Knie
z'spåt kemma = zu spät kommen
zspragln: übertrieben bemühen, aufopfernd einsetzen
zståndbringa: zustande bringen
zståndkemma: zustande kommen
zstran: „zerstreuen"; *Hei zstran* (das geschöberte Heu wieder auf der Wiese zum Trocknen aufstreuen)
zstrat = zerstreut; *der is gånz zstrat*
z'tei(e)r: zu teuer
zteufln: etwas runieren; *er håt ois zteuflt* (er hat alles kaputt gemacht)
z'toan: zu tun; *i hån wås z'toan*
zua = zu
Zuabräugga *da*: Brautführer im Hochzeitszug
Zuabraut *d'*: die *Zuabraut* geht mit dem Bräutigam in die Kirche
zuabringa: jemandem etwas besorgen oder vermitteln
Zuabuaß *d'*: „Zubuße", Beigabe
zuadecka: zudecken
zuadrahn: 1. einen Wasserhahn zudrehen. 2. beim Schnapsen (Kartenspiel) die aufgeschlagene Trumpfkarte umdrehen (nach dem *Zuadrahn* darf nicht mehr abgehoben werden)

Zuagåb *d'* = die Zugabe: Draufgabe
zuage(b)m = zugeben: 1. einen Irrtum zugeben (eingestehen), 2. beim Kartenspielen eine Karte zugeben
zuagehn: zutrauchlich sein; *des Kind geht an Fremdn zua* (es ist zutraulich, nicht geschreckt)
Zuagroasta *a*: ein Zugezogener
zuahål(t)n: 1. die Türe zuhalten, 2. bei der Arbeit mithelfen (die Häusleute mußten beim Bauern *zuahål(t)n*)
zuahaun: 1. die Türe zuschlagen, 2. jemandem eine Ohrfeige geben; *du muaßt jå net glei zuahaun!*
zuakemma = zukommen; *låß eahm de Nåchricht zuakemma*
Zuakn *d'*: Gabelzinke; *a drizuakade Gåbl* (eine Gabel mit drei Zinken)
zualånga = zulangen: beim Essen zulangen
zualåssn: 1. zulassen, gestatten, 2. ein weibliches Tier (Kuh, Ziege, Stute) vom männlichen Tier belegen lassen
zuanehma = zunehmen: 1. ich habe zwei Kilo zugenommen, 2. der Mond ist im Zunehmen
zuare(d)n = zureden: dem Kind gut zureden
zuarei(b)m: zureiben (das Verschmieren der Mauerwand nach dem groben Mörtelanwurf mit feinem Mörtel)
zuaroacha = zureichen: dem Maurer die Ziegel zureichen (in die

Hand geben)
Zuaroacha *da*: Handlanger, Hilfsarbeiter
zuaschanzn = zuschanzen: jemandem etwas zuschanzen (zukommen lassen)
zuaschneidn = zuschneiden: ein Kleid zuschneiden
Zuaspeis *d'* = die Zuspeise
zuasperrn = zusperren.
zuaspitzn = zuspitzen; *a Kleehülfl zuaspitzn*
zuastehn = zustehen: gebühren; *des steht da går net zua!*
zuatrågn = zutragen: 1. jemandem etwas zutragen (heimlich mitteilen), 2. ein Unfall hat sich zugetragen
Zuawååg *d'* = die Zuwaage: Draufgabe (beispielsweise zum Fleisch noch Knochen dazugeben)
zuba, zu(h)a, zuwa: herzu, heran; *geh zuba!*
zubi, zu(h)i, zuwi: hinzu; *er is zubi gånga*
zubibei(d)ln: beim Maschindreschen die aufgemachten Getreidegarben dem *Einlåsser* in kleinen Mengen hinreichen
zubimåcha *si*: sich an jemanden heranmachen, einschmeicheln
zubischleicha: sich anschleichen
zubisinga: bei einem Lied die zweite Stimme singen
zubischmecka: sich neugierig an eine Sache heranmachen
zubischnofln: dasselbe wie *zubischmecka*

zubistehn: mit jemandem eine Lebensgemeinschaft eingehen, der schon Kinder hat; *er is zubigståndn*
zubisteign: jemandem nahe treten, antreiben, brüskieren
zubistran: den Tieren nach dem Ausmisten frisches Stroh unterstreuen
züchtn, zichtn: ein Junges gebären; *d' Sau håt zücht*
Zuchtsau *d'*: weibliches Schwein für die Zucht
zucka = zucken: mit keiner Wimper zucken (vollkommen ruhig bleiben)
Zucker *da*: Ruck, Lebensgeister; *er håt nu an Zucker gmåcht* (er hat sich nochmals gerührt)
Zug *da*: 1. Eisenbahn, 2. Luftzug (im Zug stehen)
Zuga *da* = der Zucker
Zugabirn *d'*: Zuckerbirne (Birnensorte)
Zugabüxn, Zugabixn *d'*: Zuckerdose (Gefäß zur Zuckeraufbewahrung)
Zugarua(b)m *d'* = die Zuckerrübe
Zugbiß *'s*: Pferdegebiß, das den Tieren ins Maul gelegt wird, wenn sie in die Sonntagskutsche eingespannt werden
zügi = zügig: 1. gleichmäßig ansteigend; *es geht zügi dahin*, 2. flott (eine zügige Handschrift)
Zügl, Zigl *da* = der Zügel: Riemen zum Lenken von Pferden
zügln, zigln: heranziehen; *i hån ma*

Råtzn züglt (durch das Liegenlassen von Tierfutter sind Ratten ins Haus eingewandert)
Zü(g)nglöckl, Zinglöckl *'s* = das Zügenglöcklein: Sterbeglocke
Zugsåg *d'*: zweigriffige Säge (zum Umschneiden von Bäumen)
Zü(ll)n *d'* = die Zille: ein flaches Boot
Zumpferl *'s*: Penis (eines Jungen)
Zunder *da*: 1. Oxidschicht, 2. große Geschwindigkeit; *er is mit an Zunder daherkemma*
Zung *d'* = die Zunge; *a långe Zung zoagn* (frech die Zunge herausstrecken)
zupfa: verschwinden; *zupf di!* (verschwinde!)
Züpfl *'s*: Penis
Züpflhau(b)m *d'* = die Zipfelhaube: Zipfelmütze
z'vü(l): zu viel
zwåha (altmundartlich): sich waschen
Zwåstl *da*: ein tolpatschiger Mensch
zwåstln: mühsam gehen; *hint nåchi zwåstln*
zwe(n), zwo, zwoa: zwei (männlich, weiblich, sächlich); *mir sand zwe(n)* (Männer) *gengt*
zweidigst: zu weitest, weitesthin; *va zweidigst sånd Leit zsåmmkemma*
z'Weis håm: vorhaben, im Sinn haben; *wås håst denn z'Weis?* (was hast du denn nun vor?)

z'weit = zu weit; *d' Hosn is z'weit*
zwegn meiner: meinetwegen
zweng wås = weshalb, warum
zweng = zuwenig; *i hån zweng Zeit*
Zwerglhåhn *da*: 1. Hahn des Zwerghuhnes, 2. (scherzhaft) kleiner Bursch
zwergst: querfeldein
Zwetschkane *da*: Zwetschkenschnaps
Zwetschkn *d'* = die Zwetschke; *seine sie(b)m Zwetschkn banånd hå(b)m* (geistig und körperlich auf der Höhe sein)
Zwetschknkrampus *da* = der Zwetschkenkrampus: 1. Krampusgestalt aus gedörrten Zwetschken, 2. dürrer, klappriger Wichtigtuer
zwicka = zwicken: kneifen
Zwickabussl *'s* = das Zwickerbusserl: einem Kind ein Zwickerbusserl geben (es beim Küssen zärtlich an den Wangen zwicken)
Zwickl *da* = der Zwickel: 1. in die Hose einen Zwickel (ein keilförmiges Stoffstück) einsetzen, 2. Holzkeil
Zwickltåg *da*: „Fenstertag" (Wochentag zwischen zwei Feiertagen)
Zwickmüh(l) *d'* = die Zwickmühle: Zwangslage, Dilemma
Zwickzång *d'* = die Zwickzange: stumpfe, starke Zange des Schlossers
zwida = zuwider: 1. schlecht gelaunt; *'s Kind is zwida* (es nervt einen), 2. peinlich; *des is ma zwida*

Zwidawurzn *d'*: 1. stets mürrische, unfreundliche Person, 2. lästiges Kleinkind
Zwidor *da* = der Zwitter: zweigeschlechtliches Lebewesen
Zwiebotznbirn *d'*: Birnensorte mit zwei *Botzn* (Blütenrückständen)
Zwie-eimer *da*: Zweieimerfaß (112 Liter)
zwiefarbi = zweifärbig; *a zwiefarbige Kåtz*
zwiejahri = zweijährig
zwierößigs Haus *a*: kleiner Bauernhof mit zwei Ackerpferden (Näheres siehe *Haus*)
zwiespanni: 1. zweispännig (mit zwei Zugtieren), 2. *a zwiespannigs Bett* (Doppelbett, Ehebett)
zwiezah: halb trocken, noch etwas feucht; *a zwiezahs Holz brennt net guat*
zwinsln: zwinkern, blinzeln
Zwirnspoln *da* = die Zwirnspule
zwoaka: aufweichen, zerwirken; *des Brot is schon gånz zwoakt* (es hat schon lange im Wasser gelegen)

Zwoanzga *da*: 1. Zwanzigschillingschein, 2. beim Schnapsen einen *Zwoanzga* ansagen
zwoaraloa = zweierlei; *es gibt zwoaraloa Leit*
Zwoaschårer *da*: Zweischar-Pflug
zwoaspanni = zweispännig: mit zwei Pferden bespannt (dasselbe wie *zwiespanni*)
zwölfrößigs Haus *a*: riesengroßer Zehent- oder Meierhof mit zwölf Ackerpferden (Näheres siehe *Haus*)
Zwüfl, Zwüfi *da* = die Zwiebel
Zwüflåcker *da*: Ackerfläche, wo zu säen übersehen wurde (wurde oft den Häuselleuten zum Anbauen ihrer Hackfrüchte überlassen)
zwüfln: jemanden sekkieren, quälen, schlagen
Zwülling *da* = der Zwilling
zwüllisch: doppelt, zweifach, „zwillingshaft" (ein Baum mit zwei Wipfeln ist *zwüllisch*)
Zwutschkerl *'s*: kleines, niedliches Ding
zwuzln: sich vor Lachen zerkugeln

Vornamen in der Mundart

Anderl: Andreas
Ånnamirl: Annemarie
Bartl: Bartholomäus
Bert: Albert, Adalbert, Robert, Herbert, Hubert, Norbert
Fanni: Franziska
Fer(d)l: Ferdinand
Flor: Florian
Frånz: Franz
Franzi: Franziska
Fred, Fre(d)l: Alfred, Manfred
Frie(d)l: Friedrich, Gottfried, Siegfried
Fritz: Friedrich, Gottfried
Fritzi: Friederike
Gertl: Gertrude, Gertraud
Gittl: Brigitte
Gre(t)l: Margarete
Gust: August, Gustav
Håns: Johann
Heinz: Heinrich
Hell (endbetont): Helmut
Hias: Matthias
Hilda: Hildegard, Kriemhild, Brunhild
Jågl: Jakob
Kårl: Karl
Kat, Ka(t)l: Katharina
Kla(r)l: Klara
Kristl: Christine, Christa
Lenz, Lenzl: Lorenz
Lies, Lisl: Elisabeth
Lill (endbetont), **Lilli:** Elisabeth
Lini: Karoline
Lipp, Lipperl: Philipp
Lois: Alois, Aloisia
Mariann: Marianne
Maridl: Maria
Mått-hias: Matthias
Max: Maximilian
Miasl: Maria
Miaz: Maria
Miazi: Maria
Michl: Michael
Mina: Hermine
Mitz: Maria
Nand, Nandl: Anna
Naz: Ignaz
Nes: Agnes
Paula: Pauline
Peda: Peter
Pepp: Josefa
Pol(d)l: Leopoldine
Polt, Pol(d)l: Leopold
Res, Resl: Theresia
Rich: Richard
Rosl: Rosa, Rosina, Rosalia
Ru(d)l: Rudolf
Sala, Sali: Rosalia
Schorsch: Georg
Seff: Josefine
Sepp: Joesef
Soff: Sophie
Steff, Steffi: Stefanie
Stöffi: Stefan, Stefanie
Thomerl (*Tåmerl* gesprochen): Thomas
Tonl (*Tånl* gesprochen): Anton
Toni: Antonia
Trau(d)l: Gertraud, Edeltraud, Waltraud, Rotraud
Vei(d)l: Veit, Vitus
Wålter: Walter
Wåst, Wastl: Sebastian
Wawa, Wawi: Barbara
Wett, Wettl: Barbara
Wick: Ludwig
Will (endbetont): Wilhelm, Willibald
Zilli, Zülli: Cäcilia